Gregorio
de
Céspedes

16세기 서구인이 본

꼬라이

coray

이 책을 읽는 독자에게

대학원 시절 스페인 문학 작품을 연구하던 중 우연히 그레고리오 · 데 · 세스뻬데스(Gregorio de Céspedes) 신부에 관한 언급을 접하였다. 그 후 국내외 문헌에 세스뻬데스의 국적이나 한국방문에 대한 기술에 일관성이 없음을 알고서 필자는 그에 대하여 면밀히 연구하고 싶은 충동을 받았다. 우리 한국 땅을 최초로 밟은 스페인 예수회 신부 세스뻬데스에 관한 연구는 역사적, 교회사적, 그리고 문학적 측면에서 그 의의를 갖는데, 필자는 그중에서 특히 세스뻬데스 신부가 16세기에 남긴 서간문들과 당시 서구 선교사들의 기록들을 스페인 문학사적 관점에서 발굴하여 분석하는 데 노력을 총집중하였다.

IEVS NO COMPANHIA NO
Collegio Amacusani voite Superiores no gomen-
qiotoxite coreuo fanni qizamu mono nari.

세스뻬데스 신부는 임진왜란을 계기로 한국 땅을 밟을 수 있었고, 이 불행한 사건을 직접 목격한 유일한 서구의 증인이다. 그러나 임진왜란이라는 불행한 역사의 그늘에 가린 채로, 그의 방한은 무시되거나, 아니면 올바르게 인식되지 못했다고 본다. 그러나 16세기에 최초로 글을 통하여 당시 한국의 올바른 모습을 서구에 알린 주인공들이 바로 스페인 신부 세스뻬데스와 그의 동료 선교사들이었음을 확실히 알아야 할 때가 왔다.

필자는 교회사에 대한 지식은 없었지만 스페인 문학을 전공하는 사람으로서의 사명감으로 16세기에 서구 선교사들이 남긴 서간문들을 유럽의 고문서 보관소(Archives)에서 발굴하였으며, 역사적으로 그들의 활동 연구에 도움이 될 자료를 모아서 정리하였다. 16세기 스페인 선교사들이 극동에서 남긴 서간문이나 기록들은 우리에게 뿐만 아니라 스페인 문학과 역사분야에도 큰 의미가 있고 스페인 학계에서도 새로운 연구로 평가받고 있다.

스페인 정부는 1991년 11월 9일 세스뻬데스의 문화 기념관을 라 만차 지방의 빌야누에바 데 알까르데떼 마을에 세운 바 있으며, 기념관 뜰에 태극기를 새겨 만든 세스뻬데스 방한 기념 조형물을 세워 한국 최초 방문의 역사적 사건을 기념하고 있다. 1993년 그의 방한 400주년을 맞아 스페인 정부는 세

IEVS NO COMPANHIANO
Collegio Amacusani voite Superiores no gomen-
qiotoxite coreuo fanni qizamu mono nari.

스뻬데스 신부가 첫 발을 디딘 경상남도 진해시에 똑같은 조형물을 기증하여 제막하였다. (표지 뒷날개 사진 참조)

세스뻬데스와 예수회 신부들은 16세기에 미지의 나라 꼬라이(한국)를 최초로 서구에 알린 역사적 주인공들이다. 이들은 꼬라이인의 문화적 우수성과 창의성을 높이 평가하였는데, 특히 거북선을 비롯해 임진왜란 당시 바다에서 꼬라이 수군의 승리를 상세히 적었으며, 육지에서도 꼬라이 병사들이 용맹스럽게 싸운 귀중한 기록을 남겼다.

그동안 국내에서는 세스뻬데스 신부에 대한 연구가 대부분 외국학자들의 연구를 인용하여 소개한 정도에 불과했으며 원전을 통한 직접적인 연구가 보이지 않았다. 사실상 언어의 장벽 때문에 일반 역사학자들이나 기타 연구가들이 16세기 스페인 및 포르투갈 고자료에 쉽게 접근할 수 없는 현실로 볼 때, 필자는 이 분야의 16세기 문헌과 문학적 기록들을 읽으면서 어휘 하나하나의 뜻을 바로 해석하여 우리의 역사에 새로운 자료를 제공하고자 노력하였다.

연구 도중에 「1592년 일본 예수회 연례 보고서 부록」 편에 실린 스페인어로 쓰여진 임진왜란의 기술을 발견하였는데, 한국인도 일본인도 아닌 제3자

IEVS NO COMPANHIA NO
Collegio Amacusani voite Superiores no gomen-
qiotoxite coreuo fanni qizamu mono nari.

로서의 유일한 증인인 스페인 선교사들이 적은 이 역사적 기록은 실로 그 가치가 크다 하겠다. 이들의 귀중한 증언 속에서 우리는 임진왜란 역사에 대한 수치심보다는 우리의 선조에 대한 자부심과 긍지를 느낄 수 있음에 더욱 그러하다.

본서에서 최초로 소개한 글들과 자료들이 앞으로 임진왜란 역사나 교회사 연구에 조그만 기여가 되기를 바라면서, 세스뻬데스 신부에 관한 새로운 평가와 연구가 계속되기를 바란다.

이 연구를 위해 필자가 스페인, 포르투갈, 로마, 일본 등지를 다니면서 발굴한 자료들은 극히 작은 일부분일 뿐이다. 아직도 우리의 지난 역사를 밝혀 주는 수많은 자료와 글들이 유럽의 도서관이나 고문서 보관소에서 연구가들의 손길을 기다리고 있다는 것을 이 기회를 통해서 강조하고 싶다.

본 연구는 16세기 예수회 선교사들의 기록을 직접 인용한 관계로 그들이 쓴 표기 및 어휘의 표현 방식을 원문대로 쓰고자 노력하였다. 예를 들어서 도요토미 히데요시(豊臣秀吉)의 호칭을 선교사들이 기술한 대로 감바꾸도노(關白), 다이꼬사마(太閤樣), 파시마 지꾸젠도노(羽柴筑前守秀吉) 등으로 썼으며, 그 외에도 메아꼬(京都), 시모(九州), 쓰시마(對馬島), 고문가이(熊

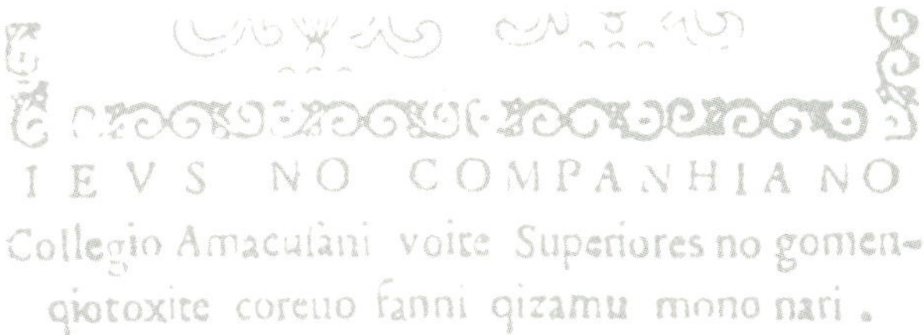

川), 꼬라이(朝鮮) 등을 원문에 표시된 그대로 원음으로 표기하였음을 밝힌다. 그 외에도 외국어 표기방법은 스페인어의 원음으로 쓰고자 노력하였다. 다만 하비에르(Javier) 혹은 어거스틴(Agustín) 같은 호칭은 국내 가톨릭 용어에 맞추어 통일시키고자 "사베리오"와 "아우구스티누스"로 적었다. 또한 독자들의 이해를 돕고자 16세기 고본 자료들과 지도를 삽입하였다.

본 연구를 하는 동안에 지원해 준 스페인 외무성 당국자들에게 사의를 표하며, 그 외 여러 도서관, 고문서 보관소, 연구소 등 협조를 아끼지 않았던 동료학자들과 관계자들에게 심심한 감사를 표하는 바이다.

2011년 12월 미네르바에서

저자 朴 哲

목 차

제 8 장 16세기 서구인이 본 꼬라이

제 9 장 서구인이 본 임진왜란

자료 목록

1 한국 방문 최초의 서구인

16세기에 유럽과 극동아세아와의 접촉을 최초로 시도하여 종교적 및 문화적으로 관계를 발전시킨 주인공은 바로 서반아인들을 중심으로 한 예수회 선교사들이었다. 프란시스코 · 사베리오(Francisco Javier) 신부가 1549년 극동에 첫발을 디딘 이후로 예수회 선교사들의 손에 의해 동양의 문화와 풍물이 서구에 소개되었는데, 이 사람들이야말로 16세기에 최초로 동양의 모습을 글로써 서구에 알린 주인공들이며 당시 여러 역사적 사건들에 유일한 증인들이다.

그러나 오늘날 프란시스코 · 사베리오 신부를 제외하고는 스페인에서조차도 16세기 극동에서 이룩한 수많은 스페인 선교사들의 문화적 활동을 까맣게 잊고 있으며 그들이 남긴 소중한 기록조차 어두운 도서관의 창고 속에서 햇빛을 보지 못한 채 묻혀 지냈다. 16세기 당시 조선의 존재는 베일 속에 감춰진 상태여서, 1592년 이전에 서구에 기록된 문헌에 따르면 조선인은 야만족이며 미개하고 매우 잔인한 민족으로 기술될 뿐만 아니라 조선을 섬나라로 인식하고 있었다.

16세기 말 일본 땅에서 선교활동을 하던 예수회의 선교사들 중의 일원이었던 서반아인 신부 "그레고리오 · 데 · 세스뻬데스"(Gregorio de Céspedes)는 임진왜란을 계기로 하여 한국 땅을 밟게 되었으며, 경상도 일대의 해안 지방에 머물면서 그가 보고 들은 당시의 상황을 글로 적어서 남기고 있다. 세스뻬데스 신부가 16세기 당시 한국 땅을 밟은 최초의 서구인이라는 점과 함께, 그가 임진왜란을 직접 목격한 유일한 서구의 증인이라는 점에서 그의 서간문에 주목할 가치가 있다 하겠다.

그러나 지금까지 국내외 문헌에 세스뻬데스의 국적뿐만 아니라 한국을 방문한 연도 및 체류기간 등에 대해서 각양각색으로 기록되는 등 많은 오류를 거듭해 왔다. 이처럼 세스뻬데스에 대한 연구가 정확하게 이루어지지 못한 이유는 무엇보다도 일차적인 자료들이 여러 나라, 여러 장소에 산재해 있으며, 또한 그 자료들이 16세기 스페인 및 포르투갈 고어로 기록되어, 이를 올바르게 이해하지 못한 데 있다고 볼 수 있다.

이런 여러 측면에서 볼 때 본 장에서는 그동안 직접 발굴한 자료들을 토대로 하여 세스뻬데스의 서간문 연구와 아울러 지금까지 알려지지 않은 가계의 베일을 벗기면서 그의 국적 · 출생지 · 출생 연도 등을 올바르게 조명한 후, 우리에게 관심 있는 세스뻬데스의 방한에 관하여 살펴보겠다.

1. 세스뻬데스의 출생

1) 출생지

지금까지 그레고리오 · 데 · 세스뻬데스(Gregorio de Céspedes)의 국적, 출생지, 출생 연도에 대해서 모호한 점이 너무나 많았고, 특히 가족관계에 관하여는 국내외에 전혀 알려진 바가 없었다. 세계 여러 곳에 산재하여 있는 그에 대한 자료를 입수하는 데 어려움이 있었으나 직접 발굴시도의 노력으로 새로운 사실들을 발견할 수 있었다.

지금까지 국내에서 많은 사람들은 그레고리오 · 데 · 세스뻬데스가 포르투갈 사람이라고 잘못 믿어 왔으며 국내 문헌에서도 그런 식으로 기술되어 있다.

『예수회 일본 역사기』(Monumenta Historica Japoniae I)에 소개된 예수회 선교사들의 목록에서도 세스뻬데스 신부의 출신에 관한 자료에 일관성이 결여되어 있음을 발견할 수 있다. 동 역사기의 「1579년 12월 10일 일본에서 활동하고 있는 신부와 수사들의 목록」에서 처음으로 세스뻬데스 신부의 이름이 나오는데 거기에는 다음과 같이 쓰여 있다.

"예수회에 10년 또는 11년 있었던 27~28세의 가스띠야 출신의 그레고리오 · 데 · 세스뻬데스 신부는 일본에 약 2년간 체류하면서 일본어를 매우 훌륭히 습득하고 있으며 또한 고백성사를 주기 시작하고 있다. 그리고 현재는 메아꼬(京都)에 머물고 있다."

이 같은 기록에서는 단지 그가 가스띠야(Castilla - 마드리드를 중심으로 한 스페인의 중부 지방을 일컬음) 출신이라는 것만이 언급되어 있으며, 그의 나이와 예수회에서의 활동에 관한 자료는 분명치가 않다. 한편, 동 역사기의 1584년 12월에 작성된 선교사들의 목록에서 다음과 같은 그레고리오 · 데 · 세스뻬데스에 대한 소개가 나와 있다.

> "그레고리오 · 데 · 세스뻬데스 신부: 까쎄레스(Caceres)에서 출생하였음, 34세로 건장함. 1569년 예수회에 입회하였음……" (중략)

앞에서 살펴본 바와 같이 『예수회 일본 역사기』에 소개된 목록들에서조차도 일관성이 없음을 볼 수 있다. 즉 한쪽에서는 세스뻬데스가 가스띠야(Castilla) 출신이라고 하는 한편, 다른 쪽에서는 그가 까쎄레스(Caceres) 출신이라고 기술하고 있다.

한편, 동 역사기의 「1588년 일본 준관구 목록」의 기술에서도 그의 출생에 대해서 일관성이 없음을 발견할 수 있다.

> "그레고리오 · 데 · 세스뻬데스신부-스페인 사람으로 마드리드 출생(똘레도교구) 37세 나이로 건장하며 예수회 입회한지 19년 되었음."

극동 지역 예수회의 역사에 대한 유일한 기록인 『예수회 일본 역사기』에 나타난 세스뻬데스 신부에 관한 기술은 일관성이 없고 매우 불명확하게 소개되어 있음을 알 수 있다.

그러면 세스뻬데스에 관한 모든 것을 부단한 자료발굴에 의하여 찾아낸 새로운 사실을 기반으로 그의 출생과 가계를 추적해 보기로 하겠다.

우선, 스페인의 살라망까 대학 도서관에서 새로운 자료를 발견하였는데, 거기에는 그레고리오 · 데 · 세스뻬데스의 가족에 대한 귀중한 기술이 포함되어 있는데 이것이 그의 가계를 규명해 준 결정적인 중요한 실마리가 되었다. 세스뻬데스 신부는 16세기 당시 스페인의 교육도시인 살라망까에서 공부를 하던 중에 어느 날 갑자기 자신의 뜻에 따라 자발적으로 예수회에 입회하였음을 알려 주고 있다.

16세기 당시 살라망까 예수회 학교의 한 기록서에서 젊은 修士 세스뻬데스의 서명이 들어 있는 자료를 찾았는데 거기에는 다음과 같이 쓰여 있다.

"빌야누에바 · 데 · 알까르데떼(Villanueva de Alcardete)출신의 세스뻬데스 · 데 · 오비에도(Céspedes de Oviedo) 석사와 도냐 · 마리아 · 데 · 시망까스(Doña Maria de Simancas) 사이에서 태어난 그레고리오 · 데 · 세스뻬데스는 1569년 1월 28일 까스띨야 · 라 · 비에하(Castilla la vieja) 지방의 관구장인 힐 · 곤살레스 신부의 지시에 따라 살라망까 예수회 신학교 교장인 마르띤 · 구띠에레스 신부에 의하여 입학이 허가되었다. 세스뻬데스는 예수회의 회헌과 규칙을 읽고 나서 어떠한 장애도 발견하지 않고 이에 만족함에 하느님의 은덕으로 1569년 1월 28일에 입회하였다"

동 기록에 따르면 살라망까(Salamanca)에서 세스뻬데스가 예수회에 입회한 날짜가 분명해지며, 또한 그의 부모와 고향의 이름이 명확하게 나와 있다.

한편 운 좋게도 로마에 있는 예수회 본부 고문서 보관소에서 세스뻬데스가 1589년 2월 9일 나가사키(長崎)에서 쓴 자필의 편지를 한 장 발견하였는데 그 속에서 귀중한 사실을 찾았다.

다음은 그 편지의 일부분이다.

"본인은 마드리드에서 태어난 가스띠야인이며 20세에 살라망까에서 공부하였고, 하느님의 은총으로 영광스럽게도 관구장인 힐 · 곤잘레스 신부의 예수회관구에 들어가게 되었다."

동 자료에 따르면 자신이 밝혔듯이 세스뻬데스 신부는 마드리드 출생이라는 것이 분명해진다. 이같이 중요한 기록들과 서간문의 발굴을 통해서 그가 마드리드 출신이며 그의 아버지인 세스뻬데스 · 데 · 오비에도 석사는 빌야누에바 · 데 · 알까르데떼 출신이라는 것이 밝혀질 수가 있었다.

이외에도 또 다른 자료의 발굴을 통해서 이러한 사실을 재 증명 할 수가 있었다. 일본지역의 예수회의 모든 활동상황에 대하여 기술하고 있는「1611년 일본 예수회 연례 보고서」에는 다음과 같이 세스뻬데스 신부의 사망에 대한 기록이 적혀 있다.

"그레고리오 · 데 · 세스뻬데스 신부-가스띠야 사람으로 마드리드 출생 수사 신부. 60세 나이로 42년간 예수회에서 활동했으며 그중 34년 동안 일본의 천주교 전파를 위하여 커다란 열성으로 일하였음."

이 모든 것을 종합해 볼 때 그레고리오 · 데 · 세스뻬데스 신부가 마드리드 출신의 가스띠야인이며 그의 아버지는 빌야누에바 · 데 · 알까르데떼 출신이라는 것은 부인할 수 없는 사실이 되었다. 한편, 살라망까대학 도서관에서 발견한 기록을 통해 세스뻬데스의 아버지가 빌야누에바 · 데 · 알까르데떼 출신이라는 사실을 알고서 이 마을을 방문하여 연구한 결과 중요한 사실을 찾았다.

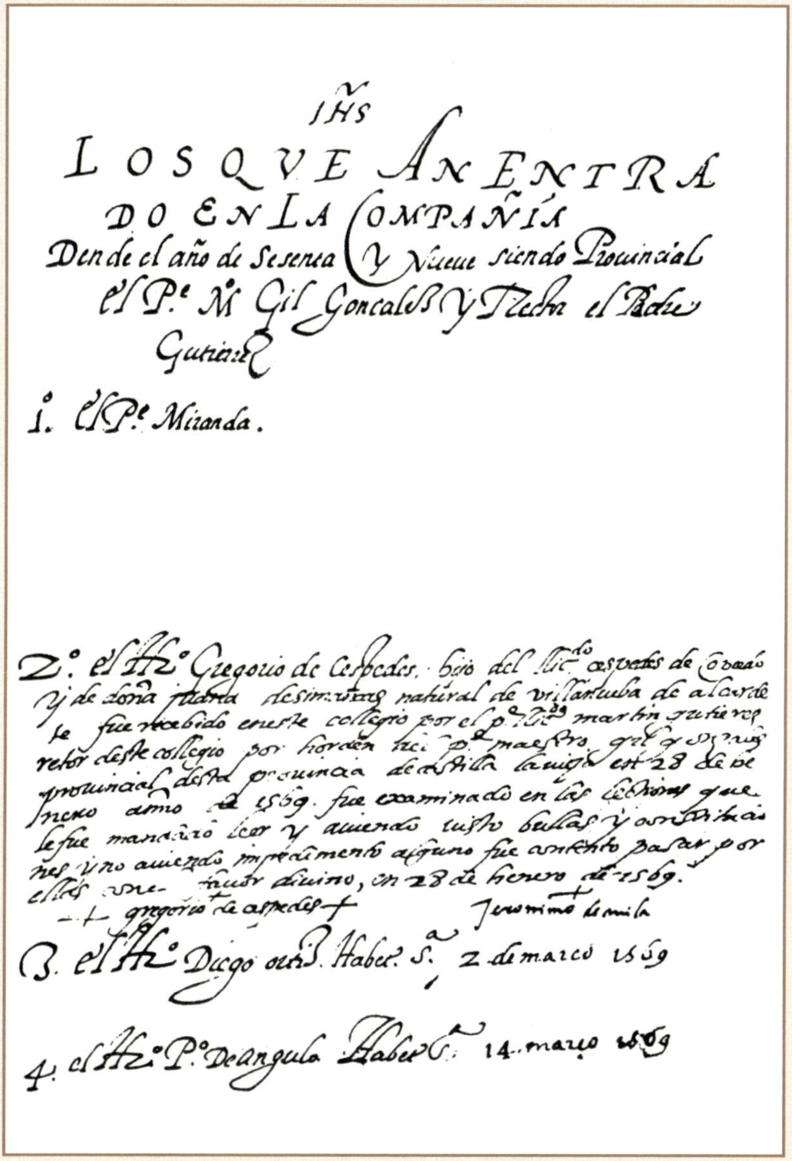

IHS

LOS QVE AN ENTRA
DO EN LA COMPAÑÍA
Den de el año de Sesenta y Nueve siendo Provincial
el P.e M.o Gil Gonçales y Rector el Padre
Gutierrez

1. el P.e Miranda.

2.o el H.o Gregorio de Cespedes. hijo del lic.do cespedes de [illegible]
y de doña [illegible] natural de villarrubia de [illegible]
fue recebido en este collegio por el p.e lic.do martin gutierrez
retor deste collegio por horden del p.e maestro gil gonçales
provincial desta provincia de castilla la vieja en 28 de he
nero anno de 1569. fue examinado en las [illegible] que
le fue mandado leer y aviendo visto bullas y constitucio
nes y no aviendo impedimento alguno fue contento pasar por
ellas [illegible] favor divino, en 28 de henero de 1569.
+ gregorio de cespedes + Jeronimo de [illegible]

3. el H.o Diego [illegible] Habet. S. 2 de março 1569

4. el H.o P.o De angulo Habet S. 14 março 1569

살라망까에서 1569년 예수회 입회 당시 세스뻬데스의 자필서명
(살라망까 대학 도서관소장)

16세기 스페인국왕 펠리뻬(1577-1598) 시대에 「빌야누에바 · 데 · 알까르데떼 마을의 관계에 대한 1575년 보고서」의 제38장에는 그레고리오 · 데 · 세스뻬데스의 아버지인 석사 세스뻬데스 · 데오비에도의 이름이 기술되어 나오는데, 간단하지만 매우 중요한 사실을 찾을 수가 있었다. 그 내용은 다음과 같다.

> "제38장: 이 마을의 저명한 인사 1중에서 석사 세스뻬데스 · 데 · 오비에도는 국왕 폐하의 수도, 마드리드의 시장을 역임하였다…… (중략)"

이 기록에 의하여 그레고리오 · 데 · 세스뻬데스의 아버지가 국왕 카를로스 1세 통치 기간(1517-1556) 중에 막중한 직책을 수행한 사실을 알게 되었다. 그 후 마드리드 시청의 고문서 보관실에서 발굴한 자료에서 세스뻬데스 · 데 · 오비에도 석사가 1550년 11월 24일에 마드리드 시장으로 취임한 기록을 찾았다. 이러한 점에서 볼 때, 그레고리오 · 데 · 세스뻬데스가 마드리드에서 출생했을 시기가 그의 아버지가 마드리드 시장으로 재직하였을 때와 일치함을 알 수 있다.

2) 출생 연도

세스뻬데스의 출생 연도에 관해서도 지금까지 의견이 분분하였다고 볼 수 있다. 로마의 예수회 본부에서 편찬한 『예수회 일본 역사기』와 『인도기록』에 따르면 세스뻬데스는 1550년에서 1552년 사이에 태어난 것으로 추정된다.

기록화된 자료가 너무나 부족하고 새로운 발굴문서에서도 전혀 출생 연도가 나타나 있지 않았으며, 그의 출생지인 마드리드에서도 그의 출생증명서를 발견하지 못했다. 16세기 당시 설립되었던 마드리드 교구의 성당들을 모두 돌아다니면서 그레고리오 · 데 · 세스뻬데스의 세례증명서를 찾으려고 무척이나 노력했지만 그러한 노력은 무위로 돌아갔다.

1574년 인도 선교 사업에 관련하여 42명의 예수회 선교사가 적혀 있는 예수회의 『인도기록』에 처음으로 세스뻬데스의 이름이 나와 있는데, 리스본을 거쳐서 동인도로 가는 42명의 신부와 수사들의 이름 속에서 세스뻬데스가 여섯 번째로 소개되어 있다. 거기에는 다음과 같이 쓰여 있다.

> "그레고리오 데 세스뻬데스 : 서반아인, 1552년경 마드리드에서 출생, 1569년 예수회 입회… 1575년 고아에 도착 신부수업. 1577년 일본 도착. 1611년 12월 고꾸라(小倉)에서 사망."

이 자료에 따르면 세스뻬데스는 1552년에 태어난 것으로 기술하고 있다. 여러 자료를 통하여 살펴보았지만, 그의 출생 연도는 정확하지가 않다. 처음부터 그의 출생 연도는 불명확했던 것이다.

이러한 자료의 모호성은 『예수회 일본 역사기』에서도 나타난다. 예를 들면 동 역사기의 「1579년 12월 10일 일본 지역의 선교사 목록」에는 그레고리오 · 데 · 세스뻬데스 신부가 가스띠야인이며 27~28세 되었고 예수회에는 10~11년 있었던 것으로 나와 있다.

그의 나이와 예수회에서의 활동기간이 모두 불분명하게 기술되어 있다. 이미 앞에서 고찰한 바가 있듯이 동 역사기의 「1585년 12월 목록」에서는 그레고리오 · 데 · 세스뻬데스가 까쎄레스(Caceres)에서 태어났으며 34이라 적혀 있는 등, 그에 관한 출생지와 나이에 일관성이 없었다. 동 목록에 따르면 그는 까쎄레스에서 1550년에 태어난 것으로 추정할 수 있다.

한편, 동 역사기의 「1588년 일본 준관구 목록」에는 세스뻬데스가 마드리드에서 태어났고 그의 나이는 37세라고 나와 있다. 따라서 이 자료를 보면 그는 마드리드에서 1551년에 태어났을 것으로 추정할 수 있다.

이와 같이, 그의 출생지와 출생 연도는 앞뒤가 맞지 않는 등 예수회본부에서 나온 기록서에서도 분명히 일관성이 결여되어 있다고 하겠다. 그의 아버지인 석사 세스뻬데스 · 데 · 오비에도는 1550년 11월 24일 마드리드의 시장과 치안관 직책에 취임하였기 때문에 세스뻬데스 신부는 그의 아버지가 관직에 있던 그 기간에 마드리드에서 태어났을 것은 확실하다고 본다. 왜냐하면,, 신빙성 있는 자료를 보면 석사 세스뻬데스 · 데 · 오비에도는 당시 스페인 국왕 카를로스1세에 의하여 마드리드의 시장이자 치안관으로 임명되기 전에는 스페인 남부 안달루시아 지방의 그라나다에서 시장을 지냈다는 기록을 찾을 수 있었다.

다행히 『1611년 일본 예수회 연례 보고서』의 기술에서 결정적으로 세스뻬데스의 출생지뿐만 아니라 출생 연도를 알려 주는 미간행 자료를 찾을 수 있어 이를 인용해 보기로 하겠다.

> "그레고리오 · 데 · 세스뻬데스 신부-가스띠야인으로 마드리드 출생. 수사 신부. 60세 나이로 42년간 예수회에서 활동했으며 그중 34년 동안 일본의 천주교 전파를 위해 커다란 열성으로 일하였음……"

이 같은 믿을만한 발굴 자료에 근거하여, 그레고리오 · 데 · 세스뻬데스는 1551년에 태어났으며 1611년에 60세의 나이로 사망했다는 것으로 단정 지을 수 있다. 따라서 그의 출생 연도는 그의 아버지인 석사 세스뻬데스 · 데 · 오비에도가 시장 직무를 시작한 연도와 거의 일치하는 1551년으로 단언할 수 있다.

새로운 고본 자료의 발굴 덕택으로 그레고리오 데 세스뻬데스가 1551년 마드리드에서 당시 시장의 아들로 태어났다는 새로운 사실을 알게 되었다. 다만 ,날짜를 분명히 밝힐 수가 없는데, 16세기부터 내려오는 마드리드 교구 성당들에서도 전혀 그에 대한 영세증명서 혹은 출생증명서가 나타나지 않은 점이 상당히 아쉽다. 스페인 내란(1936~1939) 동안에 산 안드레스(San Andres)아 산 살바도르(San Salvador) 성당의 모든 서류가 불타 없어졌는데 아마도 이때에 세스뻬데스의 출생증명서도 불타버린 것으로 추정된다.

2. 마드리드 시장의 아들

1) 마드리드 시장의 아들

이 연구를 통해서 처음으로 그레고리오 · 데 · 세스뻬데스 가계에 대하여 상당량의 기록을 찾을 수 있었다는 것은 대단히 값어치 있는 일이다. 이미 앞에서 언급된 바와 같이 살라망까대학교의 도서관에서 발굴한 예수회 입회 당시의 귀중한 기록에서 세스뻬데스 신부의 아버지가 가스띠야 지방의 마을인 "빌야누에바 · 데 · 알까르데" 출신이라고 기술하고 있어 그곳을 방문하여 연구한 끝에 더욱 흥미 있는 사실을 찾아낼 수가 있었다.

당시 16세기에 석사의 신분을 지녔다면 스페인학계나 정계에서 중요한 직책을 맡을 수 있는 인물이 되기에 충분하다고 볼 수 있다. 석사 세스뻬데스 · 데 · 오비에도는 당시 스페인 국왕의 총애 받는 신하로 역사에 기록되어 있었다. 즉 스페인 국왕 펠리뻬 2세 시대에 『빌야누에바 · 데 · 알까르데떼 마을에 관계된 1575년 보고서』의 제38장에 그의 이름이 나타나 있음을 이미 알고 있다. 당시 스페인 왕국은 아메리카 신대륙과 세계를 정복하면서 "해가 지지 않는 나라"로 불리던 시기였다. 그러한 때에 그의 아버지가 당시 마드리드 시장을 지낸, 석사학위도 소유한 식자층이란 점을 볼 때 세스뻬데스 신부가 명문 가정에서 출생하였다는 새로운 사실의 발견은 우리에게 세스뻬데스 인물 연구에 더욱 큰 의미를 가져다주었다.

마드리드 시청 고문서 보관실에 있던 세상에 알려지지 않은 한 기록을 발견함으로써 석사 세스뻬데스 · 데 · 오비에도가 후안 · 데 · 아꾸냐(Juan de Acuna)의 뒤를 이어 1550년 11월 24일 마드리드의 시장직을 맡았다는 것을 알 수 있다. 세스뻬데스 · 데 · 오비에도의 시장 취임에 관한 기록은 다음과 같다.

> "1550년 11월 24일 월요일"
> 마드리드시청 내에는 수많은 인사가 참석한 가운데, 그라나다시에서 온 세스뻬데스 · 데 · 오비에도 석사는 국왕 폐하의 서명이 든 편지와 칙령을 제시하였다. 이 칙령에서 국왕 폐하는 그를 마드리드 시장직에 취임을 허락하면서 지금까지 그 직에 있던 "후안 · 데 · 아꾸냐"의 뒤를 이어서 임무를 수행할 것을 적고 있다. (중간생략)…세스뻬데스 · 데 · 오비에도 석사는 하느님 앞에서 오른손으로 십자가를 그리면서 부여된 직분을 훌륭하고 성실하게 수행할 것을 서약하였다."

한편, 마드리드시청 도서관에서 찾은 고 책자에 따르면 세스뻬데스 · 데 · 오비에도 석사가 1551년부터 1557년까지 마드리드 시장과 치안관을 지냈다고 기술되어 있다. 그러나 이미 우리가 인용한 위의 자료를 보면 오비에도 석사는 1550년 11월 24일에 시장직에 취임했다는 사실이 당시 기록으로서 확실하다. 그래서 본 연구를 통하여 세스뻬데스 · 데 · 오비에도 석사는 1550년부터 1557년까지 시장직을 지낸 것으로 올바르게 기록해 주는 것이 바람직하다. 이미 언급한 바대로 석사 세스뻬데스 · 데 · 오비에도는 1550년 마드리드시장으로 오기 직전에 스페인 남부 그라나다(Granada)는 1492년 이사벨 여왕이 마지막으로 회교도의 아랍인들을 정복하고 국토 재통일을 이룩한 역사적인 도시이다.

이러한 모든 기록과 증거를 통하여 보건대, 그는 분명히 국왕 카를로스 1세의 고위 신하 중의 하나였다는 것이 확실하다.

이미 밝혀진 바와 같이, 세스뻬데스 신부의 아버지는 1550년부터 1557년까지 마드리드의 시장인 동시에 치안관으로 일했다. 그의 오랜 재임 기간으로 판단하건대, 그는 시장의 임무를 훌륭히 수행했음을 짐작할 수 있다. 마드리드 시청 고문서 보관실에서 발굴한 새로운 자료에서 그가 시장으로서 수행했던 임무에 관한 기록 중에서 다음과 같은 흥미 있는 사료를 찾아낼 수가 있어 소개한다.

> "마드리드시의 시장인 동시에 치안관인 본인 세스뻬데스 · 데 · 오비에도 석사는 관할의 모든 시민들과 여행자들에게 다음과 같이 알리는 바이다. 본인이 듣기로는 이 도시 내에서 도박놀이와 무기를 갖고 장난을 하는 자들로 하여금 무질서와 큰 혼란이 일고 있다 하여서, 앞으로는 도시 안에서 어느 사람도 주사위놀이나 어떤 다른 금

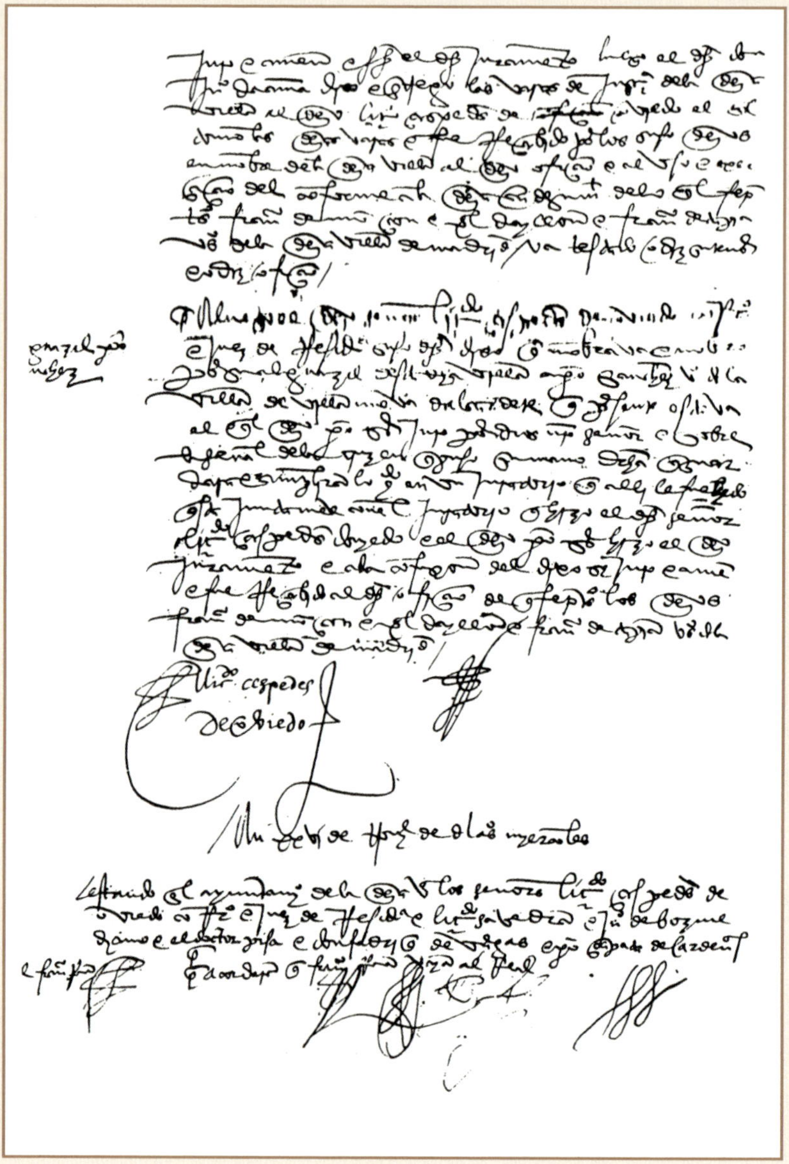

1550년 마드리드 시장으로 취임한 세스뻬데스 신부의 아버지
Céspedes de Oviedo 석사의 친필과 서명이 보인다.
(마드리드 시청 고문서 보관소 소장)

지된 놀이를 하지 말 것이며, 집안에 공중도박장을 열지 못하도록 명하는 바이다. 만일에 이러한 명령을 어길 시에는 죄과에 따라서 처벌될 것이다.

또한, 어느 누구도 낮이나 밤에 무기를 소유하고 세 사람 이상 동행하여 다닐 수 없음을 명령한다. 만일 위반할 시에는 죄 값에 따라서 감옥에 넣게 될 것이다.

또한, 어느 누구도 칼을 칼집에 넣지 않고서, 칼집을 잃어버렸다는 핑계로 예리한 칼만을 들고 다닐 수 없다. 또한 어느 누구도 대중 앞에서 상대방에게 모욕을 주기 위해, 피는 내지 않는다 하여도 칼을 휘두를 수 없음을 알린다. 그리고 어느 사람도 칼을 잃을지 모른다는 구실로 칼을 차고서 홍등가에 출입할 수 없다.

또한, 어느 누구도 자신의 집안에 어떤 조건으로나, 상황에서도 수상한 여인을 둘 수가 없다.

또한, 어느 숙박업 주인도 자신의 집에 돈을 벌어들이는 의심스러운 여인들을 놓아 둘 수 없다.

또한 어떤 창녀도 시가 인정한 공공장소 밖에서는 돈을 벌 수 없으며 어길 경우에는 100대의 매질과 아울러 시에서 추방될 것이다."

이 같이 흥미 있는 자료에는 16세기 당시의 마드리드 생활과 사회상을 알려주고 있다.

2) 가족들에 대한 연구

한편, 세스뻬데스 신부의 어머니인 도냐 · 마리아 · 데 · 시망까스에 대하여서는 남부 그라나다시 출신이라는 사실 외에는 더는 자료를 발견하지 못했다. 한편, 16세기 귀족이나 명문가계를 소개한 기록에 따르면 다음과 같이 세스뻬데스 가계가 소개되고 있다.

> "부르고스(Burgos)주 출신의 가계로서 비야르까요(Villarcayo) 행정 관할 구역에서 세스뻬데스라는 지명의 이름을 갖게 되었는데 이것은 그의 조상들이 이 구역에서 거주했기 때문이며 오래된 조상 중의 한집안이 에스삐노사 · 데 · 로스 · 몬떼로스(Espinosa de los Monteros) 마을에 거주했고, 또한 매우 오래된 또 다른 그의 조상 중의 한 집안이 메디나 · 데 · 뽀마르(Medina de Pomar)에 있었으며, 양쪽 가족이 함께 비야르까요 행정 관할 구역에 속해 있었다. 후에 그 가계는 까스띨야(Castilla) 지방, 리오하(Rioja) 지방, 엑스뜨레마두라(Extremadura) 지방, 라만차(La Mancha) 지방, 안달루시아(Andalucía) 지방으로 퍼졌으며 그중의 한 분가가 낀따나르 · 데 · 라 · 오르덴(Quintanar de la Orden) 행정 관할 구역에 있는 빌야누에바 · 델 · 까르데 마을에 거주했다."

동 기록에서는 석사 세스뻬데스 · 데 · 오비에도에 대하여 다음과 같이 계속 적고 있다.

> "빌야누에바 · 델 · 까르데 출신으로, 그라나다 시장이었으며 후에 마드리드의 시장이 되었던 석사 페르난도 · 데 · 세스뻬데스 · 이 · 오비에도는 그라나다 출신의 후아나 · 데 · 시망까스(Juana de Simancas)와 결혼했으며, 장남 가브리엘 · 데 · 세스뻬데스(Gabriel

de Céspedes)를 낳았다. 또 다른 아들 후안 · 데 · 세스뻬데스 · 이 · 시망까스(Juan de Céspedes y Simancas)는 빌야누에바 · 델 · 까르데떼 출생으로 론다(Ronda)시와 마르벨야(Marbella)시의 시장을 지냈으며, 벨몬떼(스페인 중부, Cuenca 지방) 출신의 프란시스코 · 데 · 에네스뜨로사와 결혼했고, 벨몬떼에서 아들 하나를 낳았는데 그의 이름은 헤로니모 · 데 · 세스뻬테스 · 오비에도 · 이 · 에네스뜨로사였으며 1639년 9월 5일 산띠아고(Santiago) 기사단에 들어갔다. 한편, 장남인 가브리엘 · 데 · 세스뻬데스 · 이 · 시망까스는 그라나다에서 태어났고 그곳에서 참의원 의원을 지냈으며, 꼬르도바 지방의 루세나 마을 출생인 까딸리나 · 데 · 꾸에야르와 그라나다에서 결혼했다. 그리고 그들 사이에서 "페르난도 · 데 · 세스뻬데스 · 오비에도 · 이 · 꾸에야르"가 그라나다(Granada)에서 태어났으며, 그도 역시 1623년 1월 10일 산띠아고 기사단에 들어갔다."

이러한 자료에서 알 수 있듯이 세스뻬데스 신부의 형제들은 스페인 남부 지방에서 높은 지위와 관직을 역임하였음을 말해 주고 있다. 큰 형 가브리엘은 그라나다 태생으로 그곳에서 참의원 의원을 지냈고, 또 다른 형제인 후안은 스페인 남부의 론다(Ronda)와 마르벨야(Marbella)에서 시장을 역임하였다.

위의 자료에서는 그레고리오 · 데 · 세스뻬데스에 관한 기술이 없는 것이 의문점이기도 하다. 그러나 마드리드 국립역사고문서 보관소에서 발굴한 당시 자료를 통하여 세스뻬데스 · 데 · 오비에도 석사와 가계에 관한 기록을 재확인할 수가 있었다.

한편, 세스뻬데스 신부가 1597년 멕시코에 있는 동료신부에게 보낸 서간문에서 그의 조카에 대한 언급을 하고 있는 것을 찾을 수 있었다. 돈 · 루이스라는 조카가 당시 스페인이 통치하고 있던 멕시코에서 사제로서 일하고 있음을 다음 서간문에서 알 수 있다.

> "훌륭한 자질을 지닌 나의 조카 돈 루이스에게 신부님께서 그가 하느님의 복음전파 사업에서 열심히 일하도록 도와주시기를 부탁드리며, 이는 본인에게 커다란 위안과 기쁨이 될 것입니다. ……(중략)"

이러한 값진 모든 자료를 통해서 세스뻬데스 가계를 처음으로 찾아낼 수 있었으며, 지금까지 알려지지 않은 사실을 알게 되었다. 16세기 자료를 찾는데 많은 어려움 때문에 더는 자료를 밝히지 못하였다.

3. 세스뻬데스의 예수회 입회

1) 살라망까에서 수학생활

그레고리오 · 데 · 세스뻬데스는 1551년 마드리드에서 당시 시장의 아들로 태어났다. 그의 아버지 세스뻬데스 · 데 · 오비에도 석사가 1550년부터 1557년까지 마드리드 시장을 역임하였기 때문에, 그레고리오는 소년시절을 행복한 가정 분위기 속에서 자라났음이 확실하다.

그의 가족에 대한 여러 자료가 발견되었음에도 불구하고 세스뻬데스 자신에 대한, 특히 그의 어린 시절의 자료는 거의 찾을 수가 없었다. 청년 세스뻬데스는 18세의 나이에 본인의 의사에 따라 살라망까에 있던 예수회 신학교에 입학하였다. 그러나 그는 살라망까에 처음부터 사제가 되기 위하여 간 것이 아니라 당시 스페인 학문의 중심도시인 살라망까대학에서 수학하기 위하여 갔던 것이다. 왜냐하면, 그레고리오 · 데 · 세스뻬데스가 1589년 1월 28일 나가사키(長崎)에 쓴 자필의 편지에서 예수회 입회 동기를 다음과 같이 기술하고 있기 때문이다.

> "본인은 마드리드 태생의 가스띠야 사람으로서 20년 전에 살라망까에서 학업을 하던 중에 영광스럽게도 하느님의 은총으로 관구장인 힐 · 곤살레스신부의 예수회에 입회하게 되었습니다. 기본교양 학문 수업을 끝내고 신학을 공부하기 시작할 때, 살라망까 예수회 신학교에서 하느님의 뜻에 따라 순찰사(Visitador)신부인 알레한드로 · 발리그나노(Alejandro Valignano)를 따라 인도로 갔으며, 고아(Goa)시에서 약 일 년 반을 머문 후 신부로 서품 받았으며 그 후 이곳 일본 지역으로 보내졌는데, 지금까지 12년간을 머물면서 주로 수도인 메아꼬(京都) 지방에서 지내고 있습니다."

살라망까에서 공부하고 있었을 때에 그는 선교사가 되기로 결심하였으며, 후에 이베리아반도의 중심부인 가스띠야 · 라 · 비에하(Castilla la Vieja) 지방의 관구장이었던 힐 · 곤살레스 · 다빌라의 지시에 따라 1569년 1월 28일 예수회에 입회하게 되었다. 살라망까 예수회 신학교에 들어가기 전 그레고리오 · 데 · 세스뻬데스는 이미 3년 동안 라틴어 공부를 하였고 2년 6개월 동안 교회법을 공부했다. 따라서 그레고리오 · 데 · 세스뻬데스는 시험을 통해서 수사로서 예수회에 들어갈 수 있었다. 살라망까 신학교에서는 5년에 걸쳐 철학공부를 하였는데 평범한 성적을 남겼다.

2) 동양 선교단에 선발

그레고리오 · 데 · 세스뻬데스는 1571년 아빌라(Avila)에서 처음으로 하느님에게 서원을 하였고, 후에 신학 공부를 시작할 무렵에 하느님의 뜻에 따라 순찰사(Visitador) 신부인 알레한드로 · 발리그나노(Alejandro Valignano)를 따라 동인도로 갔는데, 그때부터 발리그나노 신부와의 우정이 시작됐고, 이러한 관계는 그가 죽을 때까지 계속되었다. 1573년 8월 동인도의 순찰사 신부로 임명된 발리그나노 신부는 그해 9월 26일 제노바를 떠나 스페인과 포르투갈로 갔다. 스페인에서는 아라곤(Aragon) 지방의 선교사 3명, 똘레도(Toledo) 지방 출신 12명, 가스띠야(Castilla)출신 9명 등이 발리그나노 신부 일행에 합류했다. 그리고 포르투갈에서도 여러 명의 사람이 합류하여 마침내 총 42명이 되었다.

발리그나노 신부와 이태리, 스페인에서 합류한 그의 동료들은 포르투갈의 에보라(Evora)시를 지나 1573년 크리스마스 며칠 전에 리스본에 도착했다. 그중에서 19명은 사제이며 14명은 수학수사이고 나머지 9명은 평수사들이었다. 신부들은 아주 나이가 많고 신중하였으며, 일행 중의 15명은 신학을 배운 사람들로서 훌륭한 전도사들이었다. 선교단의 일원으로서 중국과 일본 땅에서 활동할 사람 중에는 훌리오 · 삐아니, 안또니오 · 프레네스띠노, 후안 · 데 · 압리라, 삐드로 · 라보, 아론소 · 곤잘레스, 올리베리오 · 또스까넬 수사, 프란씨스꼬 · 라구나, 다미안 · 마린, 바르똘로메 · 레돈도, 그리고 끄리스또발 · 데 · 레온 등이 있었다.

그들의 대부분은 로마의 예수회 총장 신부로부터 특별히 위임을 받은 순찰사 신부 발리그나노가 직접 뽑은 사람들이다. 까리온, 레온, 라구나, 그리고 세스뻬데스 등은 후에 에보라(Evora)의 대주교가 된 떼오또니오 · 데 · 브라간사에 의하여 추천되었는데, 그는 또한 당시 스페인 종교문학의 거봉

이기도 하였던 루이스 · 데 · 그라나다(Luis de Granada) 신부나 산따 · 떼레사 · 데 · 헤수스(Santa Teresa de Jesús)로부터 숭배를 받아 유명하였다.

리스본에 머물고 있는 동안, 발리그나노는 상 · 로께에 있는 전통 깊은 수련원에서 모든 선교사들을 모아서 매일 지도하면서 그들이 수행할 임무와 사명감에 대하여 엄격한 훈련을 하였다. 또한 그는 포르투갈, 이탈리아, 그리고 스페인 출신 선교사들 사이의 단합을 위하여 아낌없는 노력을 하였으며, 이탈리아와 스페인 출신의 선교사들로 하여금 매일 포르투갈어를 배우게 하였고, 그들 모두가 병원과 감옥 등을 방문케 하여 자비와 고행의 실천을 몸소 배우도록 하였다.

당시 예수회 선교사들 중에는 일본 선교 사업을 수행하기 위해 자원을 한 후 10년 이상 차례가 오기를 기다리기도 하였다는 사실을 상기할 필요가 있다. 예를 들면 오르간띠노 신부는 동양으로 향하는 인도 선교단에 들어가기 위하여 9년 동안을 기다리면서 청원하였다.

이러한 점에서 볼 때, 세스뻬데스는 단시일에 그의 소망을 이룩한 행운아였다고 생각할 수 있다. 일본에 도착한 후 12년이 지난 1589년 그레고리오 · 데 · 세스뻬데스 신부는 다음과 같이 예수회 입회를 회상하고 있다.

> "이 임무는 본인의 희망에 따라 예수회에 입회한 이래 본인이 무척 원하던 것이었고, 하느님은 항상 본인에게 커다란 만족감을 주셨고 처음 예수회에로의 입회의 부르심뿐만 아니라 두 번째 일본에서의 선교활동에도 하느님은 영광스럽게도 항상 저에게 은총을 베풀어 주셨습니다."

3) 인도를 향한 항해

그레고리오 · 데 · 세스뻬데스는 1569년 수사로서 예수회에 들어갔을 때부터 동인도로 파견되기를 원했던 것이며, 그 당시의 상황에서도 동인도 파견단에 속하는 것은 매우 큰 영광이었던 것 같다. 마드리드 시장의 아들이었던 운 좋은 젊은 수사 그레고리오 · 데 · 세스뻬데스는 동인도로 가는 배를 타기 위하여 약 3개월가량 리스본에 머물러 있었다.

여기서 우리는 유럽의 예수회 선교사들이 아세아를 가기 위하여 왜 포르투갈의 리스본항구에서 출발해야 했는지, 그 이유를 알 필요가 있다. 15세기부터 이베리아 반도에 함께 위치한 스페인과 포르투갈 왕국은 앞을 다투어 세계 해상권의 우위를 차지하기 위하여 경쟁하였다. 양 국가는 나날이 치열해지는 해상 쟁탈권을 원만하게 해결하기 위하여 1494년 6월 9일 "또르데실야스(Tordesillas)협약"을 체결하여 세계를 둘로 분할하였다. 즉 동쪽으로는 포르투갈이 서쪽으로는 스페인 왕국이 독점권을 갖고 해상활동을 하도록 약속한 것인데, 양국의 해상 분할선은 대서양의 까보 · 베르데(Cabo verde) 제도에서 서쪽으로 370레구아(1레구아는 5,572m)지점으로 정하였다. 양국은 "또르데실야스협약" 에 따라서 세계를 크게 둘로 나누었는데 결국 서쪽의 아메리카대륙은 스페인 왕국이, 동쪽의 동인도 및 아세아지역은 포르투갈이 해상권을 독점하게 된 것이다. 그리하여 예수회 선교사들이 아세아 지역에서 복음전파 활동을 하기 위해서는 포르투갈 국왕의 승인을 받아야만 했고, 아세아 땅에서도 포르투갈 왕국의 보호 아래에서 활동하였다.

아세아 지역에서 유일하게 스페인 왕국의 소유가 된 필리핀은 1565년 '레가스삐' 에 의하여 태평양을 횡단하여 발견한 땅으로서 그 후 스페인과 포르투갈의 분쟁문제가 되었다. 그러나 필리핀을 왕래하던 스페인인들은 항로를 태평양을 이용해서 멕시코를 거쳐 본국과 교류를 하였다. 왜냐하면, 포르투갈 왕국의 해상 독점권이 있는 동인도 지역으로는 왕래할 수가 없었기 때문이었다. 16세기 초 예수회는 스페인 왕국의 선교사들이 주축이 되어 설립하였으나, 아세아지역의 활동을 위해서는 포르투갈 왕국의 보호 아래 활동하였고, 포르투갈인과 긴밀한 관계를 유지하였던 것이다.

리스본에서 1575년 동인도로 떠나는 42명의 신부와 수사들의 이름 속에 그레고리오 · 데 · 세스뻬데스 신부가 여섯 번째로 나와 있었다. 한편, 순찰사 신부 알레한드로 · 발리그나노는 예수회의 총장 신부인 에베라르도 · 메르꾸리아노(Everardo Mercuriano) 신부에게 보내는 1575년 1월 31일 자 편지에서 그레고리오 · 데 · 세스뻬데스의 선발 소식을 적어서 보고하였다.

이러한 점에서 볼 때, 동인도 파견단의 선교사들을 당시 얼마나 신중하게 선발하였다는 것을 알 수 있다. 1575년 동인도로 가는 선교사들의 목록에 따르면, 선교단은 이탈리아 출신이 9명, 포르투갈 출신이 2명, 스페인 왕국에서는 아라곤(피레네산맥 지방) 출신이 3명, 똘레로(중남부 지방) 출신이 12명, 그리고 가스띠야 · 라 · 비에하(중북부 지방) 출신 9명으로 되어 있다. 여기에 나와 있는 예수회 선교사들의 이름 중에는 그레고리오 · 데 · 세스뻬데스가 스물아홉 번째 순서에 다음과 같이 소개되어 있다.

> "똘레로 교구에 속한 마드리드 출신의 그레고리오 · 데 · 세스뻬데스는 22세이며 예수회에 입회한지 5년이 되었으며, 예수회에서 기초학문 과정을 마치고 신학을 공부하기 시작했고, 첫 해에 하느님께 서원을 하였다."

인도로 가는 배는 1575년 3월 10일 출발했지만 강한 바람 때문에 다시 돌아왔고, 마침내 1575년 3월 21일이 돼서야 4대 범선 중의 하나인 "꼰스딴띠나"(Constantina)라고 명명된 배를 타고 리스본을 떠나 고아(Goa)시로 향하였다. 순찰사 신부인 발리그나노는 1574년 3월 23일자 편지에서 역사적인 선교사 파견에 대해서 상세히 기술하고 있다.

매우 성공적인 항해 후에 7월 14일 그들은 잠시 아프리카의 모잠비크에 기항하였고, 1574년 8월 9일 인도로 떠났다. 마침내, 그해 9월 6일 동인도의 부와 상업의 중심지이며, 동양 선교사업의 중추적 도시로 포르투갈 왕국의 부왕이 다스리는 고아에 도착하였다.

고아(Goa)시는 1510년 포르투갈 사람들에 의하여 점령된 후에 포르투갈의 아세아 항해에 중요 거점이 되었고, 극동에서는 가장 중요한 예수회 선교사들의 중심지로서 동인도 지역의 예수회 관구가 자리 잡고 있었다. 당시 그레고리오 · 데 · 세스뻬데스와 그의 스페인 동료들은 동인도와 특히 극동의 선교 사업에서 선구자적인 역할을 하게 된 것이다. 고아 신학교에서 그레고리오 · 데 · 세스뻬데스는 신학공부를 계속하였고 1575년 사제 서품을 받았다.

4) 극동에서 활동

1589년 그가 쓴 편지에서 밝혀진 바와 같이 고아에서 1년 반을 보냈다.

1576년 인도를 떠나, 최종 목적지인 일본으로 가는 배를 타기 위해 마카오로 향하였다. 총 14명의 신부와 수사가 나가사키(長崎)로 가는 배를 타기 위하여 약 10개월을 마카오에 머물렀다. 마카오에 있던 예수회 수도원장 끄리스또발 · 데 · 꼬스따 신부는 1576년 11월 18일 로마 예수회 총장 신부인 에베라르도 · 메르꾸리아노에게, "14명의 예수회 선교사들이 일본으로 가기 위하여 이곳에 체류 중인데, 그들은 7명의 사제, 3명의 신학생, 2명의 라틴어 학생, 그리고 평수사 2명으로 구성되어 있으며 그들은 1576년 8월 4일 이곳에 도착하여 1577년 6월까지 머물렀다"고 편지로 보고하였다.

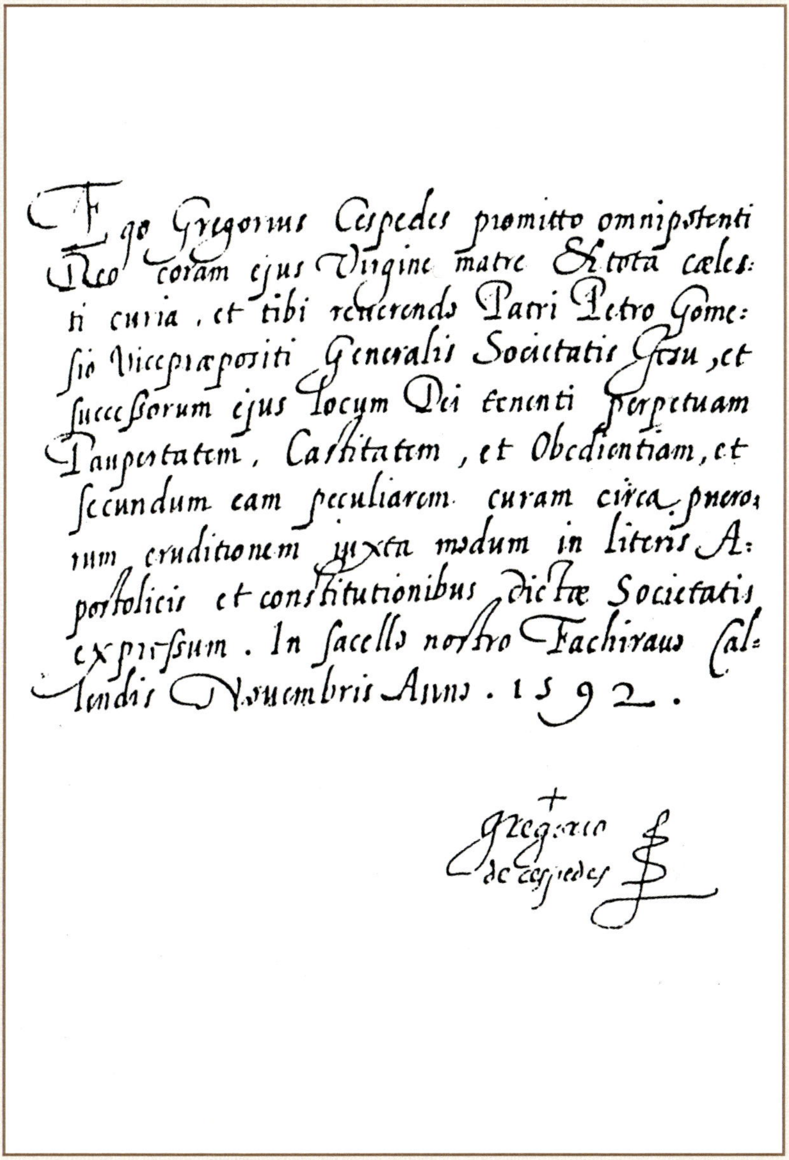

Ego Gregorius Cespedes promitto omnipotenti
Deo coram ejus Virgine matre & tota cœles:
ti curia, et tibi reverendo Patri Petro Gome:
sio Vicepræpositi Generalis Societatis Jesu, et
successorum ejus locum Dei tenenti perpetuam
Paupertatem, Castitatem, et Obedientiam, et
secundum eam peculiarem curam circa puero:
rum eruditionem juxta modum in literis A:
postolicis et constitutionibus dictæ Societatis
expressum. In sacello nostro Fachirano Cal:
lendis Novembris Anno. 1592.

Gregorio
de Cespedes

1592년 11월 1일 세스뻬데스 신부가 청빈, 정결, 순명의 서원을 한 자필 원본 자료.
(로마 예수회본부 고문서 보관소 소장)

마침내 14명의 선교사가 각각 1577년 6월 16일과 17일에 두 척의 장크선으로 일본으로 떠났다. 순풍의 덕택으로 두 척의 배는 각각 그해 7월 3일과 4일에 나가사키(長崎) 항구에 도착했으며, 이미 그곳에 와 있던 선배 신부와 천주교 신자들의 뜨거운 환영을 받았다, 세스뻬데스 신부가 복음 전파를 실행할 첫 번째 도시는 나가사키(長崎)로부터 별로 멀지 않은 오무라(大村)였다. 오무라의 왕인 바르똘로메(가톨릭 세례명)는 일본에서 가톨릭 신앙이 가장 깊은 大名들 중의 한 사람이었다.

그 당시의 일본은 끊임없는 지방 토호들 간의 내전으로 시달림과 혼란의 시기였다. 그러한 것은 유럽 선교사들이 선교 및 문화 사업을 하는데 큰 장애가 되었다. 얼마 후에 수도원장의 지시에 따라 그레고리오 · 데 · 세스뻬데스는 1579년 12월에 메아꼬(京都)에 갔다. 그때부터 그는 1587년까지 메아꼬와 그 주변 지역에서 매우 열심히 선교 사업을 수행했다.

젊고 강인한 마드리드 출신의 세스뻬데스는 하느님의 말씀을 전하기 위하여 고끼나이의 전 지역은 물론 미노(美濃)와 오와리(尾張)까지 순회하였다. 순찰사 신부 발리그나노의 허가로 세스뻬데스는 고정 주거지를 갖지 않고 필요에 따라 修士 빠블로 · 데 · 아마꾸사와 함께 주로 가와치(河內)에 머물러 있었는데 그 이유는 가와치가 활동하는 중심위치에 있어서 천주교 신자들이 쉽게 모일 수 있는 장소였기 때문이다.

세스뻬데스는 일본어 공부에 놀라운 발전을 보였으며 일본어로 미사를 보기 시작했다. 경험이 부족함에도 불구하고 덕망으로 모든 사람들로부터 사랑과 존경을 받았다. 그리고 고끼나이(五幾內)에 살고 있는 많은 사람들에게 직접 세례를 주었다.

1584년 세스뻬데스는 다까스끼(高槻)의 수도원장이 되었다. 1585년 4월 그레고리오 · 데 · 세스뻬데스 신부는 오사카(大阪)에서 일본 군주인 도요토미 · 히데요시(豊臣秀吉)의 갑작스러운 방문을 받았다. 당시 세스뻬데스는 그곳의 수도원장이었다. 이 역사적 만남에 대하여 예수회 루이스 · 데 · 구스만(Luis de Guzman)은 그가 쓴 『선교사들의 이야기』(His toria de las misiones)에서 "히데요시는 천주교와 신부들의 활동에 호감을 보였다"고 적혀있다. 사실 1579년부터 1587년까지가 세스뻬데스와 예수회 선교사들의 극동지역에서의 복음전파와 문화 사업이 절정에 달했던 기간이었다고 할 수 있다. 그는 메아꼬(京都)에서 많은 귀족 계급의 사람들과 친분을 맺었으며 특히 아우구스티누스라는 가톨릭 세례명을 갖고 있단 고니시 · 유키나가(小西行長-임진왜란시 선봉장)을 알게 되었는데, 그후 세스뻬데스는 죽을 때까지 그와 아주 밀접한 관계를 유지하게 된다. 세스뻬데스 신부는 준관구장 신부의 지시에 다라 1586년 8월 아우구스티누스의 수중에 있는 쇼도시마(小豆島)섬을 방문하여 그곳에서 처음으로 가톨릭을 수행하였으며, 오사카(大阪)로 오는 도중 역시 아우구스티누스 지배하에 있는 무로(牛婁)시를 들려서 많은 사람들에게 세례를 주었다.

1587년 7월 도요토미 히데요시(豊信秀吉)은 갑자기 그의 태도를 바꾸어 일본에 있는 모든 선교사들에 대한 추방령을 발표하였다. 그 당시의 준관구장이었던 가스빠르 · 꼬엘요(Gaspar Coello) 신부는 일본에 있던 모든 동료 신부들에게 편지를 써서 일본 남쪽 끝에 있는 피란도로 모이도록 하였다. 그래서 세스뻬데스는 그가 수년 동안 활동하면서 지내온 메아꼬(京都) 지방을 떠나야만 되었다. 그리하여 그는 1588년에는 규슈(九州)의 아리마(有馬) 지역에 있었으며, 그 다음 해에는 나가사키에 머물렀다. 하지만 세스뻬데스는 히데요시의 박해와 많은 역경에도 불구하고, 시마바라(島原)와 미에(三會)를 포함한 타카구(高來) 지역등을 돌아다니면서 그의 가톨릭에 한층 더 많은 노력을 기울였다.

그는 그 당시 주로 아리마 영주의 땅에 머물러 있었고, 1592년 11월 1일 그레고리오 · 데 · 세스뻬데스는 하치라오(八良尾)에서 하느님에게 세번째 서원을 하고 수사신부가 되었다. 규슈(九州) 지방에 있는 동안, 그는 천주교 신자 대명들과 친분 관계를 돈독히 하였다. 감바꾸도노(豊臣秀吉)의 기독교 박해 포고령에도 유럽의 선교사들은 천주교 대명들 덕택으로 규슈(九州) 지역에서 계속 머물면서 활동할 수 있었다.

감바꾸도노(豊臣秀吉)는 1592년 4월(음력) 한국을 침공했다. 아우구스티누스의 지휘하에 있던 시모(Ximo)의 모든 천주교 신자 대명들은 전위대로서 맨 먼저 한국 땅에 건너왔다. 한국에서의 전쟁을 계기로, 세스뻬데스는 1593년 12월 한국 땅에 처음으로 건너 온 유럽인 선교사가 되었다. 일본 천주교신자 대명들의 개인적인 청원에 따라 준관구장인 뻬드로 고메스(Pedro Gomez) 신부가 세스뻬데스로 하여금 한국을 방문하도록 하였다.

나가사키를 떠나 한국 땅으로 건너가기 위하여 우선 세스뻬데스와 일본인 수사 환깐 · 레옹(Fancan Leao)은 쓰시마(對馬島)에 도착했다. 거기서 그는 아우구스티누스의 딸이자 쓰시마(對馬島) 영주의 부인인 마리아(Maria)의 도움으로, 성공적인 가톨릭을 수행하였다. 그는 한국으로 떠나는 배를 기다리면서 대마도에서 약 18일간 머물러 있었다. 세스뻬데스는 1593년 12월 27일 한국 땅에 도착해서, 그 다음날 천주교 신자 대명들이 있는 고문가이(熊川)에 다다랐다. 그는 고문가이 성에서 일 년 가까이 머물면서 은밀하게 천주교 신자 병사들에게 복음을 전하고 세례를 베풀었다. 세스뻬데스는 한국 땅에 단지 일 년 동안 머물러 있었다. 그는 일본으로 돌아가던 도중에 다시 한번 쓰시마섬에 들러 마리아 부인의 고백성사를 받았다.

5) 갑작스러운 죽음

그는 1595년부터 1596년까지 아리마(有馬)에 체류하였고, 나가사끼에서 1597년 2월 5일 26명의 순교자들의 죽음을 목격했다. 그는 1600년에는 부젠

(豊前) 지방에 있는 나캇수(中津)라는 지역에 머물러 있었으며, 1602년에는 고꾸라(小倉)로 건너가서 거기에서 수도원을 설립하였고, 1611년까지 "그라시아" 부인의 남편인 호소가와 다다오키 · 예춘도노의 영지(領地)인 그곳에서 수도원장의 직책을 맡았었다. 1605년에는 세스뻬데스가 일본 내의 여러 주교와 함께 나가사키(長崎)에서 열린 예수회 협의회에 참가했다는 사실만이 알려지고 있다. 아마도 그는 부젠(豊前) 지방, 특히 고꾸라(小倉)에서 복음을 전하면서 조용하게 그의 여생을 보냈음을 알 수 있다.

그의 죽음은 급작스러운 것이었다. 세스뻬데스 신부는 순찰사 신부와 일본 관구장 신부를 보러 나가사키에 갔다가 돌아오는 길에 그의 집 앞에 다와서 갑자기 뇌출혈로 쓰러졌다. 사람들이 그를 집안으로 데려갔으나, 그는 단지 "하느님, 감사합니다."라고 두서너 마디만을 남긴 채 영원히 눈을 감았다. 그를 영접하러 나와 있던 많은 천주교 신자들이 보는 가운데 세스뻬데스 신부는 조용하게 세상을 떠났다. 성당에는 남녀 천주교 신자들이 그의 설교를 듣고자 기다리고 있었는데, 1611년 12월의 어느 일요일 오전이었다.

스페인 마드리드 태생으로 당시 마드리드 시장의 아들로 태어난 그레고리오 · 데 · 세스뻬데스 신부는 주로 극동지역에서 복음 전파와 문화적 활동을 위하여 일했다. 불교도 대명 예춘도노는 그레고리오 · 데 · 세스뻬데스 신부가 죽은 이후 모든 천주교 신자들을 그의 땅 고꾸라(小倉)에서 추방했기 때문에 세스뻬데스는 나가사키에 묻혀야만 했다. 1614년 일본의 모든 선교사의 추방령이 선포되었을 때에 세스뻬데스의 무덤은 비밀리에 아무도 모르는 장소로 옮겨졌다.

4. 세스뻬데스의 성품

앞에서 이미 말했듯이 그레고리오 · 데 · 세스뻬데스는 마드리드에서 당시 시장의 아들로서 태어났다. 역사적 상황으로 보건대 세스뻬데스는 젊은 시절을 스페인 왕국이 사회적 정치적으로 많은 변화를 격은 시기에 살았다고 볼 수 있다. 그 당시 유럽 땅에서는 문예부흥 운동이 휩쓸고 가면서 모든 분야에서 근대사회로 향한 길을 열어 주었으며, 아메리카 신대륙의 정복 때문에 많은 사람들에게 새로운 땅에 대한 동경으로 모험심을 불러일으켰다 하겠다.

그러나 무엇보다도 16세기 스페인사회는 유럽 전체에 팽배한 종교개혁 운동에 대항하여, 강력한 반종교개혁(Contrarreforma) 운동을 일으켜서 종교 절대의 시대로 군림하면서 모든 분야에서 막중한 영향력을 행사하였다. 펠리뻬 2세(Felipe II) 국왕 시대(1557-1598)야말로 스페인이 역사상 가장 부강한 국가로서 세계를 호령한 시기였으며, 유럽 내에서 정치적 헤게모니를 잡으면서, 반종교개혁운동으로 교회는 모든 분야에 절대적인 영향력을 미친 시기였다. 예를 들어서 당시 스페인 국내에서는 종교문학만이 유일하게 꽃을 피웠던 사실을 보아서 그 당시 사회적 분위기를 충분히 상상할 수 있다.

이러한 시기에 마드리드의 명문가정에서 태어난 그레고리오 · 데 · 세스뻬데스는 엄격한 종교적인 사회 분위기의 영향을 누구보다도 많이 받으며 자랐음이 틀림없다. 세스뻬데스는 그 당시 교육과 학문의 중심지였던 살라망까에 가서 3년 동안 수학을 하던 중 자신의 의지에 따라 예수회에 들어가서 선교사의 길을 선택했다. 그 당시 미지의 세계를 향한 모험에의 열망과 미지의 것에 대한 매력이 사실 많은 사람을 유혹했다. 이러한 점에서 세스뻬데스의 예수회 입회 동기를 연결해 볼 수 있다. 그 자신이 후에 밝혔듯이, 그는 예수회에 들어갔을 때부터 극동에서의 가톨릭을 원했던 것이며, 그래서 마드리드 시장의 아들인 세스뻬데스는 안락한 생활을 포기하고 그리스도의 복음을 전파하기 위하여 먼 극동의 땅으로 모험에 찬 길을 선택하여 떠났던 것이다.

모든 기록에서 나타나듯이, 세스뻬데스는 아주 강인한 좋은 신체조건을 가지고 있었으며, 그러한 사실은 또한 그가 극동에서 체류하고 있었을 때 잘 입증되고 있다. 또한, 그는 언어 습득에 남보다 뛰어난 재능을 가지고 있었다. 한편, 그레고리오 · 데 · 세스뻬데스는 그의 동료뿐만 아니라 일본의 천주교 대명들과 일반 신자들로부터도 사랑을 받았다. 당시 일본 지역의 일본 준관구장인 뻬드로 · 고메스 신부의 1594년 편지에서 "그레고리오 · 데 · 세스뻬데스 신부는 모든 천주교 영주들로부터 사랑을 받고 있다."고 적혀있다. 그러한 이유로 준관구장 일본 대명들의 개인적인 청원에 따라 세스뻬데스 신부를 한국 땅에 보낸 것이다.

사실 세스뻬데스는 아우구스티누스(小西行長)뿐만 아니라 거의 모든 규슈(九州) 지방의 천주교 대명들과 좋은 관계를 유지하고 있었다. 고꾸라(小倉)에서 여생을 보내고 있을 때에도 그는 그곳의 대명인 예춘도노의 존경을 받았으며, 예춘도노는 비록 천주교인은 아니었지만, 세스뻬데스가 그의 지역에 예수회를 설립하도록 허가해주었다. 세스뻬데스는 1611년 죽을 때까지 부젠(豊前) 지방에서 복음 전파를 수행하였는데, 그가 죽은 후에 예춘도노는 모든 천주교 신자들을 그의 땅에서 추방하였다.

고꾸라(小倉) 지역에서도 입증됐듯이 세스뻬데스는 대명들뿐만 아니라 모든 일반 사람들에게도 존경과 사랑을 받았다. 세스뻬데스가 죽었을 때 고꾸라에 있던 모든 사람들은 그에게 크나큰 사랑과 덕망을 느꼈으며, 많은 남녀가 뛰어나가 눈물을 흘리면서 그의 몸을 안고 입맞춤을 했다. 모든 사람들은 그들이 사랑했던 신부의 죽음을 애통해 하였으며, 세스뻬데스가 모든 사람들에게 베풀었던 친절한 마음씨, 사랑, 그리고 덕망에 대하여 칭송했다.

다음은『1611년 일본 예수회 연례 보고서』의 일부분이다.

"그레고리오 · 데 · 세스뻬데스 신부는 마드리드 태생의 가스띠야 사람으로서 나이는 60세로 수사신부에 있었다. 42년간의 기간 중에 34년 동안은 일본에서 천주교 활동을 위하여 열심히 전념하였다. 특히 부젠(豊前) 지방에 처음으로 천주교 전래를 시도하였으며 그 결과 거의 전 지방을 천주교화 시켰다. ……(中略)"

"세스뻬데스 신부는 나가사키에서 순찰사 신부 및 관구장 신부를 알현하고 나서 집으로 돌아오는 길이였다. 거의 집 근처에 이르러 배를 내려서 육지로 올라와서 사람들로부터 따뜻한 마중을 받고서는 몇 발자국 걸으면서 집으로 향하는데 갑자기 졸도하였다. 한 신부가 다가가서 넘어지지 않도록 부축하고서는 그를 집 안으로 모시고 들어가려 하였으나 불과 세 발자국도 걷지 못하고 쓰러졌다. 그래서 함께 부축하여 갈 수가 없었으며 세스뻬데스 신부는 단지 '하느님 감사합니다.'를 두세 번 말하고서는, 그의 귀환을 기다리던 많은 천주교 신자들이 보는 가운데 운명하였다. ……(中略)"

"일요일 아침이어서 교회는 남녀 신도들로 가득 메워져 있었는데 신부의 급작스러운 사망 소식을 듣고서는 모두가 아연실색하였으며 비통해 하였다. 이교도 영주에 대한 두려움 때문에 그곳에 묻을 수 없기 때문에 시신을 관에 넣어서 나가사키에 묻기 위해 그곳으로 옮겨 가야 했다. 밤과 낮으로 끊임없이 우리들의 신부관에 천주교 신자들의 행렬이 줄을 이었다. ……(中略)"

남달리 강인한 신체 조건을 갖고 있었던 그레고리오 · 데 · 세스뻬데스는 특히 모든 사람으로부터 사랑을 받았고 그의 덕망, 사랑과 신앙심은 크게 돋보였다. 하느님의 사제로서 그가 34년간 극동에 머물러 있는 동안 남긴 서간문들을 보면 그의 덕망과 학식이 잘 드러난다. 『1611년 일본 예수회 연례 보고서』에 기술된 자료에 세스뻬데스의 일생이 상세히 적혀 있으며, 그러한 것을 통해, 그의 숭고한 종교정신과 덕망을 보았다.

마드리드 시장의 아들로 태어난 세스뻬데스는 안락한 생활을 저버리고 헌신적인 예수회의 선교 사업을 위하여 전생애를 극동에서 지내면서 고행과 덕을 몸소 실천하였으며, 그는 거의 고행자와 같은 삶을 보냈던 것이다.

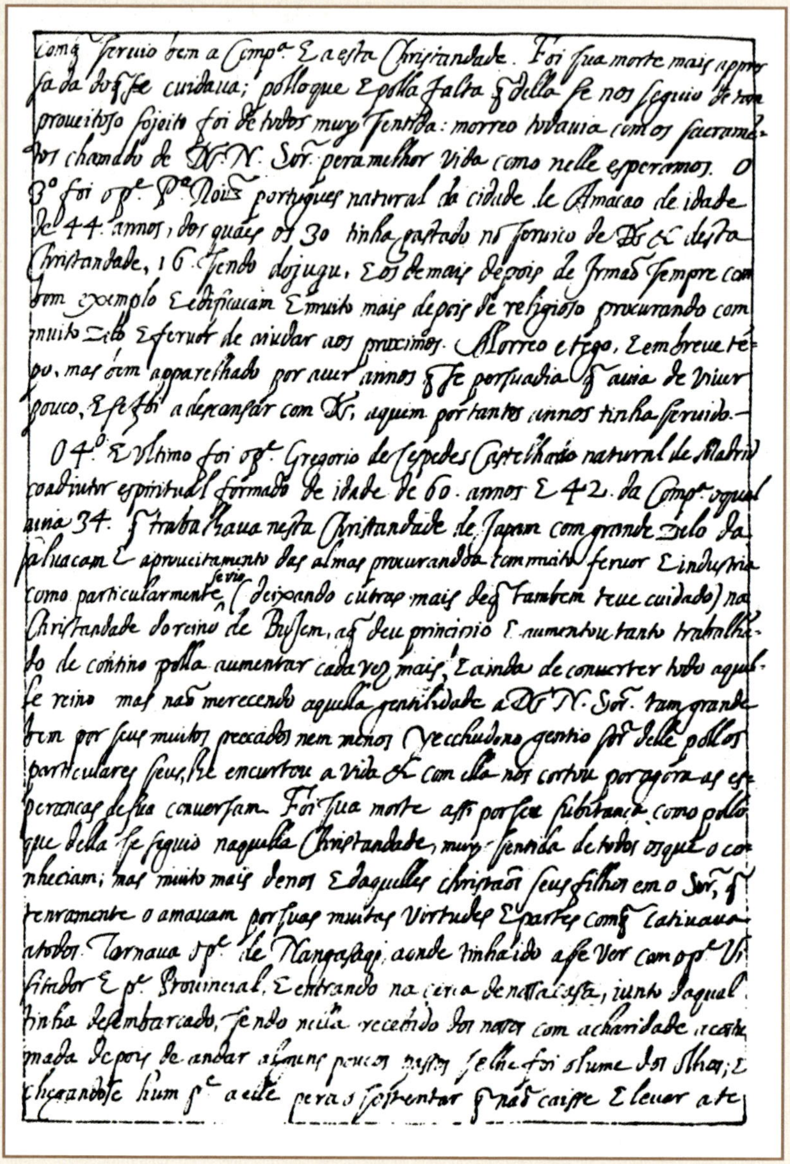

com q̃ seruio bem a Compª. E a esta Christandade. Foi sua morte mais apres-
sada do q̃ se cuidaua; polloque E polla falta q̃ dello se nos seguio de tam
proueitoso sojeito foi de todos muy sentida: morreo todauia com os sacrame-
tos chamado de Ds. N. Sor. pera melhor vida como nelle esperamos. O
3º foi o Pe. Pº Rois portugues natural da cidade de Amacao de idade
de 44. annos, dos quaes os 30 tinha gastado no seruiço de Ds. E desta
Christandade, 16. sendo dojucu, E os demais depois de Irmão sempre com
bom exemplo E edificacam E muito mais depois de religioso procurando com
muito Zelo E feruor de ajudar aos proximos. Morreo e tego, E em breue tẽ-
po, mas bem apparelhado por auer annos q̃ se porsuadia q̃ auia de viuer
pouco, E se foi a descansar com Ds. aquem por tantos annos tinha seruido.
O 4º. E vltimo foi o Pe. Gregorio de Cespedes Castelhano natural de Madrid
coadiutor espiritual formado de idade de 60. annos E 42. da Compª. o qual
auia 34. q̃ trabalhaua nesta Christandade de Japam com grande Zelo da
saluacam E aprouecitamento das almas procurandoa com muito feruor E industria
como particularmente seruio (deixando outras mais de q̃ tambem teue cuidado) na
Christandade do reino de Bujem, a q̃ deu principio E aumentou tanto trabalha-
do de contino polla aumentar cada vez mais, E ainda de conuerter todo aque-
le reino mas não merecendo aquella gentilidade a Ds. N. Sor. tam grande
bem por seus muitos peccados nem menos Yecchudono gentio por delle pollos
particulares seus, lhe encurtou a vida E com ella nos cortou por agora as es-
perancas de sua conuersam. Foi sua morte assi por seu subitanea como pollo
que della se seguio naquella Christandade, muy sentida de todos os que o co-
nheciam; mas muito mais de nos E daquelles christãos seus filhos em o Sor, q̃
tenramente o amauam por suas muitas virtudes E partes com q̃ cativaua
a todos. Tornaua o Pe. de Nangasaqi aonde tinha ido a se ver com o Pe. Vi-
sitador E Pe. Prouincial, E entrando na cerca de nossa casa, iunto daqual
tinha desembarcado, sendo nella recebido dos nossos com a charidade, acostu-
mada depois de andar alguns poucos passos se lhe foi o lume dos olhos; E
chegandolhe hum Pe. a elle pera o sostentar q̃ não caisse E leuar a te

1611년 일본 예수회 연례 보고서에서 신부의 죽음을 기술함
(로마 예수회본부 고문서 보관소 소장)

2 세스뻬데스의 한국 방문

16세기 말까지 한국은 서구에 올바르게 알려지지 못했으며 일본의 히데요시(豊臣秀吉)가 중국 대륙을 정복한다는 구실 아래 군사적으로 한반도를 침략하였을 때에 한국의 존재는 비로소 서방세계에 자세히 알려지기 시작하였다. 당시 일본 땅에서 선교활동을 하던 예수회 선교사 중 일원이었던 서반아인 그레고리오 · 데 · 세스뻬데스 신부는 전쟁을 계기로 1592년 말 한국 땅을 밟게 되었는데, 세스뻬데스의 한국 방문은 역사적으로 보아 화란의 헨드릭 · 하멜(Hendeik Hamel)과 그의 동료들이 풍랑을 맞아 제주도에 표착한 해보다 정확히 60년이나 앞서고 있다. 그러함에 세스뻬데스 신부는 16세기에 한국 땅을 밟은 최초의 서구인으로 임진왜란을 직접 목격한 유일한 서구의 증인이라는 점에서 그의 방한 사실과 그가 남긴 기록들을 역사적, 문학적 측면에서 연구할 가치가 크다.

세스뻬데스의 방한은 전쟁 중 천주교 신자 일본 대명들을 따라서 이루어졌으나, 지금까지 국내문헌에서 기술하는 것처럼 일본군의 종군신부로서 한국까지 따라온 것이 아니라 복음전파를 위한 포부를 갖고 순수하게 가톨릭의 일환으로써 한국 땅을 밟게 되었다고 생각해 볼 수 있다. 그러나 세스뻬데스의 한국 방문이 우리의 역사 속에서 매우 불행한 사건이었던 임진왜란을 계기로 하여 일본의 천주교 대명들의 주선에 의해 한국 땅을 밟게 되었다고 하여서, 세스뻬데스 신부를 침입자들과 같이 적대감정으로 평가하는 것은 잘못이라고 본다. 이는 우리가 세스뻬데스 신부의 서간문이나 동료 선교사들이 남긴 기록 속에서 어휘 하나하나의 의미를 정확히 분석해 볼 때, 당시 서구 선교사들이 일본을 편파적으로 옹호하거나, 한국을 불리하게 기술하지 않은 것을 보아서 알 수 있다.

당시 세스뻬데스와 선교사들의 글을 읽어 보면, 어떤 역사가도 임진왜란 전이나, 도중이나, 후에도 히데요시(豊臣秀吉)에 대하여 선교사들이 얼마나 대립된 입장을 취했나를 알 수 있으며, 1592년 조선침략계획 자체의 무모함을 지적하면서, 평화를 간곡하게 갈구했음을 알 수 있다.

지금까지 알려진 국내문헌에서는 세스뻬데스의 방한 일자나 체류기간 등의 사실에 오류와 속단이 많았다. 또한, 그의 방한 동기 및 목적에 관해서도 직접적인 16세기 자료를 근거로 연구하지 못하고, 외국학자의 연구를 토대로 하여 인용해 왔을 뿐이다. 이런 점에서, 본 연구는 직접적인 자료 발굴과 원문 해석을 통하여 세스뻬데스 신부의 방한과 의의에 대하여 새롭게 연구하고자 한다.

1. 세스뻬데스의 선교활동

1) 세스뻬데스의 선발동기

도요토미 · 히데요시의 급작스러운 선교사 추방령 때문에 1587년 메아꼬

(京都) 지방을 떠난 그레고리오 · 데 · 세스뻬데스 신부는 규슈(九州)의 나가사키(長崎)와 아리마(有馬) 지방에서 동료 선교사들과 은둔생활을 하면서도 비밀리에 선교활동을 계속 하였다. 그는 히젠(肥前) 지방을 돌아다니며 여기저기에서 설교하면서 열심히 복음전파를 하였으며 특히 아리마(有馬) 지역에서는 훌륭한 성과를 얻었다. 히데요시의 강력한 천주교 탄압 정책에도 불구하고, 하느님에 대한 사랑과 신념으로 가득 찬 세스뻬데스는 예수 그리스도의 뜻을 진심으로 따르면서, 모든 양들을 보살피는 훌륭한 목자와 같이 성실이 일을 수행했다. 1589년 나가사키에서 쓴 편지에서 세스뻬데스 신부는 히데요시가 추방령을 선포한 것에 대해 격렬하게 비난하였으며, 히데요시가 천민 출신이라고 조롱했다. 히데요시가 한국침략을 감행한 1592년에 세스뻬데스 신부는 아리마(有馬) 수도원의 부원장이었으며, 일본 예수회 준관구장인 뻬드로 · 고메스 신부가 수사신부의 직을 그에게 맡겼다.

유럽의 선교사들과 긴밀한 관계를 맺고 있던 시모(九州地方)의 천주교 대명들은 복음과 문화 활동을 많이 도와주었으며, 세스뻬데스 신부는 한국 땅으로 건너오기 직전에만도 수천 명의 사람들에게 세례를 주었다. 1592년에 히데요시는 중국을 정복한다는 구실 아래 한국 땅을 침범하였다. 그는 한국침략을 위해 15만의 병사를 동원하였는데 그중에는 얼마간의 천주교 신자 병사들이 있었고, 또한, 대장 중에도 천주교 신자들이 다수 포함되어 있었다. 처음 몇 달의 계속적인 승리에도 불구하고, 전쟁의 상황은 침략자들에게 불리하게 돌아가고 있었다. 조선과 중국의 연합군대는 일본인들을 물리쳤으며, 전쟁이 1593년에 일시 휴전에 들어가게 되었다. 그 당시 선교사들의 기록에 따르면 일본인들은 이미 병력의 삼 분의 일을 잃었다고 전해진다. 일부는 싸움에서 잃었지만, 상당수의 병사는 굶주림과 병으로 죽어갔다. 평화협상이 추진됨에 따라, 1593년에 일본의 모든 군대는 한국의 남쪽해안으로 철수하여 그곳에 세워진 12개의 요새에 포진하고 있었다. 열렬한 천주교도 대명인 고니시 · 유기나가(小西行長)와 그 외 규슈 지방의 천주교도 대명들은 평화협상을 이룩하기 위하여 중국의 사절들이 가져올 회답을 기다리고 있었다.

한국 땅에는 아우구스티누스(小西行長의 천주교 세례명)를 포함하여 얼마간의 천주교 병사와 대명들이 있었으며, 그들은 전쟁 때문에 일본으로부터 조선 땅에 건너온 이래 미사와 강론을 결코 들어 본 적이 없었다. 특히 일본군의 총대장인 아우구스티누스(小西行長)는 독실한 천주교도였으며, 서구의 선교사들과 긴밀한 친분관계를 맺고 있었다. 그러함에 모든 천주교도 병사들의 소망을 들어줄 겸, 한국 땅으로 신부를 한 분 모셔오고자 계획하였다. 아우구스티누스는 준관구장인 뻬드로 · 고메스 신부에게 특정한 이름을 지칭하지 않은 채 신부 한 사람을 한국 땅으로 보내 달라고 요청했다. 이러한 청원에 고메스 신부는 그레고리오 · 데 · 세스뻬데스 신부와 환깐 · 레옹이라 불리는 일본인 수사를 한국 남해안에 있던 아우구스티누스의 요새로 보냈다.

뻬드로 · 고메스 신부가 나가사키에서 쓴 1594년 3월 15일자 『1594년 일본 예수회 연례보고서』에서 그레고리오 · 데 · 세스뻬데스 신부의 한국 방문에 관한 기술이 나와 있다. 다음은 고메스 신부가 쓴 편지 일부분이다.

> "쓰노가미도노 · 아우구스티누스(小西行長을 지칭함), 아리마도노, 오무라도노, 및 시모(九州) 지방의 천주교도 영주들이 꼬라이에 있는데 이들은 하느님의 보살핌으로 내력에서 130 레구아 떨어진 중국인들과의 접경에서부터 무사히 후퇴하여서 일본해와 접하고 있는 해안 지방으로 내려왔다. 이들은 준관구장 신부에게 고백성사 및 그들의 영혼을 위로해 줄 신부를 한 명 보내주기를 청하였다. 왜냐하면, 이들은 오랫동안 전쟁에 나가 있었기 때문이었다. 이들의 요청에

준관구장은 모든 천주교 신자 영주들에게 사랑받고, 이름이 잘 알려진 그레고리오 · 데 · 세스뻬데스(Gregorio de Cespedes) 신부와 그를 도와줄 환깐 · 레웅 수사를 보냈었다."

한편, 예수회 동료인 루이스 · 프로이스(Luis Frois)신부는 세스뻬데스의 한국 방문을 그가 쓴 『일본의 역사』에서 다음과 같이 기술하고 있다.

"왜냐하면, 그곳에 있던 주로 시모(九州) 지방 출신의 천주교도들이 그들의 영혼의 구제를 위하여 준관구장 신부에게 고백성사 및 모든 성사를 관장해 줄 신부 한 명을 그곳으로 보내 줄 것을 원하였다. 아우구스티누스의 휘하에 모든 천주교도들이 모여 있음은 하느님의 크나 큰 은덕이었다. 이들의 요청 덕분으로 그레고리오 · 데 · 세스뻬데스 신부가 그곳에 갔다."

또한, 우리는 예수회 신부 루이스 · 데 · 구스만(Luis de Guzman)이 쓴 『선교사들의 이야기』에서 다음과 같은 증언을 찾을 수 있었다.

"1594년 그레고리오 · 데 · 세스뻬데스 신부는 쓰시마(對馬島)를 거쳐서 한국 땅에 도착했다. 왜냐하면, 한국 땅에 있던 아우구스티누스와 그 밖의 천주교도 대명들이 고백성사를 받고 설교를 해 줄 신부를 보내주도록 뻬드로 · 고메스 신부에게 요청했기 때문이다."

고니시 · 유키나가(小西行長) 즉 아우구스티누스는 어떤 특정인을 지칭하지 않은 채 신부 한 명을 보내주도록 요청했으며, 일본의 준관구장인 뻬드로 · 고메스 신부는 이 요청에 그레고리오 · 데 · 세스뻬데스 신부를 파견했는데, 여러 선교사 중에서 그를 선정한 이유는 무엇일까?

고메스 신부는 1594년에 쓴 『예수회 연례보고서』에서 다음과 같이 말하고 있다.

> "모든 사람들에게 많이 알려지고 사랑을 받는 그레고리오 · 데 · 세스뻬데스 신부를 파견하였다."

이 구절에서 우리는 세스뻬데스 신부의 품성을 짐작해 볼 수 있으며, 그것이 한국으로 가도록 그가 선택된 중요한 이유 중의 하나이다. 그 외에도 세스뻬데스 신부는 일본어 구사에 뛰어났으며, 건장한 체격으로 건강을 유지했는데 이러한 사실은 여러 기록에 잘 기술되어 있다.

요컨대, 세스뻬데스 신부는 좋은 신체조건, 호감을 주는 성격, 훌륭한 언어구사 능력과 경험들 때문에 선발되어 유럽인으로는 처음으로 한국 땅을 밟게 된 것이다.

2) 복음전파의 노력

여기서 우리는 세스뻬데스 신부가 일본군의 종군신부로서 방한한 것인가? 아니면 순수한 복음전파를 위한 예수회 선교사들의 노력의 결실로서 간 것인지를 살펴보기로 하겠다. 역사적으로 볼 때 1571년 예수회 선교사 가스빠르 · 비렐라(Gaspar Vilela) 신부가 처음으로 한국 선교의 시도를 계획하였으나 이루지 못한 기록을 찾을 수 있다. 비렐라 신부가 1571년 2월 4일에 쓴 서간문에서 그가 한국 선교를 처음으로 시도했던 역사적 사실을 발견할 수 있다.

"일본으로부터 꼬리아라는 왕국에 가기 위해서는 10일간이 걸리는데 꼬리아는 大 타르타리아가 시작되는 곳으로서 계속 가면 알레마니아(독일을 지칭)에까지 당도하게 된다. 꼬리아인은 피부가 흰 사람들로 내가 그곳을 방문하고자 했었는데, 길목에서 전쟁을 하므로 가지 못하였다. ……"(中略)

일본 땅에서 오랫동안 선교활동에 심혈을 기울였던 비렐라 신부는 1571년 10월 6일에 쓴 서간문에서 분명하게 한국선교의 의도를 적고 있음을 확인할 수 있다.

"나는 꼬라이 왕국에 관하여 얘기를 들어왔으나 그 나라로 가는 길목에서 전쟁이 벌어지고 있다 하여 나의 시도가 이루어지지 못했습니다. 아마도 아직 소명의 시간이 도달하지 않은 듯하니 우리 주 하느님께서 이를 용인하시어, 이들에게 광명을 내려주시길 빕니다. 아멘"

위의 두 편지 내용에서 볼 수 있듯이 1571년 처음으로 비렐라 신부가 한국 땅에 복음전파를 하기 위해 방문을 계획하였으나 소망을 이루지 못하였음을 알 수 있다. 그 후 예수회 선교사들이 한국 땅에서 복음전파를 하고자 하는 노력은 1592년 이전까지는 굳게 닫힌 폐쇄적인 한국의 문호를 열지 못하였기 때문에 이루지 못하였다고 본다. 1592년 전쟁 때문에 일본군의 많은 천주교 신자 대명들의 도움에 힘입어 한국 땅을 밟고자 기회를 기다렸을 것이다.

그러나 주지하는 바처럼 1587년 이미 히데요시의 천주교 탄압령이 공포되었으니 선교사들의 표면적인 활동은 금지된 상황에서 이를 어기고서 서구의 신부들이 한국 땅에 들어가는 것은 불가능한 일이었다. 그러나 앞에서 기술했듯이 세스뻬데스의 방한은 일단 고니시・유키나가(小西行長)를 비롯한 규슈의 천주교 대명들의 주선으로 은밀하게 이루어졌다. 여기서 중요한 것은 세스뻬데스 신부가 전쟁을 돕기 위하여 일본군을 쫓아 한국 땅에 온 것이 아니라, 오직 선교사로서 본연의 임무와 직분을 수행하기 위하여 온 것이며 1571년 이후 예수회 신부들의 숙제였던 한국 땅에서 복음의 씨를 뿌리기 위한 부단한 노력의 결실로써 이루어졌다고 생각해 볼 수 있다.

다시 말해서 세스뻬데스 신부는 일본 천주교 대명들의 주선으로 한국을 방문하게 된 동기가 되었으니 종교적 임무가 그에게는 가장 큰 방한의 이유였음은 부정할 수 없다. 또 다른 측면에서 볼 때 천주교의 열렬한 신자인 고니시・유키나가(小西行長) 및 다른 九州의 대명들이 예수회 선교사들의 한국 땅에서의 복음 전파를 위한 숙제를 풀어주기 위하여, 히데요시의 명령을 어기면서까지 매우 은밀하게 세스뻬데스의 방한을 주선했을 가능성도 배제할 수 없다. 이러한 사실을 뒷받침해주는 자료로써, 세스뻬데스 신부가 실제로 한국 땅에서 머무는 동안 고니시・유키나가(小西行長) 가톨릭 대명의 주선과 호의로 중국의 사절과 만났던 사건을 지적할 수 있다. 그러한 면담의 중요한 목적은 중국과 일본 간에 진행되는 평화협상의 조건 중에 "중국과 조선에서 선교사들의 복음전파 활동을 자유롭게 허락해준다."라는 조항을 삽입하기 위한 시도였다. 그 후 이러한 세스뻬데스 신부의 노력은 1596년 고니시 · 유키나가 천주교 대명의 주선으로 오르간띠노 · 솔도(Organtino Soldo)와 프란시스코 · 빠시오(Francisco Pasio) 신부에 의해 시도되었다. 즉, 히데요시와 평화협상을 위해 일본에 왔던 중국사절들에게 다시 한번 중국과 한국 땅에서 복음 활동을 자유롭게 할 수 있도록 요청을 했던 것이다.

물론 이러한 예수회 신부들의 노력은 평화협상이 결렬됨에 따라 자연히 이루어지지 못하였다. 이처럼 여러 가지 측면에서 볼 때 세스뻬데스 신부가 1593년 일본군의 종군신부로서 방한하였다고 속단한 지금까지의 주장은 옳지 못하다고 본다.

이러한 것을 반박해 주는 증거로써 우리는 세스뻬데스 자신의 서간문 내용을 토대로 하여 제시해 보기로 하겠다. 세스뻬데스의 방한은 히데요시(豊臣秀吉) 몰래 이루어졌고, 일 년 만에 그의 행적이 발각되어 타의에 의해 다시 일본으로 돌아갔다. 그의 한국 방문 기술의 서간문을 보면 세스뻬데스 신부는 은밀하게 남해안 고문가이(熊川) 부근에 도착하여서 천주교 대명의 영접을 받아 인도되었다. 특히 그가 고문가이성에 주로 머물면서 일반 병사들의 눈에 띄지 않게, 성채의 제일 높은 윗부분에서 지냈으며, 주로 밤을 이용하여 선교활동을 했음을 그의 편지에서 다음과 같이 볼 수 있다.

"아우구스티누스(小西行長)는 말하기를, 지금 그를 방문하기 위하여 다른 요새들로부터 많은 사람들이 와서 그의 집에 머물고 있는 관계로 본인이 그의 집으로 내려가는 것을 적합하지 않다고 말했습니다. 그래서 비세떼 · 페이 예몬과 함께 요새 위쪽에 묵을 것을 간청하였는데, 그리하면 고백성사를 원하는 가톨릭 신자들이 나를 방문하기 위해 그곳으로 갈 수 있을 것이라고 말했습니다. 그래서 나는 지

> 금 요새의 가장 높은 지대에서 비센떼도노와 함께 지내고 있으니 그곳은 나를 만나기 위해 올라와야만 하는 신자들에겐 여간 힘든 곳이 아닙니다. 왜냐하면, 그곳은 매우 높으며 바위가 많고 경사진 곳이기 때문입니다. 내가 밤중에 몇몇 사람들의 고백성사에 응하기 위해 내려가야 할 때면 무척 애를 써야만 했고 집으로 돌아갈 때는 말을 타고서 길을 가는 도중에 여러 번 쉬곤 합니다. ……" (中略)

그리고 그의 서간문에서 보듯이 세스뻬데스는 가톨릭 신자 병사들과 그의 가족들만을 위해서 밤을 이용해 은밀히 선교활동을 행하였음을 알 수 있다.

이처럼 세스뻬데스 신부는 방황하는 양을 돌보는 목자일 뿐, 150,000명의 일본 군대의 종군신부로 볼 수가 없다. 그의 방한 사실이 불과 일 년 만에 발각되어 결국, 그의 활동이 불교신자 대명 가또 · 기요마사(加藤清正)에 의해 히데요시에게 고자질 당하고 일본으로 돌아가야만 했다. 만일 그러한 밀고가 없었으면 세스뻬데스의 한국 체류는 훨씬 더 길었을 것이며, 예수회 선교의 본래 의도대로 한국 땅에서 본격적인 복음전파의 계획을 실행에 옮겼을 것으로 본다. 오늘날까지 세스뻬데스의 방한 일자나 체류 기간 등에 관하여서도 오류를 범하고 있어, 새로이 발굴된 근거로 이에 대한 정확한 사실을 밝혀 보겠다.

2. 세스뻬데스의 방한

1) 방한 일자

그레고리오 · 데 · 세스뻬데스 신부는 일본인 순사 환깐 · 레웅과 함께 일본 예수회 준관구장인 뻬드로 · 고메스 신부의 지시에 따라서 한국을 향해 떠났다. 이들은 한국으로 가는 배를 타기 위하여 나가사키(長埼)를 출발하여 쓰시마(對馬島) 섬으로 향하였다.

세스뻬데스 신부가 쓴 편지에 따르면 쓰시마 섬에서 그는 한국으로 떠날 배를 기다리면서 18일간 머물러야 했고, 1593년의 성탄절을 그곳에서 보내야만 했다. 왜냐하면, 성탄 4일 전에 세스뻬데스 신부는 60척의 일본 함대 속에 편승하여 한국으로 출발했으나, 바다에서 강한 폭풍을 만나 바노우라(鰐浦) 항구로 다시 돌아와야 했기 때문이다. 이것으로 판단하건대, 세스뻬데스 신부는 성탄절 전에 한국에 도착하기 위하여 1593년 12월 초에 나가사키(長埼)를 떠나 쓰시마 섬으로 건너온 것으로 짐작할 수 있다. 마침내 세스뻬데스 신부는 두 번째로 聖 요한(San Juan Evangelista)을 떠났으며, 순풍을 만나서 당일로 쉽게 한국의 남해안에 도착했다. 그러나 아우구스티누스가 있는 고문가이(熊川)에는 그 다음날이 되어서 당도하였다.

여기에서 중요한 것은 세스뻬데스 신부가 한국 땅에 도착한 날짜이다. 그의 편지의 글을 통하여 우리는 하나의 결론에 도달할 수 있다. 즉 聖 요한 사도의 축일(San Juan Evangelista)이 사도행전에 따라 12월 27일이라는 것이며, 순풍을 맞아 쓰시마에서 한국으로 건너가는 데에는 어려움이 따르지 않았음에 당일로 도착했을 것으로 확신할 수 있다. 왜냐하면, 세스뻬데스 신부는 그의 편지에서 "하느님의 가호로 우리는 한국 땅에 곧 도착하게 되었다."라고 기술하고 있기 때문이다.

이러한 모든 사실로 판단하건대, 세스뻬데스 신부는 1593년 12월 27일에 한국 남해안에 도착하였으며, 그 다음날엔 28일인 고문가이(熊川)성에 도착했다는 것이 분명히 밝혀진다.

오늘날 많은 문헌들 속에 세스뻬데스 신부가 1592년 혹은 1594년에 한국에 도착했다고 말하는 실수를 범하고 있는데 특히 루이스 · 데 · 구스만은

『선교사들의 이야기』에서 그와 같은 실수를 범하고 있어, 이러한 오류는 몇 세기 동안 계속되었고 국내에서뿐만 아니라 해외에서도 오늘날까지 계속 잘못 인용되어 소개되고 있다. 앞에서 이미 지적했듯이, 이러한 실수는 세스뻬데스의 국적문제에 대해서도 스페인이 아닌 포르투갈인으로 잘못 인식되어 왔다.

2) 체류 기간

또한, 세스뻬데스가 한국에 체류한 기간도 역시 불명확한 문제였다. 왜냐하면, 지금까지도 이 문제에 대한 논란과 혼동이 있는데, 어떤 사람들은 그가 1년 6개월 동안 머물렀다고 말하며 또 일부는 단지 2개월 있었다고 말하고 있다. 어떤 이는 루이스 · 데 · 구스만의 『선교사들의 이야기』를 잘못 이해함으로써 세스뻬데스 신부가 두 번 한국을 방문했다고 주장하기도 하였다. 『선교사들의 이야기』 제12권 27장에서 구스만은 "1594년 그레고리오 · 데 · 세스뻬데스 신부가 쓰시마 섬을 거쳐서 한국으로 건너갔다."고 하면서 방한 일자에 대해서 실수를 범하고 있다.

한편, 「천주교 박해의 기간인 1597년과 1598년에 숨어 다니면서 신부들이 거둔 복음의 결실」이라고 명명된 제13권 18장에서 루이스 · 데 · 구스만은, 지난날 세스뻬데스 신부의 방한에 대해서 다시 한번 다음과 같이 언급하고 있다.

> "아우구스티누스의 요청에 따라 예수회 소속의 신부 한 명과 수사가 한국 땅으로 건너가 두 달간 머물러 있었다."

예수회 신부 루이스 · 데 · 구스만은 실제로도 동양을 한 번도 직접 방문한 적이 없이 극동에서 보내온 자료들 토대로 하여 그의 저서를 썼으므로 사실의 기록에 정확성이 결여되어 있다. 또한, 구스만이 그의 책에서 1597~1598년 일본 내의 천주교 상황을 기술하면서 1593년에 있었던 세스뻬데스의 방한을 단순히 재 언급한 것이지 새롭게 제2차 방만한 것이 아님을 원문을 자세히 읽어보면 알 수 있다.

그러나 그레고리오 · 데 · 세스뻬데스의 1597년 자필 편지를 발굴하게 됨으로써 방한에 관한 모든 사실들이 분명하고 명확해졌다. 즉 세스뻬데스 신부가 쓴 편지에 따르면 그는 한국 땅에 정확히 일 년 동안 머물러 있었음을 기술하고 있는데 그가 쓴 서간문에서 다음과 같이 말하고 있다.

> "하느님의 뜻에 따라 꼬리아 왕국에 갔었는데 일본인들이 한국인과 벌이고 있는 전쟁에 나가 있는 2,000명의 병사들의 고백성사를 듣고 도와주기 위해서였으며, 그곳에서 일 년 간 머물러 있었습니다."

이 값진 자료의 발굴로써 많은 사실이 명확해졌다. 즉 세스뻬데스가 한국에 일 년 동안 머물렀다는 사실을 직접 증언해 주고 있으며 이를 토대로 볼 때 그는 늦어도 1595년 초에 일본으로 돌아갔다고 추정할 수 있다. 1597년에 한국을 다시 방문했다는 것은 있을 수 없는 일이 된다. 왜냐하면, 1597년 세스뻬데스 신부 자신이 쓴 편지에서 위와 같은 사실이 잘 드러나고 있기 때문이다.

한편, 프란시스코 · 데 · 라구나(Francisco de Laguna)라 불리는 또 다른 예수회 스페인 신부가 1597년 한국을 잠시 방문했다는 새로운 사실을 발견하였다. 1597년 말 라구나 신부의 한국방문은 아리마(有馬) 대명의 부인이 출산하던 중 부인과 아이가 모두 죽었는데 이를 위한 성사(聖事)를 집전하기 위해서였으며 그의 체류는 불과 1~2개월에 불과했다. 이런 관점에서 볼 때 그의 방한은 특별히 역사적 의의를 갖는 것은 아니라고 보인다. 라구나 신부는 세스뻬데스의 가까운 동료 중의 하나로서 두 사람은 1574년 순찰사신부 알레한드로 · 발리그나노를 따라서 리스본을 거쳐 동인도(東印度)로 온 후, 1577년 7월에 일본 땅에 함께 도착하였었다. 라구나 신부에 관하여는 1573년 살라망까에서 수도 서원(誓願)을 한 기록을 발견할 수가 있었다.

3. 한국체류 중의 활동

1) 천주교 병사의 숫자

앞에서 살펴본 바대로 세스뻬데스 신부는 1593년 12월 27일 한국 땅을 밟은 후 약 일 년 동안 머물면서 주로 남해안 일대 지방에서 활동하였다. 오늘날 국내 문헌에서는 당시 임진왜란에 참전한 일본 군사들 중에서 10퍼센트 이상이 천주교 신자였다고 주장하거나, 약 12,000~20,000명 이상이 천주교도였다고 기술하면서 그와 같이 많은 천주교 신자 병사를 위하여 세스뻬데스 신부가 일본군 사제로서 쫓아 온 것인 양 주장하고 있다. 그러나 애초부터 천주교 신자 병사들의 숫자를 과대하게 추정한 오류를 우선 지적하지 않을 수 없다.

열렬한 천주교 신자였던 왜장 고니시 · 유키나가(小西行長) 휘하 병사들 대부분을 천주교도로 간주하였으나, 세스뻬데스 신부가 서간문에서 밝히듯이 신부가 고니시의 요새가 있던 고문가이(熊川)성의 가장 높은 곳에 은밀하게 거처를 정하고 지낸 것만을 보아도 그러한 추측이 잘못인 것을 쉽게 알

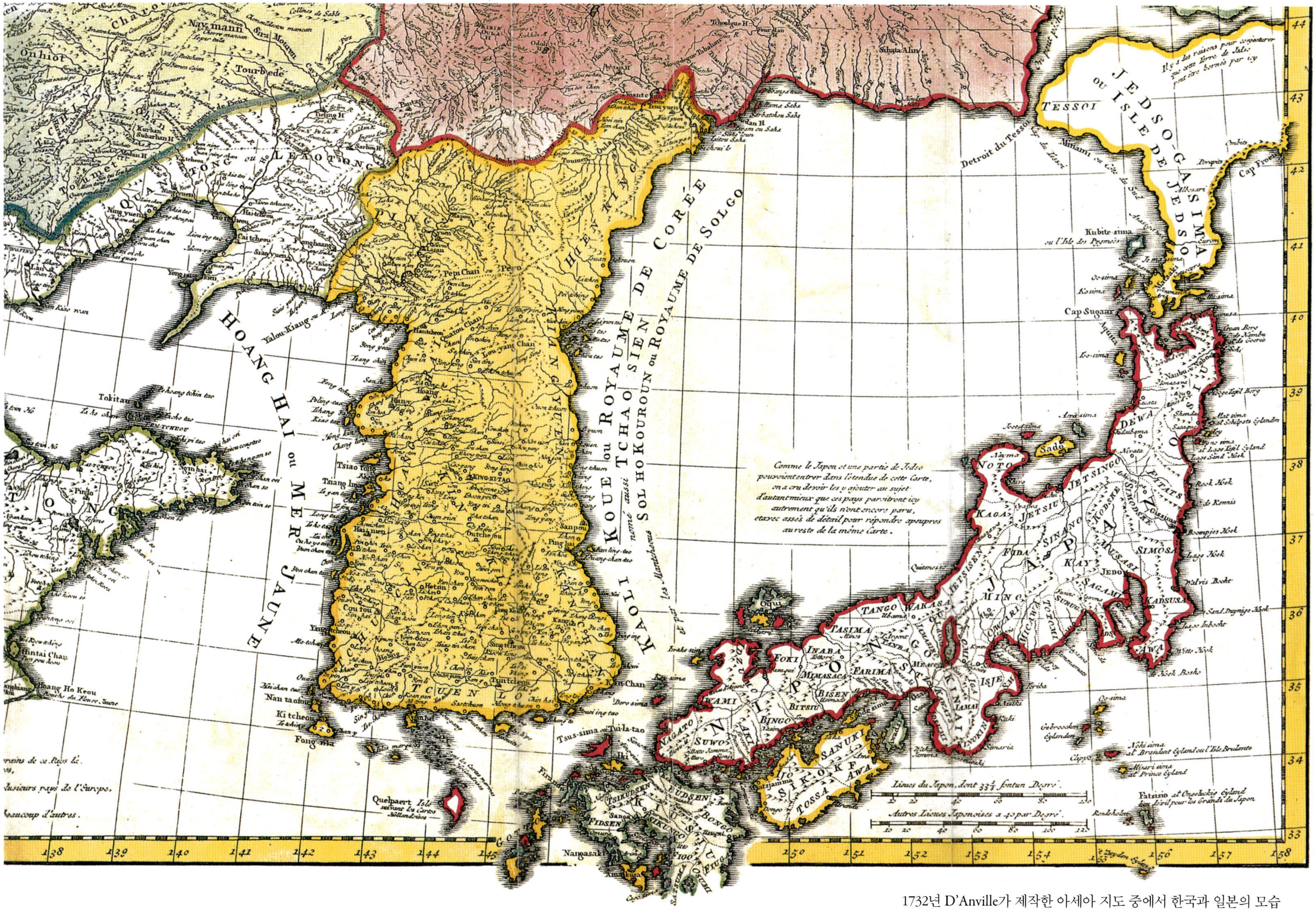

1732년 D'Anville가 제작한 아세아 지도 중에서 한국과 일본의 모습

> 내 왔는데, 그날은 밤이 깊어서 당장 만나러 올 수가 없다고 하였습니다. 그 이튿날에 아우구스티누스는 본인을 찾아 왔으며, 우리는 요새 안에서 만났습니다. 그에게 가져온 편지들을 전달했으며 아우구스티누스가 그것을 읽고 난 후에 우리는 오랜 시간 동안 환담하였습니다. 그는 특히 본인의 조선 방문에 대하여 큰 기쁨을 표시하였습니다."

고문가이(熊川)성에 머물면서, 세스뻬데스는 여러 천주교 신자 대명들과 병사들을 중심으로 복음전파를 수행하였다. 그러나 1594년에 작성된 『예수회 연례보고서』의 한 자료에 따르면 세스뻬데스의 활동이 천주교 신자 병사들에게만 한정되었고 비밀리에 활동했던 사실을 알 수 있다. 그 이유는 그 당시 가톨릭 대명들의 히데요시에 대한 두려움 때문이었다고 기술하고 있는데 그 내용을 살펴보면 다음과 같다.

> "감바꾸도노(豊臣秀吉)에 대한 존경심과 두려움으로 인하여, 세스뻬데스 신부는 숨어 지내면서 오직 믿을만한 사람만을 만날 수밖에 없었기 때문에 보다 많은 사람들에게 세례를 줄 수가 없었다."

이러한 이유로 아우구스티누스(小西行長)는 세스뻬데스에게 성내 가장 높은 장소에 그의 거처를 마련해 주었고, 그것은 그가 사람들이 보이는 공개적인 장소에 나타나지 않도록 하는 조처로 취해졌다.

요새의 가장 높은 곳에 위치한 세스뻬데스의 거처는 오르고 내리는 데 어려움이 있었지만, 바다를 향하고 있어 좋은 경관을 가지고 있었고, 그러한 것은 1592년 『일본 예수회 연례보고서』 서한에서도 잘 기술되어 있다.

> "요새에서 가장 높은 곳에 '테이수'라고 불리는 매우 큰 망루가 있는데 이는 매우 튼튼하고 또한, 아름답고 훌륭한 경치를 보여 줍니다. 요새의 높은 곳에는 감시를 위하여 아우구스티누스의 동생인 '예시체도노'와 비센떼 · 페이예몬도노가가 머물고 있습니다"

천주교도 병사들은 세스뻬데스 신부의 거처를 은밀히 방문하여 설교를 들었고 고백성사를 받았다. 서한에 따르면 세스뻬데스는 복음전파에 상당히 분주했던 것을 알 수 있다. 그래서 또 다른 동료 선교사가 방한하여 함께 일하기를 희망하였으나 그의 뜻은 이루어지지 않았다. 세스뻬데스는 여러 명의 천주교도 대명들과의 관계를 친밀하게 맺었으며 자주 그들의 방문을 받았다.

> "점차 가톨릭 신자들이 고백성사를 받기 위하여 찾아왔으며, 그래서 우리는 지금부터 부활절까지 할 일이 많이 있습니다. 동료로서 신부가 한 명만 더 있다면 나에게 대단한 위안이 되겠지만 지금 이러한 희망이 실현될 수는 없을 것 같음에 참을 수밖에 없으며 하느님의 가호와 함께 우리는 모든 사람들이 고백성사를 받게 될 때까지 계속 일해 나갈 것입니다. 아우구스티누스는 가끔 나를 방문했으며 그 외에도 돈 · 쁘로따시오, 돈 · 산쵸 · 데 · 오무라, 그리고 돈 · 후안 · 데 · 아마꾸사도 찾아오는데 이들은 모두 중요한 인물들입니다. 귀족들 중에서 고백성사하기 위해 왔던 첫 번째 인물은 돈 · 산쵸 · 데 · 오

무라인데 자기의 어린동생 세스바띠안과 함께 왔으며 이는 모든 병사들에게 좋은 본보기를 보였는 바, 모든 사람들이 그런 이유로 그들을 찬양하고 있습니다."

3) 천주교 교리책자

세스뻬데스 신부는 행동의 제약에도 불구하고 아우구스티누스의 성에만 머물러 있지 않고, 천주교도 병사를 위한 복음사업을 수행하기 위하여 여러 지역을 돌아다녔다.

한국에서 쓴 두 번째 편지에 따르면 세스뻬데스는 환깐 · 레옹 수사와 함께 아우구스티누스의 사위인 다리오(쓰시마 도주 宗義智의 세례명)의 요새를 방문하여, 하느님의 말씀을 듣기 원하는 많은 그의 신하들에게 강론을 하였다.

"대마도 영주 다리오(宗義智)가 몸소 자신의 성으로부터 거룻배를 타고 나에게 왔는데 그와 함께 가서 세례를 내려 달라고 간청했습니다. 세례받기를 원하는 사람들 중에는 그의 조카와 30명의 귀족이 있었습니다. 그 다음날 나는 열 명이나 더 세례를 주었습니다. 모든 사람들에게서 나타나는 기쁨과 그리고 열성을 갖고 기도문을 번역하여 외우기 시작하는 것을 보는 것은 실로 나에게 커다란 기쁨이었습니다."

최근 새로이 발굴한 세스뻬데스의 편지에 따르면, 신부는 꽘비에도노와 그의 아들인 가이노가미(黑田長政)의 요새를 방문하여 그들과 신하들에게 강론을 하였으며 거기서 15일가량 머물렀다고 말하고 있다.

다음은 프란시스코 · 빠시오 신부가 쓴 『1594년 일본 예수회 연례보고서』에 포함되어 있는 세스뻬데스 신부의 서신을 부분 인용하였다.

"세스뻬데스 신부가 위에서 말한 고문가이성에 머물고 있기 때문에 그에게 배 한 척과 37명의 부하를 보내어서 자신의 요새를 내방해 주기를 간절히 요청하였다. 그리하여 신부와 동료 수사는 그곳에 가서 15일가량 머물렀다. 꾸안비에도노와 그의 아들은 각자 별도의 거처를 갖고 있는데 매일 같이 하루에 한두 차례씩 교리문답서의 설교를 듣기 원했으며 이 자리에는 그의 휘하의 장수들과 중요한 가신(家臣)들이 함께 참석했는데 그중에는 천주교도들도 있었고 아닌 자도 있었다."

이러한 모든 자료를 종합해 보건데 그레고리오 · 데 · 세스뻬데스는 많은 행동의 제약에도 불구하고 일 년의 체류기간 동안 조선의 남해안에 산재해 있던 여러 개의 일본군 요새를 방문하면서 은밀하게 선교활동을 한 사실을 알 수 있다.

루이스 · 데 · 구스만은 『선교사들의 이야기』에서 다음과 같이 세스뻬데스 신부의 복음전파사업을 기술하고 있다.

"제2요새는 돈 · 아우구스티누스의 사위인 쓰시마섬의 도나가 머물고 있었는데 그의 세례명은 다리오(Dario) 쓰시마도노(宗義智)였으며 이곳에서도 많은 결실을 거두었다. 왜냐하면, 도주는 그의 부하들의 개종을 적극적으로 권했으며 1595년 들어서는 그를 따르는 섬의 주요 인사들 모두가 천주교도가 되어 자신들의 내세(來世) 구원에 관한 모든 것을 철저히 알고자 노력하였다. 신부의 동료수사가 행하는 통상적인 대담과 설교 외에, 일본어로 쓴 천주교의 믿음과 종교의 본질을 요약 인쇄한 10장으로 구성된 소책자를 읽었다. 왜냐하면, 책자를 읽음으로써 설교에서 들었던 것을 더 잘 기억할 수 있었기 때문이다."

구스만의 이야기에서 알 수 있는 바와 같이 세스뻬데스 신부는 그리스도교의 강령을 외울 수 있도록 일본어로 쓰여 인쇄된 10장으로 된 천주교 교리 책자를 가지고 있었다. 당시 극동지역에서의 복음 활동을 위해 예수회 순찰사 알레한드로 · 발리그나노 신부에 의하여 1590년 일본 규슈 지방에 인쇄 활자가 도입되어서 그 당시 스페인을 중심으로 한 유럽의 문학과 종교서적들을 상당량 번역하여 출간하였다. 이러한 노력에 힘입어 일본의 문화적 발전이 더욱 엄청난 속도로 이루어질 수가 있었음을 알아야 한다. 세스뻬데스 신부는 선교활동을 위하여 10장으로 된 천주교 교리 소책자를 한국 땅으로 가져온 사실을 구스만의 글을 통하여 알 수 있다.

4) 방한활동의 발각

그러면 세스뻬데스 신부가 일 년 만에 일본 땅으로 돌아가게 된 이유를 살펴보기로 하겠다. 이미 알려진 바와 같이 히데요시는 1587년 천주교 탄압령으로 선교사 추방령을 포고했고, 동시에 일본에서의 복음 활동을 금지했다.

따라서 그레고리오 · 데 · 세스뻬데스의 방한은 히데요시의 허락 없이 아우구스티누스와 그의 측근의 천주교도 대명들의 요청에 따라 비밀리에 취해진 것이다.

이러한 상황에서 아우구스티누스의 적수이며 불교신자인 도라노스께라 불리는 가또 기요마사(加藤清正)는 세스뻬데스 신부가 병사들에게 복음활동을 하면서 아우구스티누스(小西行長) 휘하의 고문가이(熊川)성에 머물고 있다는 사실을 알아냈다. 아우구스티누스가 천주교 금지명령을 거역하고 신부를 한국 땅까지 불러들였다고 알리면서, 히데요시의 증오를 불러 아우구스티누스(小西行長)를 파멸로 이끌고자 했다. 아우구스티누스는 이러한 어려운 상황을 알았을 때 세스뻬데스와 그의 일본인 동료 수사가 일본으로 돌아가도록 지시하였으며, 그리하여 아우구스티누스는 히데요시의 분노를 피할 수 있었다. 나중에 세스뻬데스가 한국을 방문한 것에 대해서 아우구스티누스(小西行長)는 히데요시를 방문하여 재빠른 기지와 임기응변으로 적당히 변명하여 위기를 넘겼다.

루이스 · 데 · 구스만은 『선교사들의 이야기』에서 세스뻬데스 신부의 일본 귀환에 대해서 상세히 기술하고 있다.

> "한국 땅에 있는 천주교도들과 이교도들까지 착한 일을 하는데 이를 박해하는 악마 같은 자가 있었다. 돈 · 아우구스티누스에 대하여 반기를 들고 큰 위험을 불러일으켜 그를 방해하고자 하는 적은 도라노스께(加藤清正)였다. 그는 늘 돈 · 아우구스티누스의 승리와 공적을 시기하였는데 어떻게 하든지 다이꼬사마(豊臣秀吉)로부터 돈 · 아우구스티누스의 총애를 끝장내려고 갖은 짓을 다 하였다. 그러던 중에 돈 · 아우구스티누스가 다이꼬사마의 명령에 거역하여 꼬라이 땅에서 신부가 은밀히 병사들을 모아놓고 하느님의 교리를 설교하는 것

을 알아차리고서, 다이꼬사마(太閤樣 :豊臣秀吉의 호칭임)에게 이러한 일을 고자질하여 그의 뜻한 바를 달성할 좋은 기회로 삼았다. 돈·아우구스티누스는 도라노스께가 원하는 바가 무엇인지를 잘 아는지라 모든 천주교도 병사들과 장수들에게 조심할 것을 당부했다. 왜냐하면, 이교도인 도라노스께가 이 사건을 그가 의도한 바와 같이 마음대로 고자질하게 되고 어떻게 신부들이 한국 땅에 갔는지를 증명한다면, 다이꼬사마의 급작스러운 분노가 어떻게 변덕을 부릴지 두려웠고, 따라서 돈·아우구스티누스와 모든 가톨릭교도 전체가 큰 박해와 화를 입을지 모르는 일이기 때문이다."

도라노스께(加藤淸正)의 고자질로 세스뻬데스 신부는 더 이상 한국 땅에 머물지 못하고 일본으로 돌아가야만 했다. 그는 귀환 길에 다시 한번 쓰시마 섬에 들러서 도주(島主)의 부인 마리아를 만났으며, 그곳에 있는 여러 사람들에게 세례를 주었다. 또한, 그곳에서 세스뻬데스 신부는 포로로 붙잡혀 와 있던 한국 어린아이 한 명을 일본의 신학교로 데리고 갔는데 후에 훌륭한 천주교 신자로서 일본 땅에서 순교하였다.

3 한국 땅에서 남긴 세스뻬데스의 4통의 편지

오늘날까지 세스뻬데스 신부에 관한 연구가 몇 차례 국내외 관심 있는 학자들에 의해 이루어졌는데, 특히 1937년에 세스뻬데스에 관한 연구에서 몇 통의 편지를 영문으로 번역하여 소개한 바 있었다. 그러나 그 후 50년 동안 세스뻬데스에 대한 구체적인 연구가 그 이상의 진전을 이루지 못한 것이 아쉬웠다. 본 연구를 통하여 여러 통의 세스뻬데스 서간문을 찾을 수 있었는데, 이를 기반으로 하여 올바른 역사의 흔적을 보다 정확하게 접근할 수 있다고 믿는 바이다. 이제 본 장에서 소개하는 세스뻬데스 신부의 네 통의 편지글은 한국 땅에서 서구인으로서 최초로 남긴 기록이라는 점에서 그 중요성을 인식해야 할 것이다.

다시 말해서 세스뻬데스 신부는 한국 땅을 최초로 밟은 서구인으로서 역사적 의미가 있는 동시에 또한, 한국 땅에서 당시의 전쟁 상황을 목격하고 그것을 글로 적어서 남겼음에 4통의 발굴된 서간문들은 당시의 사건을 기록한 점에서 역사적 가치와 함께 문학적 측면에서도 그 의미가 크다고 본다.

1. 한국 땅에서 쓴 서간문 제1신

세스뻬데스 신부가 한국 땅에서 쓴 첫 번째 편지는 리스본의 아쥬다 도서관에서 그 원본을 찾았다. 지금까지 국내에서는 이 원본이 세스뻬데스의 친필 본으로 잘못 소개되어 왔는데, 이는 고어(古語)를 해독하지 못한 이유 때문으로 보인다. 포르투갈의 예수회 신부 루이스 · 프로이스가 그의 저서 『일본의 역사』 제75장에서 세스뻬데스의 서간문을 포르투갈어로 번역하여 소개한 글이다. 그 내용도 부분적으로 잘려진 것으로 보이는데 아직까지 세스뻬데스의 친필 본은 발견되지 않았다. 프로이스 신부는 그의 저서 『일본의 역사』에서 임진왜란을 기술하면서, 한국을 직접 방문하여 그곳 사정을 기록한 세스뻬데스의 편지를 인용한 것이다. 이 서간문은 세스뻬데스 신부가 한국을 방문한 후 첫 번째로 적은 글임에 그 가치가 매우 큰 것이다.

제목 : "일본 준관구장 뻬드로 · 고메스 신부에게 쓴 그레고리오 · 데 · 세스뻬데스 신부의 서간문 사본"

본문 :

쓰시마섬(對馬島)에서 두 통의 편지를 써서 보냈는데 그것을 통하여 쓰시마섬까지 우리의 항해 결과와, 하느님의 가호로 20명의 중요한 인사들에게 세례를 주는 첫 수확을 얻었음과, 특히 그들 중에는 쓰시마 영주님의 4명의 가신들도 끼어 있었다는 것을 아실 수 있을 것입니다. 우리는 약 18일 동안 그 섬에 머물렀고 바노우라(鰐浦)라고 불리는 항구에서 크리스마스를 지냈습니다. 우리는 지붕을 짚으로 이은 형편없는 집에서 묵었지만, 그곳에서 하느님의 가호로 도움을 받게 되었습니다. 왜냐하면, 그때 그곳에 머물고 있던

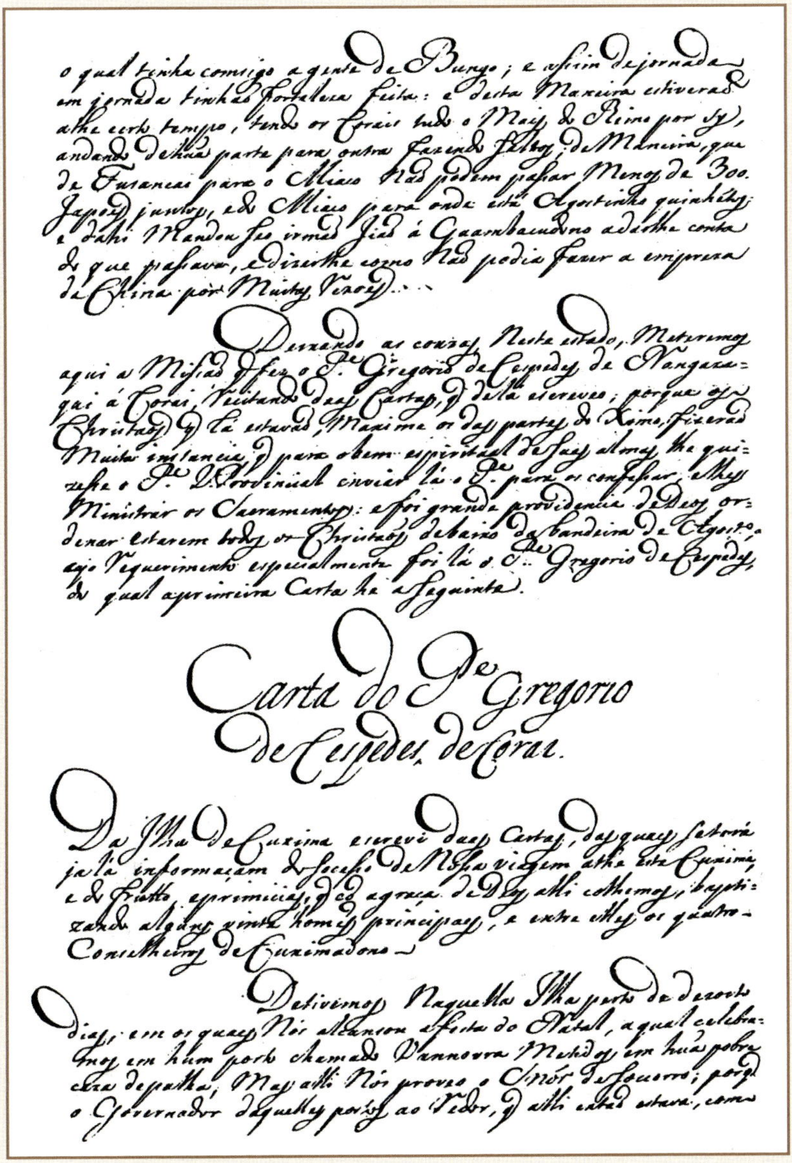
o qual tinha comsigo a gente de Bungo; e assim de jornada em jornada tinhaõ fortaleza feita: e desta Maneira estiveraõ athe certo tempo, tendo os Corais tudo o Mais do Reino por sy, andando de hũa parte para outra fazendo feitos de Maneira, que de Furancai para o Miaco Naõ podem passar Menos de 300. Japoens juntos, e de Miaco pera onde está Agostinho quinhétos; e dahi Mandou seo irmaõ Jiaõ á Quambacudono a dar lhe conta do que passava, e dizerlhe como Naõ podia fazer a empreza da China por Muitos Rezoens...

Deixando as cousas Neste estado, Meteremos aqui a Missaõ q fez o P.e Gregorio de Cespedes de Nangasaqui á Corai, Vendando das Cartas, q della escreveo; porque os Christaõs q la estavaõ, Maxime os das partes do Reino, fizeraõ Muita instancia q para o bem espiritual de suas almas, lhe quizesse o P.e V. Provincial enviar lá o P.e para os confessar, e lhes Ministrar os Sacramentos: e foi grande providencia de Deos ordenar estarem todos os Christaõs debaixo da bandeira de Agostinho, a cujo requerimento especialmente foi lá o P.e Gregorio de Cespedes, do qual a primeira Carta he a seguinte.

Carta do P.e Gregorio de Cespedes, de Corai.

Da Ilha de Cuxima escrevi duas Cartas, das quais saberá ja lá informaçaõ do successo de Nossa viagem athe esta Cuxima, e do fructo e primicias, q com a graça de Deos alli colhemos, baptizando alguns vinte homens principais, e entre elles os quatro Conselheiros de Cuximadono.

Detivemonos Naquella Ilha perto de dezoito dias, em os quais Nos alcansou a festa do Natal, a qual celebramos em hum porto chamado Vannoura [illegible] em hũa pobre casa de palha; Mas alli Nos proveo o Senhor de socorro; porq o Governador daquelles portos ao Vedor, q alli estaõ estava, como

세스뻬데스 신부가 한국 땅에서 쓴 서간문 제1신의 사본
(아쥬다 도서관 소장)

항구의 행정관이 도냐 · 마리아가 그에게 쓴 편지를 받고서 우리를 방문하였으며 몇 가지 선물 등을 가져왔던 것이었습니다. 또한, 그는 우리가 하느님의 일들에 관하여 이야기하는 것을 듣기 원했으므로 나는 그들에게 이야기를 들려주었습니다. 바로 크리스마스날 밤에 우리의 설교를 듣고서 그는 개종을 결심했으며, 다른 사람과 함께 그에게 세례를 주었습니다. 그는 우리가 묵고 있던 집의 제단을 품위 있게 장식할 수 있도록 벽을 덮을 수 있는 깨끗한 판자들을 가져오도록 명령했는데, 그것으로 우리가 그 장소를 치장할 수 있게 하였고, 또한, 그곳에 있는 백 명이 넘는 천주교인들을 매우 기쁘게 할 수 있었습니다. 나는 밤새도록 고백성사를 듣는데 시간을 보냈습니다. 또한, 70세된 어부인 착하고 어진 집주인에게도 세례를 주었는데, 그는 우리가 설교하는 뜻에 따라서 우리의 신성한 교리뿐만 아니라, 구원으로 인도할 다른 길이 존재하지 않음에 자신에게 구원의 혜택을 베풀어 주기를 나에게 끈질기게 요구했습니다.

크리스마스 나흘 전에 우리는 60척이 넘는 선단과 함께 조선을 향하여 항구를 떠났지만, 동이 트기도 전에 심한 풍랑을 만나서 우리는 항로를 변경해야만 했습니다. 칠흑 같은 밤에 우리는 어디로 가고 있는지도 알지 못했으며 파도는 노를 저을 수 없을 정도로 높았습니다. 그래서 우리는 섬 주위에 많이 있던 모래톱으로 던져질 위험 속에서, 돛을 올리고 바람이 우리를 인도하는 대로 갈 수밖에 없었습니다. 그러나 날이 밝을 때 우리는 원래 출발했던 항구로 되돌아오게 되었음에 모든 것이 하느님의 뜻이었습니다. 두 서너 척의 다른 배들은 우리와 함께 무사히 되돌아왔고, 또 다른 15척에서 20척의 배는 섬의 다른 항구들로 되돌아왔으며 그중에는 일본 본토로 간 배들도 있으니, 얼마나 많은 배들을 풍랑에 잃었는지 알 수가 없었습니다. 다만, 몇몇 배들은 그들이 조선에 도착할 때까지 3일 내지는 4일 동안 굉장한 위험 속에서 바다를 표류했습니다.

우리는 마침내 「성요한」의 축일에 두 번째로 항구를 떠나 하느님의 가호로 곧 조선에 도착하였습니다. 고문가이는 우리 일행이 상륙한 곳으로부터 10~12레구아 떨어져 있었으므로 즉시 그곳으로 갈 수가 없었습니다. 그러나 그 이튿날 우리는 고문가이요새 발치까지 배를 저어 갔습니다. 나의 교우인 일본인 수사가 곧 육지에 상륙했고, 그리고 나는 그에게 우리가 무엇을 해야 하는지를 결정하기 위하여 비센떼 · 페이에몬을 만나보러 갈 것을 요청했는데, 즉시 그에게 오라는 전갈과 함께 해변가로 말 한 필을 보내왔습니다. 그의 의형제인 사꼬예몬이 우리 일행을 맞이하기 위해 찾아온 첫 번째 사람이었으며 나는 그와 함께 육지로 올라갔습니다. 그는 나를 자기 집으로 안내한 후 친절하게 식사에 초대해 주었습니다. 이미 나를 만나기 위하여 기다리고 있었던 아우구스티누스(小西行長의 가톨릭 세례명)의 동생과 함께 비센떼가 그의 집으로 왔습니다.

그들과 함께 요새를 방문하였는데, 삼일 전에 6~7레구아 떨어진 곳으로 떠난 아우구스티누스가 돌아올 때까지 나는 그곳에서 묵게 될 것입니다. 그가 돌아오면 나의 일본 수사가 그를 방문할 것이며, 그러면 우리들에 대한 아우구스티누스의 희망을 알게 될 것이고, 하느님의 은총과 함께 우리는 아우구스티누스를 방문하고 수많은 가톨릭 신자들의 고백성사를 듣기 시작할 것입니다.

나에게 첫 번째로 찾아온 인물은 돈 · 바르똘로메 · 데 · 오무라(Don Bartolome de Omura)의 아들인 세바스띠안(Sebastián)으로 자기 형 돈 · 산쵸(Don Sancho)에 의해 보내졌는데 그는 그 후 가끔씩 나를 찾아왔습니다. 수모또도노(Sumotodono)와 돈 · 후안 · 데 · 아마꾸사(Don Juan de Amakusa)도 그들의 뒤를 이어서 나를 방문하였습니다. 돈 · 쁘로따시오(Don protasio) 아리마 영주는 자기 동생인 돈 · 산쵸에게 자기를 대신하여 나를 방문해 줄 것을 요청했으며 또 나에게 약간의 음식을 선물로 보냈습니다. 지금까지 나는 어느 사람도 방문하지 않았으며 일본인 수사를 보내지도 않을 것이며 아우구스티누스의 부재 기간에 기도만 할 것입니다.

꼬라이에서 일어나는 사건들을 생각해 보면 평화가 이룩될 것 같지는 않습니다. 왜냐하면, 평화의 제의를 시작했던 중국의 중요한 인물인 예게끼가 중국이 당초에 허락하기를 원했던 것보다 더 많은 약속을 요구해온 것 같기 때문입니다. 그 결과 "새끼로"라는 더 중요한 인물과 함께 평화협상이 다시 시작되었는데 보고에 의하면 그는 일본에서 히데요시와 같은 지위를 중국에서 가진 사람입니다. 그는 지금 페앙호(평양시를 가리킴) 요새에 있는데 그곳에는 일본의 볼모로서 북경에 보내진 담바왕의 아들이며 매우 높은 귀족인 후안 나이또도노(Juan Naitodono)가 오랫동안 억류되어 있습니다.

얼마 전에는 "새끼로"가 아우구스티누스에게 그의 측근 장수들 중의 한 사람을 보내어 편지를 전달했습니다. 그 내용인즉, 일본과 중국의 평화는 매우 중요한 문제이며 그것이 하부계급의 장수들 사이에서 해결되는 것은 바람직한 것으로 생각지 않음으로 자신의 일본의 히데요시와 같은 지위를 갖고 있음에 평화를 협상하고 전쟁을 종식시키기 위하여 그 자신이 직접 나설 것이라는 뜻이었습니다. 이러한 연유로 때문에 그는 이곳으로 예께끼(沈推敬)를 다시 보냈으며 3~4일간을 더 기다리라는 지시가 있었습니다. 그리고 북경에 갔던 인질 후안 나이또도노 대신에 중국과의 조약이 체결되어 그가 돌아올 때까지 중국 사신을 이곳에 머물러 있도록 할 것-이것이 그가 자신의 편지에 썼던 내용인데, 모든 것이 우리로 하여금 일본이 만족하게 평화에 서명할 희망을 품도록 하는 것이었습니다. 그 편지에는 또한, 중국 사람들이 그에게 많은 관심을 기울였고 그를 예우하고 있으며 게다가 아우구스티누스의 신하였던 기치비오예 · 암브로시오(Quichibioye Ambrosio)가 북경에서 쓴 편지를 보냈으며 또한, 자신이 페앙호(평양)에 있는 것을 알고 있다고 말하며 그도 평화가 정착되기를 희망한다고 씌어 있었습니다.

아우구스티누스의 정적인 도라노스께(加藤清正)는 여기에서 북쪽으로 약 15레구아쯤 떨어진 곳에 머물고 있었습니다. 그는 조선군을 여러 번 공격했으며 그 공격 중 한 번은 어느 지역에서 벌어졌는데 기록에 의하면 그곳에는 천 개가 넘는 불교사원들이 있으며, 막대한 양의 재물과 식량이 있다는 말을 그가 들었다고 했습니다. 그러나 도라노스께가 그곳에 도착하자 그는 모든 것을 파괴하고, 불 지르고 뒤엎어버렸는데, 소식에 따르면 일본군의 극렬한 행동을 제지하기 위하여 십만 명의 중국군과 서신을 교환하고 있는데 만일에 도요토미 히데요시(豊臣秀吉)이 지금 조선에 있는 모든 일본군을 돌아가도록 철수를 명령한다면 자기 자신이 인질로서 일본에 갈 것이라는 제의를 해오고 있었습니다.

고문가이성은 난공불락의 요새로 조만간에 완성되리라 여겨지는 놀랄 만큼 거대한 방어 작업이 추진되고 있었습니다. 그들은 아우구스티누스의 부하들이며 맹우들인 모든 귀족들과 군사들이 야영하고 있는 발치에 높은 방어벽들과 망루들과 튼튼한 초소들을 세워 놓았습니다. 모든 것들은 잘 지어졌고 또한, 거대하였습니다. 대명들의 집은 돌로 지어졌습니다. 1레구아 주위에 여러 요새가 있었는데 그중 한 곳에는 아우구스티누스의 동생인 도노메도로 · 뻬드로(Tonomedono Pedro)가 있었으며 다른 한 곳에는 내가 이미 말했던 아우구스티누스의 딸과 결혼한 그의 사위 대마도 영주인 다리오(Dario)가 장악하고 있습니다. 또 다른 곳에는 시꼬꾸(四國) 지방의 4왕국의 중요 영주들이 머물고 있으며, 또 다른 성에는 지금 아우구스티누스의 부하들인 사꾸마(在久間) 사람들이 있으며 자신의 왕국에서 추방된 붕고(豊後) 왕의 아들도 있습니다. 한편, 괌비예도노(Quambiyedono)는 그의 아들과 함께 또 다른 곳에 있습니다.

2. 한국 땅에서 쓴 서간문 제2신

세스뻬데스의 서간문 제2신은 앞에서 소개한 제1신과 나란히 루이스 · 프로이스의 『일본의 역사』 제75장에 소개되어 있다. 그동안 국내 학계에서는 제1신과 제2신의 편지를 세스뻬데스의 친필 서간문으로 잘못 소개해 왔다. 제2신은 앞의 편지와 마찬가지로 프로이스가 포루투갈어로 번역 소개한 것이다. 편지를 쓴 시기는 1594년 1월 초로 추정할 수 있으며 그 내용은 통하여 당시 전쟁의 상황과 일본군 내의 사정을 알 수 있다. 세스뻬데스 신부는 한국 땅에 평화가 이루어지기를 기원하면서 죽음과 질병, 기아를 저주하고 있는 태도가 돋보이고 있다.

제목 : "그레고리오 · 데 · 세스뻬데스 신부의 두 번째 서간문"

본인이 지난번 편지를 셨을 때에는 아우구스티누스(小西行長의 가톨릭 세례명)가 아직 돌아오지 않았으므로 그를 만날 수가 없었습니다. 그가 어느 날 돌아왔을 때 본인이 도착했다는 소식을 듣자마자 전갈과 함께 환영의 인사를 보내왔는데 그날은 밤이 깊어서 당장 만나러 올 수가 없다고 하였습니다. 그 이튿날에 아우구스티누스는 본인을 찾아왔으며, 우리는 요새 안에서 만났습니다. 그에게 가져온 편지들을 전달했으며 아우구스티누스가 그것을 읽고 난 후에 우리는 오랜 시간 동안 환담하였습니다. 그는 특히 본인의 조선방문에 대하여 큰 기쁨을 표시하였습니다. 그리고 아우구스티누스는 말하기를 지금 그를 방문하기 위하여 다른 요새들로부터 많은 사람들이 와서 그의 집에 머물고 있는 관계로 본인이 그의 집으로 내려가는 것은 적합하지 않다고 말했습니다. 그래서 비센떼 · 페이예몬과 함께 요새 위쪽에 묵을 것을 간청하였는데, 그리하면 고백성사를 원하는 가톨릭 신자들이 나를

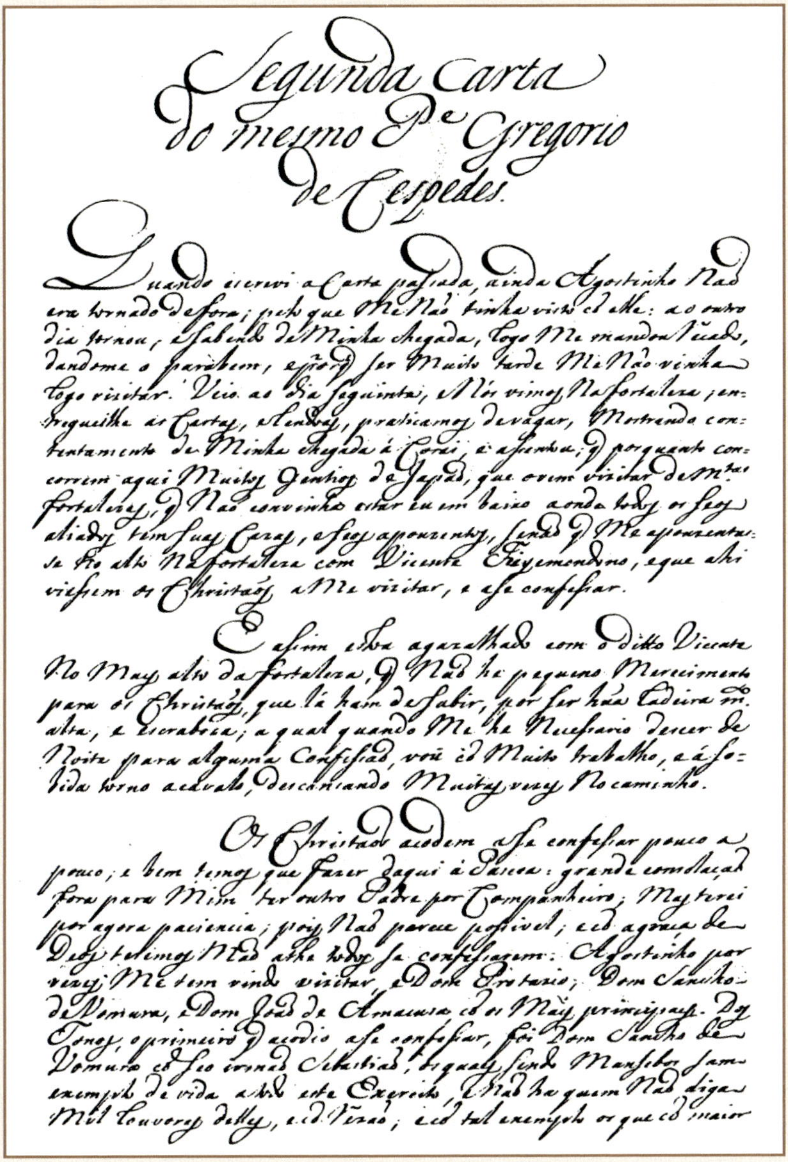

Segunda carta do mesmo P.e Gregorio de Cespedes.

Quando escrevi a Carta passada, ainda Agostinho Não era tornado de fora; pelo que Me Não tinha visto co elle: ao outro dia tornou, e sabendo de Minha chegada, logo Me mandou Ticado, dandome o parabem, e porq ser Muito tarde Me Não vinha logo visitar. Veio ao dia seguinte, Nós vimos Na fortaleza; entreguei-lhe as Cartas, e lendo-as, praticamos devagar, Mostrando contentamento de Minha chegada à Corai, e assentou, q porquanto concorrem aqui Muitos gentios de Japão, que o vem visitar de M.tas fortalezas, q Não convinha estar eu em baixo aonde todos os seus aliados tem suas Casas, e seus aposentos, senão q Me aposentasse no alto Na fortaleza com Vicente Freyemendono, e que ahi viessem os Christãos a Me visitar, e a se confessar.

E assim estou agazalhado com o ditto Vicente No Mais alto da fortaleza, q Não he pequeno Merecimento para os Christãos, que lá hão de subir, por ser hũa ladeira m.to alta, e escabrosa; a qual quando Me he Necessario descer de Noite para alguma Confissão, vou co Muito trabalho, e á sobida torno acavallo, descançando Muitas vezes No caminho.

Os Christãos acodem a se confessar pouco a pouco; e bem temos que fazer daqui à Pascoa: grande consolação fora para Mim ter outro Padre por Companheiro; Mas terei por agora paciencia; pois Não parece possivel; co a graça de Deos teremos Não athe todos se confessarem: Agostinho por vezes Me tem vindo visitar, e Dom Protasio, Dom Sancho de Vomura, e Dom João de Amacusa co os Mais principaes. Dos Tonos, o primeiro q acodio a se confessar, foi Dom Sancho de Vomura co seo irmão Sebastião, os quaes sendo Mancebos são exemplo de vida a todo este Exercito, e Não ha quem Não diga Mil louvores delles, e co rezão; e co tal exemplo os que co maior

세스뻬데스 신부가 한국 땅에서 쓴 서간문 제2신의 사본
(아쥬다 도서관 소장)

방문하기 위해 그곳으로 갈 수 있을 것이라고 하였습니다.

그래서 나는 지금 요새의 가장 높은 지대에세 비센떼도노와 함께 지내고 있으나 그곳은 나를 만나기 위해 올라와야만 하는 신자들에겐 여간 힘든 곳이 아닙니다. 왜냐하면, 그곳은 실로 매우 높으며 바위가 많고 경사진 곳이기 때문입니다. 내가 밤중에 몇몇 사람들의 고백성사에 응하기 위해 내려가야 할 때면 무척 애를 써야만 했고 집으로 돌아갈 때는 말을 타고서 길을 가는 도중에 여러 번 쉬곤 합니다. 점차 가톨릭 신자들이 고백하기 위하여 찾아왔으며, 그래서 우리는 지금부터 부활절까지 할 일이 많이 있습니다. 동료로서 신부가 한 명만 더 있다면 나에게 대단한 위안이 되겠지만 지금 이러한 희망이 실현될 수는 없을 것 같으니 참을 수밖에 없으며, 하느님의 가호와 함께 우리는 모든 사람들이 고백하게 될 때까지 계속 일해 나갈 것입니다.

아우구스티누스는 가끔 나를 방문했으며 그 외에도 돈 · 쁘로따시오(Don Protasio), 돈 · 산쵸 · 데 · 오무라(Don Sancho de Omura), 그리고 돈 · 후안 · 데 · 아마꾸사(Don Juan de Amakusa)도 찾아오는데 이들은 모두 중요한 인물들입니다. 귀족들 중에서 고백성사를 하기 위해 왔던 첫 번째 인물은 돈 · 산쵸 · 데 · 오무라인데 자기의 어린동생 세바스띠안(Sebastián)과 함께 왔으며, 이는 모든 병사들에게 좋은 본보기를 보였는데 모든 사람들이 그런 이유 때문에 그들을 찬양하고 있습니다. 그의 뒤를 따라서 다른 사람들도 고백성사를 하러 왔으며 그래서 나는 하느님이 더 많은 사람이 고백을 하도록 만들 것임을 믿습니다.

이곳 고문가이(熊川) 요새에는 아우구스티누스와 그의 맹우들이 있는데 그들은 아리마(有馬), 오무라(大村), 고또(五島), 히라도(平戶), 아마꾸사(天草), 수모또(洲本) 등지에서 온 사람들입니다. 이들은 모두 바다로부터 똑같은 거리에 자신들의 숙소를 갖고 있으며, 요새의 위쪽으로는 아우구스티누스의 형제인 요세이츠도노(Yoseichdono)와 비센떼 · 페이에몬도노(Vicente

Feiyemondono)가 한눈에 보이는 곳에 있습니다.

아우구스티누스의 사위인 다리오 대마도영주는 내가 도착한 다음날에 나에게 인사를 보내왔고 그 뒤 이삼 일 후에 나를 찾아왔습니다. 그래서 우리의 우정이 시작되었습니다. 그는 부인인 마리아(María)가 보내 준 값 비싼 묵주를 목에 걸었습니다. 그는 매우 고상하고 젊은 청년으로 깊은 이해력과 좋은 품성을 지녔습니다. 같은 날 밤에 그는 설교를 듣기 원하는 많은 부하들에게 설교를 해 줄 일본인 수사를 그의 요새로 보내줄 것을 나에게 끈덕지게 요구했습니다. 나는 그날 밤 설교를 위하여 수사를 그에게 보냈으며 그리고 삼 일 후에 대마도 영주 다리오가 몸소 자신의 성으로부터 거룻배를 타고 나에게 왔는데 그와 함께 가서 세례를 달라고 간청했습니다. 세례받기를 원하는 사람들 중에는 그의 조카와 30명의 귀족들이 있었습니다. 그 다음날 나는 열 명이나 더 세례를 주었습니다. 모든 사람들에게서 나타나는 기쁨과 그리고 열성을 갖고 기도문을 번역하여 외우기 시작하는 것을 보는 것은 실로 나에게 커다란 기쁨이었습니다. 그들은 나에게 어떤 종교적 선물을 요구하므로 그들에게 각각 묵주 하나씩을 주었으며 그것은 그들을 매우 기쁘게 하였습니다.

내가 그곳에 이삼 일 있는 동안에 다리오 영주는 나를 극진히 대접해주었고 훌륭한 만찬에 초대하면서 품위 있고 애정 넘치는 영접을 해주었습니다. 식사 중에 그는 몸소 음식을 날라 왔고 자신은 항상 나보다 낮은 자리에 앉고서 나를 항상 상석에 앉게 하였습니다. 나는 무엇보다도 그가 소유한 아름다운 물건들을 보고서 놀랐습니다. 그것은 틀림없이 일시적인 사용을 위한 것처럼 보이지 않았으며 마치 평생 동안 그곳에 머물기 위해 준비한 것처럼 보였습니다. 그는 많은 전리품들과 황금 병풍들을 갖고 있었는데 그의 장인조차도 그토록 많이 소유하고 있지는 않았습니다.

한편, 대부분의 병사들을 이끄는 것도 그였습니다. 내가 돌아올 때에 그는 나를 환송하기를 원했으나 나는 극구 사양했으며 그래서 그는 자신의 조카와 측근 부하들을 대신 나에게 보냈습니다. 그의 신하들에게 행하였던 설교를 통하여 그 자신도 더 많은 것을 배우게 되었음에, 좀 더 설교를 해 줄 일본인 수사를 그곳에 남겨두고 가도록 나에게 요청했습니다. 그는 스스로 고백성사하기를 원했고 곧 그렇게 할 것을 약속했습니다. 그는 일본의 자기 영토에 몇몇 신부를 두기를 희망했고 만약 군대가 일본으로 되돌아간다면 내가 그곳에 남을 수 있을 것이라고 말하면서 만일에 그의 왕국에 신부가 부족하지 않다면 자신의 모든 땅을 천주교로 개종시키는데 아무런 어려움이 없을 것임을 확신했습니다. 그리고 이미 가톨릭 신자인 사람들도 그들 자신의 아내와 자식들이 세례받기를 열망한다고 말했습니다. 그러므로 하느님의 도움과 함께 모든 사람을 가톨릭 신자가 되도록 해야만 하기 때문에 대마도 왕국에 사람을 갖추기를 위해서는 지금부터 준비할 필요가 있습니다.

아우구스티누스는 그러한 결과를 얻게 된 것을 매우 기뻐했습니다. 일본인 수사는 아직 돌아오지 않았는데 왜냐하면, 다리오 영주가 고백성사하기를 원하는 것 이외에도, 세례를 받기 위하여 이곳에 온 다른 중요 인물들이 교리문답에 대하여 그의 설교를 듣고 있기 때문입니다.

조선의 추위는 매우 혹독하여 일본의 것과는 비교도 안 됩니다. 하루 종일 손발이 반쯤은 마비되어 버리고 아침에는 미사를 올리기 위하여 거의 움직일 수도 없었지만 나 스스로 건강을 유지하고 있습니다. 하느님께 감사드리며 우리 천주님께서 내려주시는 결실에도 감사드립니다. 나는 원기가 넘치며 나의 사명과 추위를 꺼리지 않습니다. 이곳의 가톨릭 신자들은 매우 불쌍하며 굶주림과 추위, 질병 등 다른 곳의 상태와는 매우 다른 어려운 불편함을 겪고 있습니다.

도요토미 · 히데요시가 식량을 보내주고 있지만, 이곳에 있는 모든 병사들을 먹여 살리기에는 불가능한 대단히 적은 양만이 도착됩니다. 게다가 일본 본토에서 오는 지원이 매우 불충분하고 또 매우 늦게 옵니다. 지금 배가 온 지 두 달이 되었습니다. 그리고 많은 선박을 잃었습니다. 평화를 위한 타결을 아직 이루어지지 않고 있으며, 그것을 결말짓기 위하여 와야 할 사람들이 도착하지 않고 있습니다. 많은 병사들은 이토록 전쟁이 지연되는 것은 중국군의 배가 도착하고 군대가 상륙할 때인 여름까지 일본군을 기다리도록 하려는 술책에 불과하다고 의심하고 있습니다.

3. 한국 땅에서 쓴 서간문 제3신

제3신의 서간문으로 발췌한 내용은 루이스 · 프로이스(Luis Frois) 신부가 기록한 『일본의 역사』 제79장 부분에서 발견하여서 소개한 것이다. 인용된 글은 짧지만 세스뻬데스 신부가 한국 땅에서 계속 평화의 강화교섭에 관심을 두고서 기록을 하였음에 중요한 자료로 여겨진다. 물론 세스뻬데스 신부가 쓴 원문은 이보다 훨씬 길었을 것이 틀림없지만, 프로이스 신부가 그중에서 필요한 내용만을 인용하여 그의 저서에 쓴 것으로 볼 수 있다. 이 서간문은 리스본의 아쥬다 도서관에서 발굴한 것임을 밝힌다. 그레고리오 · 데 · 세스뻬데스 신부의 1594년 2월 7일자 제3신에 따르면 그는 아직도 아우구스티누스와 함께 고문가이(熊川)에 머물고 있는데 내용은 다음과 같다.

제목 : "1594년 2월 7일자 한국 땅에서 쓴 세 번째 세스뻬데스의 편지"

"중국인들은 후안 · 나이또도노 대신에 인질로서 높은 지위에 있는 대신 한 사람을 아우구스티누스에게 보냈다. 며칠 안 있어 예께끼(沈推敬)로부터 서한이 도착했으며 후안 · 나이또도노의 몇몇 신하들이 편지를 갖고 도착했고 또한, 통역관으로 일본 땅 아리마(有馬)에 가 있던 천주교인 중국사람 한 명이 도착했다. 예께끼가 말하기를 중국황제는 감바꾸도노(豊臣秀吉)의 호칭)가 평화에 관하여 페킹(北京)에서 예께끼(沈推敬)와 협상한 모든 것을 확실히 준수할 것을 편지에서 요구했다. 왜냐하면, 지금까지 나이또도노는 감바꾸의 편지나 신임장을 가져오지 못했으며 위임권을 부여받지도 못하였다. 이러한 연유로 때문에 나이또도노가 아직도 페킹에 도착하지 못한 채로 중국땅 내륙에 꼬라이의 국경으로부터 7일 여정의 거리에 있는 어느 도시에 머물고 있었다.

예께끼가 서한에서 계속해 말하기를 중국황제는 일본인들과 평화를 희망하는데, 감바꾸도노(豊臣秀吉)가 황제의 지위를 갖고 있지 않음에 (왜냐하면, 일본에는 실제로 '다이리' 라고 불리는 천황이 있었다), 중국황제가 그에게 자신의 사신들을 보내거나 감바꾸도노와 서신왕래를 하기 위하여서는, 일본의 다이리에 상응한 지위를 소유하고 있는 중국황제 자신이 몸소 감바꾸도노를 일본의 왕으로 앉혀야 할 것이다.

그래서 북경으로부터 감바꾸도노에게 왕관과 왕의 복장을 보낼 것이며, 이렇게 하여 앞으로 그와 교신을 할 것이며, 매 3년마다 사신을 보낼 것이고 감바꾸도노도 같은 방식으로 중국에 사신을 보낼 수 있을 것이다. 아울러 감바꾸에게 무역왕래를 허락할 것이다."

4. 한국 땅에서 쓴 서간문 제4신

세스뻬데스 신부가 한국 땅에서 쓴 네 번째 이 서간문은 로마의 예수회본부 고문서 보관소에서 발굴하였다. 이 글은 스페인어와 이태리어를 혼용하여 "프란시스코 · 빠시오"라는 이태리 신부가 『1594년 예수회 일본 연례보

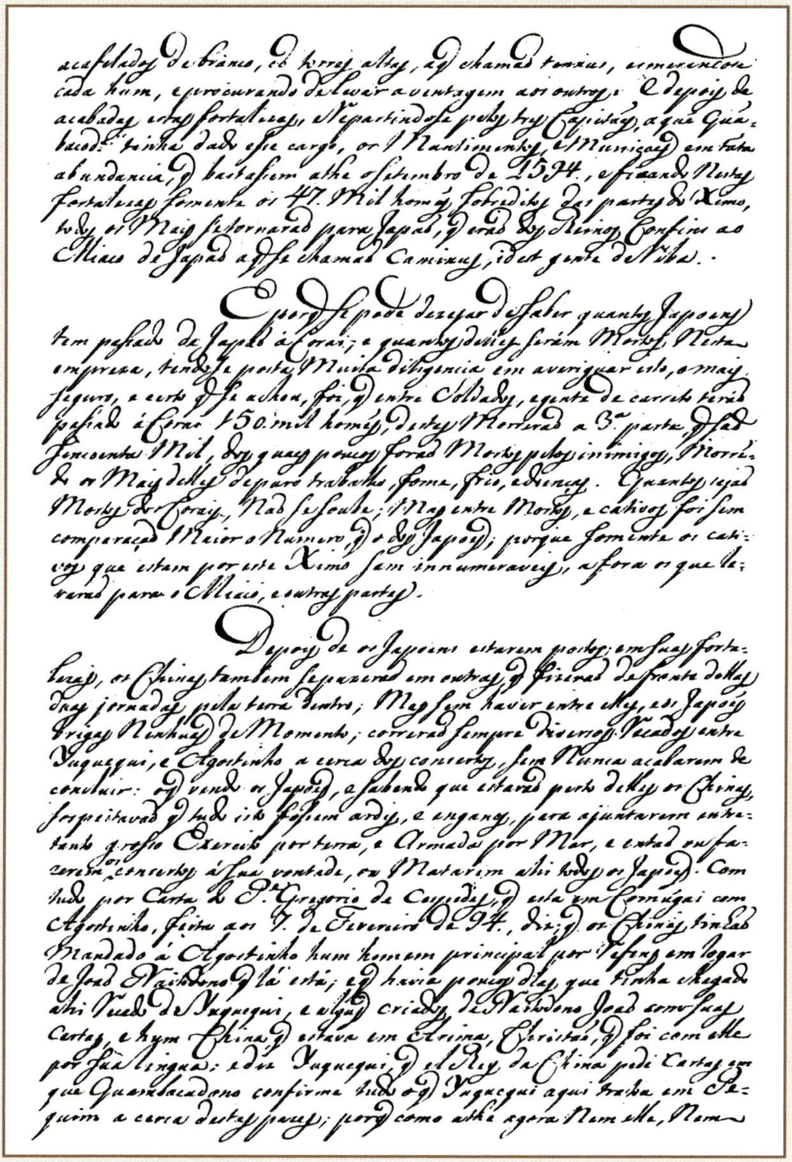
acafeladoς de branco, e de torres altas, a q chamaõ tenxus, ermerencõ cada hum, e procurando de levar aventagem aos outros. E depois de acabadas estas fortalezas, Repartindose pelos tres Capitães, a que Quabacodono tinha dado esse cargo, os Mantimentos, e Muniçaõ em tanta abundancia, q bastassem athe o setembro de 1594, e ficando Nestas fortalezas somente os 47 Mil homẽs sobreditos das partes do Ximo, todos os Mais se tornaraõ para Japaõ, q eraõ dos Reinos Confins ao Miaco de Japaõ a q se chamaõ Caminxus, idest gente de Riba.

E porq se pode dezejar de saber quantos Japoens tem passado de Japaõ á Corai; e quantos delles seraõ Mortos, Nesta empreza, tendose posto Muita diligencia em averiguar isto, o mais seguro, e certo q se achou, foi, q entre Soldados, e gente de carreto teraõ passado á Corai 150 mil homẽs, destes Morreraõ a 3a parte, q saõ sincoenta Mil, dos quaes poucos foraõ Mortos pelos inimigos, Morrẽdo os Mais delles de puro trabalho, fome, frio, e doenças. Quantos sejaõ Mortos dos Corais, Naõ se soube; Mas entre Mortos, e cativos foi sem comparaçaõ Maior o Numero, q o dos Japoẽs; porque somente os cativos que estam por este Ximo sam innumeraveis, afora os que levaraõ para o Miaco, e outras partes.

Depois de os Japoens estarem postos em suas fortalezas, os Chinas tambem se puzeraõ em outras, q fizeraõ defronte dellas duas jornadas pela terra dentro; Mas sem haver entre elles, e os Japoẽs brigas Nenhuas de Momento; correraõ sempre diversos Recados entre Yuquequi, e Agostinho a cerca dos concertos, sem Nunca acabarem de concluir: o q vendo os Japoẽs, e sabendo que estavaõ perto delles os Chinas, sospeitavaõ q tudo isto fossem ardis, e enganos, para ajuntarem entretanto grosso Exercito por terra, e Armada por Mar, e entaõ ou fazerem os concertos á sua vontade, ou Matarem alli todos os Japoẽs. Com tudo por Carta do P.e Gregorio de Cespedes, q esta em Comugai com Agostinho, feita aos 7. de Fevereiro de 94., diz q os Chinas tinhaõ Mandado á Agostinho hum homem principal por refens em lugar de Joaõ Naitodono q lá está; e q havia poucos dias, que tinha chegado alli Recado de Yuquequi, e alguns criados de Naitodono Joaõ com suas Cartas, e hum China q estava em Corai, Christaõ, q foi com elle por sua lingua; e diz Yuquequi q el Rey da China pede Cartas em que Quambacodono confirme tudo o q Yuquequi aqui trata em Pequim a cerca destas pazes; porq como athe agora Nem elle, Nem

세스뻬데스 신부가 한국 땅에서 쓴 서간문 제3신의 사본

(아쥬다 도서관 소장)

고서』속에 쓴 것을 발췌하여 소개한다. 아쉽게도 이 편지도 원본의 글을 찾지 못하여 더는 서간문의 내용을 알 수가 없다. 제4신의 글에서 세스뻬데스 신부는 웅천성뿐만 아니라 인근의 여러 곳을 다니면서 은밀히 선교활동에 힘쓴 노력을 기록하고 있어 그의 활동범위를 알려주는 자료이다.

제목 : "1594년 여름에 한국 땅에서 쓴 것으로 보이는 네 번째 세스뻬데스 신부의 편지"

전쟁으로 인하여 조선에 머물고 있는 가톨릭교도들을 도와서 고백성사를 주기 위하여 작년에 꼬라이에 건너간 신부는 현재 동료 수사와 함께 쑤노가미 · 아우구스티누스(小西行長을 일컬으며 아우구스티누스는 그의 세례명이다)의 요새에 거주하고 있다. 고문가이(熊川)라고 불리는 성채는 꼬라이로 들어가는 관문이다.

작년의 편지에서도 기술했듯이 이곳의 같은 성채에 아리마도노, 오무라도노, 아마꾸사도노와 그의 부하들이 머물고 있으며 피란도(平戶)의 천주교인들도 함께 있었다. 모든 일에 있어 하느님의 종으로서 매우 큰 결실을 얻었으며 요새에 있던 천주교인들을 도울 뿐만 아니라 다른 여러 군데에 머물고 있는 많은 사람들도 도왔다. 왜냐하면, 신부가 고문가이에 있음을 알고서는 여러 군데 요새로부터 천주교인들이 고백성사를 위해 모여들었고, 천주교인이 아닌 자들도 교리문답서의 설교를 듣고서는 세례를 받기도 하였다.

꾸엔비에도노 · 시몬과 그의 아들 가이노가미(黑田長政)를 알고 있는데, 이들은 꼬라이군과 인접한 중요한 전선들 중의 한 곳에 책임을 맡고 있으며, 세스뻬데스 신부가 위에서 말한 고문가이성에 머물고 있기 때문에 그에게 배 한 척과 37명의 부하를 보내서 자신의 요새로 내방해 주기를 간절히 요청하였다. 그리하여 신부와 동료수사는 그곳에 가서 15일가량 머물렀다. 꾸엔

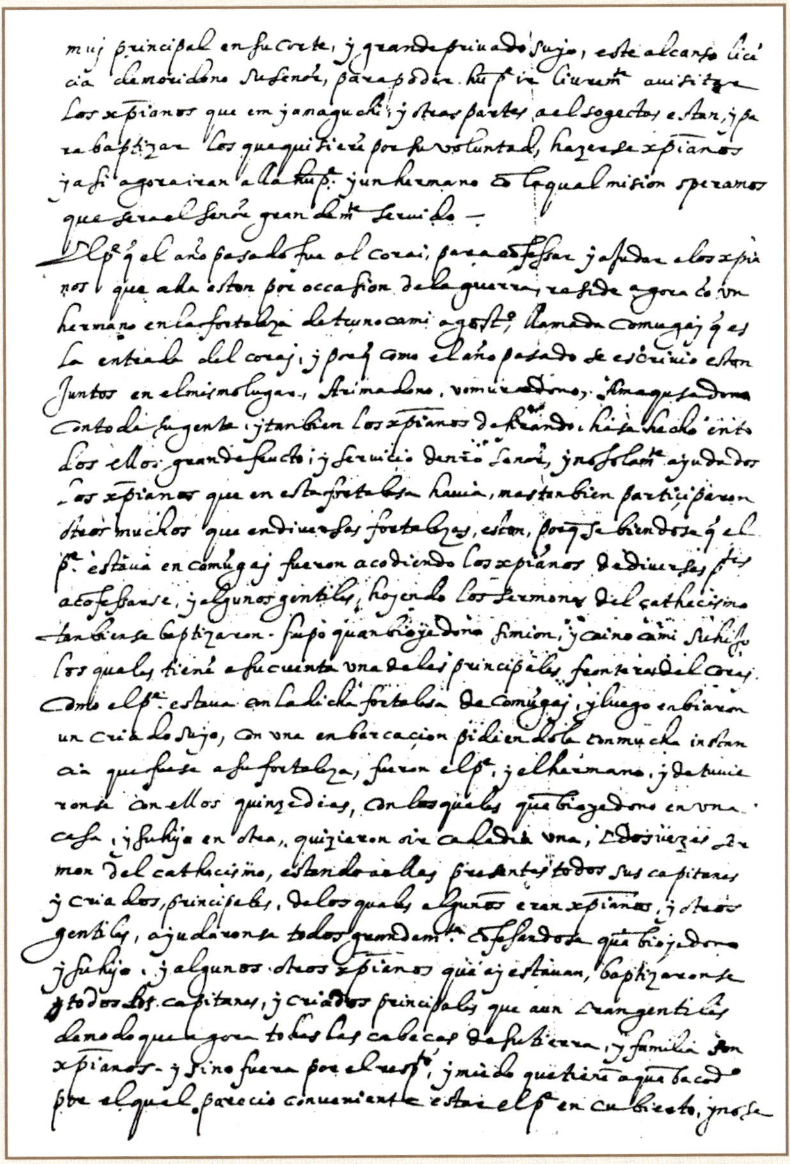
muy principal en su corte, y grande priuado suyo, este alcanço licē
cia de monidono su señor, para poder hu p^e ir libremente a visitar a
los xpianos que em yamaguchi, y otras partes a el sogectos estan, y pa
ra baptizar los que quisierē por su voluntad, hazerse xpianos
y asi agora iran alla hu p^e y un hermano en la qual mision speramos
que sera el señor gran dem^te seruido —
El p^e q el año pasado fue al corai, para confessar y ayudar a los xpia
nos que alla estan por occasion de la guerra, reside agora co vn
hermano en la fortaleza de tçunocami agost^o, llamada comugaj q es
la entrada del coraj, y porq como el año pasado se escriuio estan
juntos en el mismo lugar, arimadono, vomuradono, amagusadono
con todo su gente, y tanbien los xpianos de firando, ha se hecho entre
dos ellos grande fructo y seruicio de nro señor, y no solam^te ayudados
los xpianos que en esta fortalesa hauia, mas tanbien participaron
otros muchos que en diuersas fortalezas estan, porq sabiendose q el
p^e estaua en comugaj fueron acodiendo los xpianos de diuersas p^tes
a confessarse, y algunos gentiles, hoyendo los sermones del cathecismo
tanbien se baptizaron. supo quanbioyedono simion, y caino cami su hijo,
los quales tienē a su cuenta vna de las principales fronteras del coraj,
como el p^e estaua en la dicha fortalesa de comugaj, y luego enbiaron
un criado suyo, con vna enbarcaçion pidiendole con mucha instan
cia que fuese a su fortaleza, fueron el p^e, y el hermano, y detuuie
ronse con ellos quinze dias, con los quales que bioyedono en vna
casa, y su hijo en otra, quizieron oir cada dia vna, o dos vezes ser
mon del cathecismo, estando a ellas presentes todos sus capitanes
y criados principales, de los quales algunos eran xpianos, y otros
gentiles, ayudaronse todos grandem^te confessandose que bioyedono
y su hijo, y algunos otros xpianos que aj estauan, baptizaronse
todos los capitanes, y criados principales que aun eran gentiles
de manera que agora todas las cabeças de su tierra, y familia son
xpianos. y sino fuera por el resp^to y miedo que tiene a quabacodo
por el qual parecio conueniente estar el p^e encubierto, y no se

세스뻬데스 신부가 한국 땅에서 쓴 서간문 제4신의 사본
(로마 예수회본부 고문서 보관소)

비에도노와 그의 아들은 각자 별도의 거처를 갖고 있으며, 매일같이 하루에 한두 차례씩 교리문답서의 설교를 듣기 원했다. 그 자리에는 그의 휘하의 장수들과 중요한 가신들이 함께 참석했는데 그중에는 천주교도들도 있었고 아닌 자도 있었다. 모두가 서로서로 긴밀히 협조했으며 신부는 꾸안비에도노와 그의 아들에게 고백성사를 주었다. 그 자리에 있던 모든 천주교인들도 고백성사를 했으며 천주교인이 아닌 모든 장수들과 중요한 가신들도 세례를 받았다. 그리하여 현재는 그 휘하의 모든 중요한 사람들과 가족들까지도 천주교인이 되었다.

감바꾸도노에 대해 갖는 두려움만 아니었더라면 더 많은 사람들을 세례할 수 있었을 것이다. 왜냐하면, 신부는 은밀히 숨어 지내고 있었으며 그의 존재에 대해서는 믿을만한 사람들만이 알고 있었다. 모든 사람들이 보여주는 마음가짐과 소망들이 커짐에 따라서 꾸안비에도노는 기꺼이 하느님의 말을 따랐고 구원받기를 원하여 매일같이 일정한 시간에 하느님에게 자신을 맡기기 위하여 묵상의 시간을 가졌다. 기도를 하고 영적인 책들을 읽었는데 이러한 일들은 정확히 행하여졌다. 그의 부하들에게 이르기를 천주경을 읽는 시간에는 아무도 그를 방해하지 말기를 명령했다. 그럼에도 한 번은 어떤 전갈을 전하자 크게 꾸중을 했는데 그가 자신을 위해 명상을 갖는 시간임을 알면서 어찌 전갈을 전하고자 했느냐고 하였다. 몇 주일이 지난 후 그는 다시 세스뻬데스의 동료 수사를 불렀으며 며칠 동안을 그와 함께 지내면서 설교를 듣거나 매우 특이한 금욕생활에 대하여 궁금한 점들을 묻기도 하였다.

한편, 아우구스티누스 · 쑤노가미와 꾸안비에도노 사이에 있는 한 요새는 치꾸시도노라 불리는 영주가 포진하고 있었는데, 그의 후계자인 아들이 아리마도노의 큰딸과 혼인하기를 원하고 있었다. 그런데 그의 아들이 천주교인이 되지 않고서는 결혼을 할 수 없음을 알고 세스뻬데스 신부에게 청하기를 그의 동료 수사를 보내어서 아들에게 교리문답을 하고 세례를 주기 위해 내방해 주기를 청했다. 그러나 그때에 수사는 이미 꾸안비에도노의 요새를 향해 길을 가던 중이었으므로 요청을 받아 줄 수 없었다.

그런데 기이한 일이 벌어졌다. 수사가 배를 타고 가는 도중에 꾸안비에도노의 요새를 향해 순풍이 불어 거의 목적지에 가까이 도착했을 때 갑자기 바람의 방향이 바뀌면서 수사를 강제로 어느 항구로 들어가게 만들었는데 그곳이 바로 치꾸시도노의 요새였다. 그러한 사실을 치꾸시도노가 알고서 수사를 극진한 예의로써 맞아들였고 즉시 그에게 청하기를 자신의 아들에게 설교해 달라고 부탁하였다. 수사는 그러한 일이 거의 기적적으로 이루어진 것으로 느꼈다. 수사는 하느님이 그를 인도하여 데려온 것이라고 생각을 하며 신의 뜻으로 그가 그곳에 머물게 된 것이라고 여겼다. 수사는 치꾸시도노의 아들과 기타 중요 가신들에게 교리문답을 해 주었다.

교리를 가르친 후에 수사는 그의 갈 길을 계속했으며, 젊은 아들은 세스뻬데스 신부에게 전갈을 띄웠는데 그가 이미 교리문답을 받았으니 성스러운 세례를 받기 위하여 그곳으로 갈 것이라는 내용이었다. 신부는 날짜를 지정해 주었다. 마침 비가 억수같이 내리는 날인데도 약속을 깨트리지 않기 위하여 비를 개의치 않고 세례를 받기 위해 수사로부터 설교를 듣고 난 후, 천주교인이 되고자 원하는 신하들과 함께 고문가이로 떠나서 저녁 늦게 서야 온몸이 비로 흠뻑 젖은 채로 도착하였다. 그는 고문가이의 천주교인들로부터 감탄과 찬사를 받았으며 신부의 많은 위로와 함께 천주교인이 되었다. 그리하여 그는 매우 흡족하여 그의 요새로 돌아갔다. 이 젊은이의 아버지는 일본에 돌아가면 천주교인이 될 것을 결심했다. 그리고 그의 영토 내에 신부를 한 사람 둘 것이라 말하고 천주교를 크게 전파시킬 것이라고 했다. 그는 일본 내에서 매우 유명한 인물이고 원대한 지식을 지녔으며 한때는 매우 지위가 매우 높고 부유하고 권력 있는 영주였다."

4 한국 천주교와 세스뻬데스

1. 한국인들을 위한 복음전파

1) 한국인 포로들을 천주교도로 개종

1597년 2월 26일 자 세스뻬데스 신부의 편지에서 자신이 직접 기술한 바처럼 그는 한국 땅에 1593년 12월 27일부터 약 일 년 동안 체류하였다. 약 2,000명의 일본인 천주교 병사들을 중심으로 세스뻬데스 신부는 그들에게 강론을 하고 세례를 해주었다. 앞에서 이미 지적한 바대로 세스뻬데스 신부의 방한은 단순히 일본인 천주교 대명과 병사 2,000여 명을 위한 복음전파사업 말고도, 예수회 선교사들이 1571년부터 계획하기 시작했던 한국 땅에 복음전파의 숙제를 실천에 옮길 계획도 있었을 것으로 사료된다. 그러한 측면에서 우리는 세스뻬데스 신부의 방한 기간에 한국인과의 접촉 가능성을 조명해 볼 필요가 있다. 물론 그의 방한 기간에 불교도 대명의 밀고에 의해 일 년 만에 끝나는 바람에 충분히 원래의 의도와 계획을 수행할 시간이 없었을 것이나 최소한 일본군 요새 내에 붙잡혀 있던 수많은 전쟁포로들과의 접촉 가능성은 크다고 본다.

지금까지 자료만으로는 신부가 한국인들에게 복음전파 사업을 했는지에 관한 직접적인 기술을 충분히 찾을 수 없었다. 왜냐하면, 발견된 자료와 편지에 의하면 세스뻬데스 신부는 단지 일본군의 요새 주위에서만 복음을 전파하였다고 생각할 수밖에 없다.

본인이 발굴한 한국 땅에서 쓴 네 통의 편지에서는 한국에 대한 직접적인 기술이 매우 적으며, 부분적으로 다음과 같은 내용만을 찾아볼 수 있었다.

> "많은 전리품과 황금제 병풍들……조선의 추위는 매우 혹독하여 일본의 것과는 비교도 안 되며, 하루 종일 손발이 반쯤은 마비되어 버리고 아침에는 미사를 올리기 위하여 거의 움직일 수도 없습니다.…"

한국 땅에 일 년 동안 머물고 있는 동안 세스뻬데스 신부는 그곳에서 일어나고 있는 모든 상황을 일본에 낱낱이 보고하였을 것은 자명한 이치인데 세스뻬데스의 친필 서간문 발굴이 어려움에 따라, 하는 수 없이 그 당시 동료 선교사들이 남긴 자료를 통해서 세스뻬데스 신부의 한국인과의 접촉 사실을 간접적으로 살펴보기로 하겠다.

우선 루이스 · 데 · 구스만은 『선교사들의 이야기』에서 상당수의 한국인 포로가 시모(九州)지역에서, 특히 아리마(有馬)와 오무라(大村)에서 세례를 받았다고 기술하고 있다.

"신부들의 계산에 의하면, 1594년 3월부터 10월까지 나가사키(長崎) 항구와 토키쯔(時津), 콩가, 콘꾸라로 불리는 세 곳의 수도원에서 12,365명이 고백성사를 보았으며, 900명이 세례를 받았고, 그들의 대부분이 한국인들이었다. 이들은 오무라의 대명인 돈·산쵸가 보낸 사람들이었다. 1595년 동안에 고백성사를 본 사람의 숫자가 5,5000명에 이르렀는데 왜냐하면, 천주교도들은 성탄절을 지내면서 각별한 위안과 신앙심을 받았기 때문이다."

또한, 아리마 지역에도 천주교 대명들이 보낸 상당수의 한국인 포로들이 도착하였으며 그들의 대부분은 예수회 신부들에 의하여 세례를 받았다. 루이스·데·구스만은 다음과 같이 기술하고 있다.

"대명들이 한국에서 보낸 많은 포로들이 오무라(大村) 왕국과 아리마(有馬) 왕국에 있었으며, 그들은 천성이 아주 착한 사람들이었기 때문에, 신부들은 중국 글자와 똑같은 그들의 글자를 읽고 쓸 줄 아는 몇 명의 소년들을 뽑아서 신앙교육을 받게 한 후에 그들로 하여금 그 내용을 그들의 언어로 번역하도록 했다. 1594년에는 2,000명 이상의 한국인이 세례를 받았고, 1595년에는 마침내 그 지역에 있던 모든 사람이 세례를 받게 되었다."

이 세례의 사실로 보아서, 상당수의 한국인이 전쟁 동안 일본으로 잡혀갔음을 알 수 있으며 그들 중 많은 수가 예수회 신부들에 의해 교회로 받아들

HISTORIA

DE LAS MISSIONES QVE HAN HECHO LOS RELIGIOSOS DE LA COMPAÑIA DE IESVS, PARA PREDICAR EL SANCTO

Euangelio en la India Oriental, y en los Reynos de la China y Iapon.

ESCRITA POR EL PADRE LVIS de Guzman, Religioso de la misma Compañia.

PRIMERA PARTE

EN LA QVAL SE CONTIENEN SEYS LIBROS tres de la India Oriental, vno de la China, y dos de Iapon.

DIRIGIDA A DOÑA ANA FELIX DE GVZMAN, Marquesa de Camarasa, Condesa de Ricla, Señora del Adelantamiento de Caçorla.

Año  1601

CON PRIVILEGIO.

EN ALCALA, por la Biuda de Iuan Gracian.

루이스 · 데 · 구스만의 저서 "선교사들의 이야기"의 표지
(1601년 Alcalá에서 간행)

여졌음을 짐작할 수 있다.

한편, 『일본 개요 부록편』에서 일본에서의 천주교와 노예제도 문제에 관하여 다음과 같은 기술이 나오고 있어 참고하고자 한다.

> "노예제도의 시행이 발리그나노 신부의 주재 하에 열린 나가사키 협의에서 거부되었으나, 히데요시의 한국 침공으로 인하여 규슈(九州)에는 많은 한국인 포로가 들끓게 되었다. 1593년에는 나가사키에서 300여 명의 한국인 남녀 노예들이 세례를 받았다."

또한, 루이스 · 프로이스는 그가 쓴 『일본의 역사』에서 다음과 같이 말했다.

> "시모(九州)에는 상당수의 한국인 포로들이 있으며, 그들은 이제 메아꼬(京都)와 그 밖의 다른 지역으로 이송될 것이다."

2) 세스뻬데스와 한국인 포로들

앞에서 기술한 바 있지만 세스뻬데스 신부는 일본 남부의 규슈(九州) 지역, 특히 그가 좋은 친분 관계를 유지하고 있던 천주교 대명들인 아리마도노와 오무라도노의 영지에서 여러 해를 보냈었다.

세스뻬데스 신부가 한국에서 쓴 편지는 아리마(有馬)와 오무라(大村)의 영주는 물론 그 외 여러 명의 천주교 대명들과 우호적인 관계를 맺고 있었다는 것이 언급되어 있다.

"나에게 첫 번째로 찾아온 인물은 돈 · 바르똘로메 · 데 · 오무라의 아들인 세바스띠안으로 자기 형 돈 · 산쵸에 의해 보내졌는데 그는 그 후 가끔 나를 찾아왔습니다. 수모또도노와 돈 · 후안 · 데 · 아마꾸사도 그들의 뒤를 이어서 나를 방문하였습니다. 돈 · 쁘로따시오 아리마 영주는 자기 동생인 돈 · 산쵸에게 자기를 대신하여 나를 방문해 줄 것을 요청했으며 또 나에게 약간의 음식을 선물로 보냈습니다."

또한, 한국에서 쓴 두 번째 편지에서 세스뻬데스는 규슈의 천주교 영주들과의 계속되는 접촉을 다음과 같이 언급하고 있다.

"아우구스티누스는 가끔 나를 방문했으며 그 외에도 돈 · 쁘로따시오, 돈 · 산쵸 · 데 · 오무라, 그리고 돈 · 후안 · 데 · 아마꾸사도 찾아오는데 이들은 모두 중요한 인물들입니다."

이러한 점에서 볼 때 세스뻬데스 신부는 일본의 요새에 있던 다수의 한국인 포로들과 분명히 접촉했을 것으로 추정되며, 그와 친분이 있던 천주교 대명들의 영지로 그들을 보내기 전에 한국인들과 접촉했을 것으로 생각할 수 있다. 또한, 그들이 일본으로 보내진 시기가 세스뻬데스 신부가 한국에 체류했던 기간과 일치하고 있음에 접촉의 사실은 불가피한 일이었다고 볼 수 있다.

일본에 있던 선교사들은 한국인과 접촉을 통해서 한국인들이 매우 재주가 있고 총명하며 천주교 신앙을 잘 수용하고 있음을 그들의 기술에서 밝히고 있다.

"한국으로부터 천주교 대명들이 보내온 약 1,000명의 한국인 전쟁 포로 이외에도, 규슈(九州) 지방에서 새로이 2,180명의 사람들이 신앙교육을 받은 후에 세례를 받았다. 이들 한국 사람들은 영리하여 이해를 잘하므로 천주교 개종이 매우 순조로웠다. 그들을 훌륭히 교육하는데 있어, 한국어를 잘 구사하는 어린 소년들이 신부에게는 큰 도움이 되었다."

이러한 기술에서 우리는, 흥미 있는 사실을 한 가지 발견할 수 있다. 선교사들에게 보내어진 한국의 포로들 가운데 나이 어린 아이들이 많았다는 사실이다. 규슈(九州)의 대명과 세스뻬데스 신부는 한국 어린아이들을 천주교도로 만들면서 종교, 문화교육을 시키려고 했다. 그것은 언젠가는 천주교도가 된 조선 어린이들이 그들 자신의 나라에서 하느님의 말씀을 전파해 줄 것으로 기대했기 때문이다.

3) 세스뻬데스가 구출한 한국아이

한국 땅에서 일본으로 돌아가는 도중에 세스뻬데스 신부는 또다시 쓰시마섬을 들렀는데, 그곳에서 아우구스티누스의 딸이자 쓰시마 도주의 부인인 마리아의 집에 포로로 잡혀 온 두 명의 한국인 아이들을 보고서 그는 일본에 있는 예수회 신학교로 그 두 어린이 중의 한 명을 데리고 갔다.

루이스 · 데 · 구스만은 이 사건에 대해서 다음과 같이 언급하고 있다.

"그레고리오 · 데 · 세스뻬데스 신부는 그의 동료와 한국 땅에서 일본으로 돌아가는 도중에 쓰시마 섬에 다시 들러서 아우구스티누스의 딸이자 도주의 부인인 마리아의 고백성사를 받고 또한, 50여 명의 이교도들에게 세례를 주었다. 세스뻬데스 신부는 그곳에서 오래 머물 수 는 없었다. 왜냐하면, 조선에 있는 병사들에게 물자를 공급하는 일을 지휘하는 감독관들 중에 다이꼬사마의 부하들이 많았기 때문이었다. 도냐 · 마리아 부인에게 그녀의 남편이 매우 어리지만, 기품이 있는 아이들 두 명 포로로 보내왔는데, 한 아이는 꼬라이 왕의 신하의 아들이었다. 이들은 아주 귀엽게 생겨서 도냐 · 마리아는 가엾게 여겨 말하기를 두 아이를 포로로 생각할 수 없다고 했으며 그리하여 그들을 자신의 자식처럼 생각하며 교회에 바쳤다. 둘 중에 나이가 많은, 왕의 신하의 아들은 신부를 따라 신학교에서 수학하기 위하여 보내졌으며 또 다른 아이는 아직 나이가 어려 나이가 찰 때까지 그의 집에서 기른 후 보내기로 하였다."

세스뻬데스 신부에 의해 일본의 신학교로 데려온 어린이는 비센떼(Vicente)라는 세례명을 받았으며, 신부들에 의하여 교육을 받았고 나중에는 훌륭한 교리 강론자가 되었다. 비센떼는 1614년에 후안 · 바우띠스따 · 솔라 신부와 함께 북경으로 가서 북쪽의 국경선을 통하여 한국 땅으로 들어가려고 4년 동안 머무르면서 국경을 넘어갈 기회를 엿보았으니 뜻을 이루지 못한 채 결국 1620년에 일본으로 돌아갔다. 비센떼는 교리강론자로서 계속 선교활동에 종사하다가 1625년 12월 22일 시마바라(島原)에서 후안 · 바우띠스따 신부와 그 외 여러 천주교 신자들과 함께 체포되었다. 감옥에 있으면서 그는 그 당시 일본 예수회 관구장인 프란시스코 · 빠체코 신부에 의하여 예수회에 받아들여졌다. 비센떼와 그의 동료들은 1626년 6월 20일 나가사키에서 화형을 당하여 순교하였다.

이처럼 한국 땅에서 돌아온 이후, 세스뻬데스 신부는 한국인들에게 복음을 전파하기 위한 그의 꿈을 절대로 포기하지 않았다. 비센떼는 그러한 노력의 좋은 본보기 중의 하나였다. 임진왜란 중에 수많은 한국인 포로가 일본 땅으로 잡혀간 것은 잘 알려진 사실이다. 규슈 지방에서예수회 선교사들은 천주교 대명들과 협조하여 한국인 포로들을 천주교 신자로 만들었고 어린 아이들의 경우는 신학교에서 교육을 시키기도 하였다. 이러한 한국인들 중에 천주교 신자가 되어 일본 땅에서 순교를 한 사람이 여러 명 있는 것으로 알고 있는데, 특히 필자가 새로 발견한 사실은 17세기 스페인의 극작가 로뻬·데·베가(Lope de Vega)의 작품 『일본 왕국에 서서 신앙의 승리』(Triunfo de la fe en los reinos del Japón)에서 1614년 일본의 천주교 박해 중에 미겔·데·꼬레아(Miguel de Corea)와 뻬드로·데·꼬레아(Pedro de Corea)라는 두 한국인이 고치노츄(口之津)에서 순교하였다고 기술되어 있다. 이것이 우리의 교회사 속에는 잘 기억되지 않으나 오히려 스페인의 문학 작품 속에서 한국인 순교자의 이름이 서술되고 있어, 비록 당시 한국 땅에서 직접적인 복음전파가 이루어지지 않았을지라도 수많은 한국인들이 일본 땅에서 열렬하게 천주교에 앞장섰음을 다시금 기억하게 해 주는 자료라 아니할 수 없다.

2. 루이스·데·구스만의 문학적 증언

한국 땅에서 그레고리오·데·세스뻬데스 신부의 선교활동에 관하여는 주로 루이스·데·구스만(Luis de Guzmán)의 『선교사들의 이야기』(Historia de las misiones) 속의 기술을 통하여 간접적으로 접근할 수 있다. 그리하여 구스만 신부의 책 속에 기술되어 있는 세스뻬데스 신부의 한국 방문에 관한 부분을 소개해보기로 한다.

루이스 · 데 · 구스만(Luis de Guzmán) 신부는 1543년 스페인 북부 빨렌시아(Palaencia) 지방에서 출생하였다. 예수회 소속의 신부인 그는 자신이 직접 동양의 땅을 밟지 않고서, 인도 및 중국과 일본 등지에서 동료 선교사들의 눈부신 활동을 중심으로 하여 16세기 동양에 대한 기술을 역사적으로 상세히 적어 출간하였다. 1601년 스페인의 '알깔라 · 데 · 에나레스' 에서 출간된『선교사들의 이야기』(Historia de las misiones)는 모두 예수회 선교사 신부들의 서간문과 연례보고서 등에 근거를 둔 것으로서, 그중 12권 째에서 우리 민족의 역사적 아픔인 임진왜란을 일으킨 히데요시의 야망과 움직임을 적고 있다.

특히 그의 책 12권 14장에서는 "한국인들은 온순하고 영리하며 흰색의 피부를 갖고 있으며 활을 쏘는 데 능숙하고 그들이 사는 집은 기와로 덮여 있고 어떤 집들은 초가로만 되어 있기도 한데, 이 나라는 추운 날씨 때문에 화로를 사용한다."라고 기술을 하면서 16세기 당시 한국인의 모습을 적어 서구인들에게 알리고 있다. 물론 구스만 신부는 동양을 실제로 직접 보지 않고 동료 선교사들의 자료를 근거로 하여 썼기 때문에 가끔 부정확한 점들을 발견할 수 있지만, 전체적으로는 매우 짜임새 있고 훌륭하게 16세기 동양의 모습을 알려주고 있다.

구스만은 그의 책 『선교사들의 이야기』제12권 제27장에서 그레고리오 · 데 · 세스뻬데스 신부의 방한 사실을 기술하고 있는데 이를 볼 때 구스만은 세스뻬데스 신부의 서간문을 토대로 하여 썼음을 알 수 있는데, 그의 기술을 통하여 발굴되지 않은 세스뻬데스 신부의 서간문을 짐작해 볼 수 있겠다. 이런 점에서 루이스 · 데 · 구스만이 기술한 그레고리오 · 데 · 세스뻬데스에 관한 부분을 발췌하여 소개하기로 한다.

1) 선교사들의 이야기

1594년 그레고리오 · 데 · 세스뻬데스 신부는 쓰시마섬을 거쳐서 꼬라이(Coray)로 갔다. 왜냐하면, 한국에 있던 아우구스티누스와 여러 천주교 신자 대명들이 고백성사와 설교를 해줄 신부 한 사람을 보내줄 것을 뻬드로 · 고메스 신부에게 요청했기 때문이다.

세스뻬데스 신부는 쓰시마섬에 도착하자 돈 · 아우구스티누스의 딸이자 도주의 부인인 도냐 · 마리아의 융숭한 영접을 받았다. 그가 섬에 머무는 동안에 일기가 나빠서 즉시 꼬라이로 갈 수 없었다. 그리하여 며칠 동안 지내면서 도냐 · 마리아를 비롯하여 천주교도인 모든 집안 식구들의 고백성사를 받았으며 또한, 이교도들과 그 섬의 중요인사들에게도 설교를 했는데, 그때까지 꼬라이와의 전쟁으로 인하여 하느님의 말씀을 그들에게 들려주지 못하였던 것이다. 그리하여 도냐 · 마리아의 남편인 도주가 머물고 있는 며칠 동안에 일반 평민을 제외하고도 무려 20여 명의 중요 인사들에게 세례를 주었던 것이다.

날씨가 평온을 되찾자 신부는 꼬라이를 향해 떠났으며 곧 돈 · 아우구스티누스의 요새에 도착하였다. 마침 돈 · 아우구스티누스가 부재중이었지만 그의 동생인 돈 · 비센떼가 신부를 맞아들였다.

그러나 이틀 후에 돈 · 아우구스티누스는 쓰시마 도주와 여러 장수들을 대동하고 요새로 돌아왔다. 쓰시마 도주는 신부에게 자신의 땅에서 많은 사람들에게 세례를 베풀어준 사실에 대하여 감사를 표시하였으며 자신의 부하들이 있는 요새에 와 달라고 요청하였다. 왜냐하면, 그의 부하 중에는 많은 수가 설교를 듣기 원했으며 성스러운 세례를 받기 원했기 때문이었다.

세스뻬데스 신부는 자신이 돈 · 아우구스티누스와 그의 부하들에게 고백성사를 베푸는 동안에 그의 동료를 파견하여 교화시키도록 했으며, 그 자신은 후에 그들에게 세례를 주기 위해 방문할 것임을 약속하였다. 며칠 후 시간이 되어서 세스뻬데스 신부는 쓰시마 도주의 요새로 가서 도주의 조카를 비롯하여 여러 명의 장수에게 세례를 주었다. 그리고 그들에게 내세의 구원에 관한 설교를 하였다. 모든 천주교도 병사들이 일본을 떠나 온 후로 설교나 고백성사를 하지 못하였기 때문에 그들의 기쁨은 매우 컸다. 그러함에 신부와 그의 동료는 병사들에게 만족을 안겨주기 위하여 밤낮으로 바쁘게 활동해야만 했다.

2) 남해안의 12개의 요새

앞에서 그레고리오 · 데 · 세스뻬데스 신부가 한 명의 수사와 함께 어떻게 꼬라이에 있는 돈 · 아우구스티누스와 기타 여러 가톨릭 대명들을 방문했는가를 기술하였다. 1595년이 되도록 화평의 노력은 아직 결실을 못 맺고 모든 일본군은 꼬라이의 해안선에 주둔하고 있었는데 그 무렵 이룩한 가톨릭의 성과를 얘기하고자 한다.

다이꼬사마(豊臣秀吉)가 꼬라이의 해안에 만들도록 명령한 12개의 요새들 가운데에서 가장 규모가 큰 3개는 가톨릭 대명들의 것이었다. 제1요새는 돈 · 아우구스티누스가 머물고 있었으며 또한, 아리마(有馬), 오무라(五村), 피란도(平戶), 고또(五島) 및 아마꾸사(天草)의 대명들이 함께 있었다.

이 요새 내에서는 대부분 사람들이 천주교도들인지라 설교와 대담과 함께 받는 위안은 더욱 특별했으며, 미사와 고백성사가 일상적으로 행하여졌다.

제2요새는 돈 · 아우구스티누스의 사위인 쓰시마섬의 도주가 머물고 있었는데 그의 세례명은 다리오(Dario) 쓰시마도노였으며 이곳에서도 많은 결실을 거두었다. 왜냐하면, 도주는 그의 부하들의 개종을 적극적으로 원했으며 1595년에 들어서는 그를 따르는 섬의 주요 신하들 모두가 천주교도가 되어 자신들의 내세 구원에 관한 모든 것을 철저히 알고자 노력하였다. 신부와 동료수사가 행하는 통상적인 대담과 설교 외에, 일본어로 쓴 천주교의 믿음과 종교의 본질을 요약해 놓은 10장의 인쇄된 소책자를 읽었다. 왜냐하면, 이를 읽음으로써 설교에서 들었던 것을 더 잘 기억할 수 있었기 때문이다.

제3의 요새는 부젠(豊前)의 왕인 돈・시몬・꼰데라의 책임 하에 있었는데, 그의 아들 가이노 가미도노(黑田長政)도 함께 있었다. 그들은 공무가 한가한 때를 이용하여서 15일간 세스뻬데스 신부와 그의 동료 수사를 모시고 그들의 영혼에 관한 일들을 얘기하면서, 그들이 느낀 모든 것들에 대하여 질문하였다. 하느님의 교리에 관한 많은 특별한 일들을 무척이나 알고 싶어 하였는데, 의무적으로 해야 할 일들뿐만 아니라 자신들의 이익을 위해서 도움이 될 일들에 대해서도 알고 싶어 하였다.

그들은 매일같이 설교를 들었으며, 어떤 날에는 아침과 오후 두 번씩 듣기도 했다. 즐거움과 감정이 매우 각별하였음에 하느님은 돈・시몬・꼰데라에게 교리와 신성한 기적들을 알게 하였는데, 그는 다른 일들에 관하여는 논의하기조차 싫어했다. 그는 모든 교리들을 천천히 숙고해 보기 위하여 매일같이 일정한 시간을 방에 홀로 앉아서 신앙에 관한 책들을 읽었고 그러는 시간 동안에는 어느 사람도 그를 방문하지 못하도록 명령을 하였다.

돈・시몬・꼰데라는 이러한 일을 세스뻬데스 신부가 한국 땅에 있는 전기간 동안에 아주 정확하게 시행하였다. 그는 아주 명성 있는 대명이며 중요한 장수임에도 불구하고, 매일같이 전쟁에 몰두하면서도 교회가 지시하는 모든 날에는 반드시 금식하였다.

이러한 일은 그가 행하는 은밀한 규율을 동반하였고, 그러한 본보기를 따라서 그의 아들과 가신들도 똑같이 행하였다.

돈・아우구스티누스의 요새와 꼰데라의 요새 중간에 있는 또 다른 요새에는 그의 소유 하에 있는 시모(九州) 지방의 또 다른 이교도인 히꾸지도노라 불리는 대명이 있었는데, 그는 인품에 있어서나 수입에 있어서 매우 큰 인물이었다. 그는 시모 지방의 여러 천주교도 대명들과 교분을 갖기를 원했다. 이러한 일을 입증하기 위하여 그는 돈 · 아우구스티누스의 협조로 그의 후계자인 아들을 돈 · 쁘로따시오왕의 딸과 결혼시키고자 하였다.

그런데 그의 아들이 이교도이므로 결혼이 성립될 수 없음을 알고서는, 그 자신의 아들에게 설교를 들을 것을 설득하였다. 젊은 아들은 설교를 듣기 시작하였는데, 처음에는 그 아버지의 소원을 들어주기 위한 뜻으로 했지만, 나중에는 자신도 열중하게 되었으며 진실에 감동되어서 결혼문제를 떠나서라도 자신이 스스로 천주교인이 되기로 마음을 먹었다. 이에 그레고리오 · 데 · 세스뻬데스 신부는 그에게 세례를 주었으며 이때에 그의 수하에 있는 아주 높은 신하들에게도 함께 세례를 주게 되었다. 높은 지성과 분별력을 가진 그의 아버지는 한국 땅에서 그의 고향인 치궁고(Chicungo) 왕국으로 돌아간 후에는 자신도 천주교도가 되겠다고 약속하였다.

붕고(豊後) 출신의 무사가 있었는데 그는 한국 전쟁에 참여하는 동안에 수많은 한국의 어린아이들이 부모를 잃고 죽어가는 것을 아주 가슴 아프게 여겼다. 그리하여 그 자신이 그 아이들에게 세례를 해 주었는데 왜냐하면, 그들의 육신을 구제할 수는 없었지만 그들의 영혼만은 구제하고자 했던 것이다. 그래서 거의 죽음에 직면한 모든 어린이들을 보는 대로 세례를 주었다. 이 일을 위하여 그는 언제나 허리에 물병을 찬 하인을 데리고 다녔다. 이러한 방식으로 그는 200명 이상의 영혼을 하늘나라로 보냈다. 만일 다른 천주교도들이 그러한 일을 알았더라면, 그들 역시 이와 같은 봉사를 하느님을 위하여 했을 것이다.

3) 소서행장과 가등청정의 반목

한편, 한국 땅에 있는 천주교도들과 이교도들까지도 이 같은 착한 일을 하는데 이를 방해하는 악마 같은 자가 있었다. 돈 · 아우구스티누스에 대하여 반기를 들고 큰 위험을 불러일으켜 그를 방해하고자 하는 적은 도라노스께(加藤淸正)였다.

그는 항상 돈 · 아우구스티누스의 승리와 전공을 시샘하였는데 어떻게 하든지 다이꼬사마로부터 돈 · 아우구스티누스에 대한 총애를 끝장내려고 갖은 짓을 다 하였다. 그러던 중에 돈 · 아우구스티누스가 다이꼬사마의 명령에 반하여 꼬라이 땅에서 신부가 공연히 병사들을 모아놓고 하느님의 교리를 설교하게 하는 것을 알아차리고서, 다이꼬사마에게 이러한 일을 고자질하여 그의 뜻한 바를 달성할 좋은 기회로 삼았다.

돈 · 아우구스티누스는 도라노스께가 원하는 바가 무엇인지를 잘 아는지라 모든 천주교도 병사들과 장수들에게 조심할 것을 당부했다. 왜냐하면, 이교도인 도라노스께가 이 사건을 그가 의도한 바와 같이 마음대로 고자질하게 되고 어떻게 한국 땅에 신부들이 왔는지를 증명한다면, 다이꼬사마의 급작스러운 분노와 화가 어떻게 변덕을 부릴지 두려웠고 따라서 돈 · 아우구스티누스와 모든 가톨릭교도 전체가 큰 박해와 화를 입을지 모르는 일이기 때문이다.

그러나 돈 · 아우구스티누스는 용기가 있고 매우 착실한 천주교 신자여서 그는 하느님의 은총을 굳게 믿고 있다고 말을 하면서 모든 사람들을 위로하였다. 실제로 그가 말한 대로 모든 일은 잘 해결되었다. 그는 예전에도 여러 차례에 걸쳐 어려운 시련을 겪어 넘겼듯이 이번에도 그러하였는데, 그 경위는 이제 얘기하겠다.

여하튼 모든 천주교 대명들에게는 우선 세스뻬데스 신부와 그의 동료 신부가 나가사키로 되돌아가는 것이 좋다고 여겼다. 왜냐하면, 만일 다이꼬사마가 사람을 보내어서 그곳에 신부가 있는지를 조사하게 되더라도 아무도 찾지 못하도록 하기 위해서였다. 그런데 얼마 후 다이꼬사마가 돈 · 아우구스티누스를 후지미(伏見)로 불러 한국에 관한 몇 가지 일들을 얘기하고 싶다고 전해 왔다. 어느 날 돈 · 아우구스티누스는 다이꼬사마와 환담을 하게 되었고, 매우 신중한 인물인 돈 · 아우구스티누스는 대화 중에 다음과 같은 얘기를 말하였다. 어떻게 나가사키 항구에 1595년에 중국(마카오를 말함)으로부터 배가 도착했는지에 관한 것과 1594년에 왜 배가 도착하지 않았는지에 대한 이유를 알고자 하여 이러한 문제의 확실한 전모를 다이꼬사마에게 상세히 보고하고자 나가사키에 있는 그가 잘 아는 신부 한 명을 꼬라이로 불렀다고 말했다. 왜냐하면, 신부들은 포르투갈인들과 소통이 잘 되었으며, 또한, 그들의 의도와 계획을 특별히 알고 있기 때문이었다고 덧붙였다. 그러한 근거에서 1594년에 배가 도착하지 않은 이유를 다이꼬사마에게 설명했고, 다이꼬사마는 돈 · 아우구스티누스가 행한 기민함에 매우 흡족해 하였다.

이로써 도라노스께나 다른 누구도 다이꼬사마에게 고자질하여도 믿지 않게 됨에 따라 고자질할 문이 닫혀버렸다. 도라노스께는 돈 · 아우구스티누스가 일을 잘 넘기고 신부들의 방문을 허락한 일에 대한 해결을 알고서는, 다이꼬사마의 환심을 사기보다는 분노를 살까 두려워서 더 이상 고자질할 엄두를 못 내었다. 그레고리오 · 데 · 세스뻬데스 신부는 그의 동료와 한국 땅에서 돌아가는 도중에 쓰시마 섬에 다시 들러서 돈 · 아우구스티누스의 딸이자 도주의 부인인 도냐 · 마리아의 고백성사를 받고 또한, 50여 명의 이교도들에게 세례를 주었다. 세스뻬데스 신부는 그곳에서 오래 머물 수는 없었다. 왜냐하면, 꼬라이에 있는 병사들에게 물자를 공급하는 것을 감독하는 다이꼬사마의 부하들이 많았기 때문이었다.

도냐 · 마리아 부인에게 그녀의 남편이 매우 어리지만, 기품이 있는 아이를 두 명 포로로 보내왔다. 그런데 한 아이는 꼬라이왕의 신하의 아들이었는데 이들은 아주 귀엽게 생겨서 도냐 · 마리아는 가엾게 여겨 말하기를 두 아이를 포로로 생각할 수 없다고 했으며, 그리하여 그들을 자신의 자식처럼 생각하며 교회에 바쳤다.

둘 중에 나이가 많은, 왕의 신하의 아들은 신부님을 따라 신학교에서 교육받기 위하여 보내졌으며, 또 다른 아이는 아직 나이가 어려 나이가 찰 때까지 그의 집에서 기른 후 보내기로 하였다. 이상의 얘기가 1595년 일본에서 일어났던 일들이다.

3. 세스뻬데스 신부의 역사적 평가

스페인과 포르투갈인들을 중심으로 한 유럽예수회 선교사들에 의하여 처음으로 동양과 서양의 문화적 접촉이 16세기에 이루어졌음은 명백한 사실이다. 그러나 서구 선교사들은 1592년 전까지는 한국에 대해서 올바르게 알지도 못했으며, 접근조차 이루어지지 못했다. 당시 조선 왕국은 임진왜란을 계기로 하여 굳게 닫혔던 문호가 타의에 의해서 열렸고 전쟁을 통하여 그때까지 가려졌던 베일이 서서히 걷히기 시작했다. 이때를 놓치지 않고 일본에서 활동 중이던 서구 선교사들은 한국에 대하여 관심을 두고 전쟁의 상황과 아울러 한국에 대한 기술을 하게 되었다. 그리하여 세스뻬데스 신부도 1593년 12월에 전쟁을 계기로 한국 땅을 밟게 되는 최초의 서구인이 되었으며, 머무는 동안 보고 들은 당시 상황을 글로 적은 서간문을 남겼다. 이런 점에서 그레고리오 · 데 · 세스뻬데스 신부를 포함한 예수회 선교사들은 16세기에 처음으로 한국의 존재와 모습을 정확하게 서구에 알린 주인공들임이 틀림없다.

본 연구에서 지금까지 전혀 알려지지 않았던 세스뻬데스 신부의 출생과 가계에 대하여 처음으로 직접적인 자료 발굴을 통하여 새로운 사실을 밝혀낸 것이 큰 수확이라 하겠다. 오늘날 국내 문헌에 포르투갈인으로 잘못 알려져 왔던 세스뻬데스 신부가 1551년 당시 스페인의 마드리드 시장의 아들로서 출생하였다는 사실을 발견하게 된 것은 한국 · 스페인 양국 간의 첫 역사적 접촉의 흔적에서도 더욱 큰 의미를 던져 준다고 하겠다. 또한, 지금까지 부정확하게 기술되어 온 세스뻬데스 신부의 방한 일자, 방한 기간, 방한 활동들을 그의 서간문 발굴을 통하여 올바르게 정립하였으며, 앞으로 역사와 교회사 문헌에 참고가 될 줄로 믿는다.

세스뻬데스 신부의 방한은 천주교 일본 대명들의 주선에 의해 은밀하게 이루어진 것인데, 국내 문헌에서는 임진왜란 중 일본군의 종군신부라고 기술한 것은 잘못이라고 본다.16세기까지 외부세계와 접촉을 하지 않으면서 닫혀 있던 한국 땅을 세스뻬데스 신부는 전쟁을 계기로 일본군을 따라 왔었지만 그것은 한낱 동기에 지나지 않으며, 그가 한국 땅에서 남긴 기록들은 우리에게 긍정적이고 매우 귀중한 자료라 아니할 수 없다. 그의 서간문에서는 직접적인 기술을 발견할 수 없었지만, 그 당시 동료 선교사들의 기록을 통해서 볼 때, 세스뻬데스 신부는 한국 땅에서 최소한 전쟁포로들과는 접촉했을 것으로 보며, 일본으로 돌아가서도 계속 한국인들에게 전교활동을 했다고 볼 수 있다. 세스뻬데스 신부의 방한 사실이 1년 만에 도요토미 히데요시(豊臣秀吉)에게 발각되지만 않았더라면 더 오랫동안 체류하면서 한국 천주교사에 큰 흔적을 남겼을 것이 틀림없다.

여기서 우리는 세스뻬데스 신부가 한국 땅에서 남긴 4통의 서간문을 크게 두 가지 면에서 그 중요성을 살펴볼 수 있다. 먼저 16세기의 중요한 역사적 사건인 임진왜란을 목격하고 이를 기록했다는 점에서 역사적 자료로써 중요하며, 둘째로는 서구인으로서 한국 땅에서 기술한 최초의 문학적 기록이라는 점이다. 이러한 서간문의 기록은 한국과 일본 양국에 역사적으로 가치가 매우 클 뿐만 아니라 이를 지금까지 망각하고 있는 스페인에게도 그들 자신의 선조가 16세기에 극동에서 이룩한 업적들이라는 점에서 역사적 의의가 크다고 본다. 한국 땅에서 쓴 4통의 서간문에서 나타나듯이 세스뻬데스 신부로서 중도적 입장과 선교사 정신에 따라 객관적으로 기술하고 있음을 볼 수 있다. 그는 도착 즉시 한국 땅에서 평화의 정착을 기원하면서 화평교섭에 큰 관심을 보였다.

글을 통하여 고니시 · 유키나가(小西行長)를 화평주위자로, 가또 · 기요마사(加藤清正)를 호전적 인물로 그리고 있다. 또한, 전쟁을 일으킨 장본인 도요토미 히데요시(豊臣秀吉)에 대하여 노골적으로 부정적인 태도로 비난하고 있다. 한국 땅에서 쓴 4통의 서간문은 모두 세스뻬데스 신부의 친필 서간문이 아니라 스페인어 편지를 포르투갈어로 번역한 것이며, 내용도 전문이 아니고 부분 문이라는 점을 밝힌다. 특히 4통의 서간문 기록들은 유럽의 도서관에서 직접 발굴 소개하여서 더욱 의의가 있다고 본다. 아무튼, 세스뻬데스 신부는 16세기에 한국 땅을 최초로 밟은 서구인이며, 또한, 그는 직접 한국 땅에서 한국을 서구에 전하는 문학적 기록을 남겼음에 그 중요성이 있다.

임진왜란이 우리에게 불행한 역사의 기억이었다고 해서 이를 역사 속에서 지울 수는 없다. 마찬가지로 그러한 전쟁을 계기로 하여 방한한 최초 서구인의 흔적과 의미를 간과해서도 안 될 것이다. 세스뻬데스 신부가 남긴 기록들을 통해 역사적 사건을 재음미하고, 올바른 역사의 교훈을 얻는 것이 바람직하다고 하겠다.

오늘날 스페인 국내에서조차 알려지지 않았던 세스뻬데스 신부의 극동에서의 문화적 활동과 스페인어로 쓰인 기록과 글들은 역사적 및 문학적 측면에서 매우 소중한 것으로 받아들여지고 있는 실정이다. 1549년 프란시스코 · 사베리오 신부가 처음으로 일본 땅에 발을 디딘 후 그리 많지 않은 스페인 신부들이 다른 유럽의 선교사들과 어깨를 나란히 하고 활동과 업적을 남겼는데 세스뻬데스 신부의 업적은 이들 중에서도 매우 크며, 중요한 위치를 차지했던 것임을 알 수 있다. 그가 극동에서 이룩한 천주교 전파 활동의 노력이 그러하였고, 본서에 발굴 소개한 14통의 서간문들이 그러한 활동과 16세기 동양의 역사적 사건과 사실들을 증명해주는 귀중한 자료라 하겠다. 앞으로 그에 대한 올바른 인물 평가와 함께 서간문에 대해서도 역사적, 문학적 의미를 국내에서 뿐만 아니라 스페인에서도 새롭게 인식할 것으로 기대한다.

5 일본에서의 선교활동

1. 일본 천주교의 시작

1) 예수회 선교활동과 사베리오

예수회 선교사들의 노력과 소망에 의하여 일본 땅에 그리스도교가 첫발을 딛게 되었다. 1543년 포르투갈인들이 처음으로 일본의 다네가시마(種子島)에 도착하였고, 그로부터 6년 후 예수회 신부 프란시스코 · 사베리오는 세 명의 일본인과 그의 스페인 동료 꼬스메 · 데 · 또레스(Cosme de Torres)와 후안 · 페르난데스(Juan Fernandez) 신부와 함께 일본 땅에 첫발을 내디딘 서구의 선교사가 되었다.

사베리오는 1506년 스페인 북부 피레네 산맥 부근의 나바라(Navarra)에서 훌륭한 귀족가문의 아들로 태었다. 파리 대학에서 공부하던 중 이그나시오 · 데 · 로욜라(Ignacio de Loyola)와 만나서 청빈하게 하느님과 이웃을 섬기고 교황의 명령에 절대복종할 것을 맹세한 예수회(Companía de Jesús)를 동지 여섯 명과 함께 만들었다. 사베리오는 로욜라의 권고와 교황의 명령을 받고 포르투갈령 동인도를 향해 1541년에 떠났고, 고아(Goa)를 중심으로 8년간 일하였다. 1549년 8월, 일본에 도착한 후 약 2년 3개월 동안을 일본에서 활동한 후 마지막으로 1552년 8월 중국 광동 앞바다의 상천도에서 중국 대륙에서의 선교를 위해 상륙 허가를 기다리던 중에 열병에 걸려 47세로 그의 생애를 마쳤다. 16세기에 동양에서 복음 전파활동을 시작한 예수회(Companía de Jesús)는 종교개혁을 의식하여 조직된, 반종교개혁(Contrarreforma)의 성격을 가지고 있는데, 프란시스코 · 사베리오 신부는 일본이나 중국의 문화수준이 높다고 판단하여 그 문화를 존경하고 연구하는 일에도 게을리 하지 않았다. 동양인들을 사랑하고, 문화를 이해하려고 했던 사베리오의 태도는 후에 일본 예수회 선교활동에서 큰 활약을 했던 알레한드로 · 발리그나노(Alejandro Valignano)와 모든 선교사에게로 이어졌다고 하겠다.

중세 일본교회의 역사는 1549년 프란시스코 · 사베리오에 의한 설립시부터 1650년까지 거의 1세기 동안 계속됐는데, 피비린내는 탄압까지 크게 나누어서 천주교의 전성시대와 수난의 시대를 겪어왔다. 선교사들은 복음의 전파를 위한 열망으로 개인적인 희생을 기꺼이 감수하였으며, 조금의 흔들림도 없이 수많은 탄압과 죽음을 감수하였다. 프란시스코 · 사베리오에 의하여 수도원장으로 임명된 꼬스메 · 데 · 또레스(Cosme de Torres) 신부는 1549년 말부터 1570년까지 약 20년 동안 일본의 기독교 활동의 책임을 맡았다. 얼마 안 되는 예수회 소속 선교사들과 함께, 많은 어려움과 빈곤에도 불구하고 일본 땅에서 그들은 가시덤불의 숲을 헤치고 위험과 고통으로 가득찬 황무지를 지나면서, 그들의 조그만 영역을 마련하는데 피땀 어린 노력을 기울였다. 그리고 복음의 씨앗을 뿌리고, 일본을 하느님의 땅으로 만들기 위하여 수많은 곡절을 겪었다.

1570년부터 1581까지, 일본의 두 번째 예수회 수도원장직은 프란시스코·까브랄 신부가 담당하였다. 일본 땅에서 포교를 위한 영역이 생기고 예수회 소속의 사람들이 늘어나면서 그들의 복음전파 사업도 좀 더 확장되었고, 좀 더 많은 결실을 보게 되었다. 그레고리오·데·세스뻬데스 신부의 1579년 서간문에 따르면 그때까지 일본 내의 천주교도의 숫자는 약 130,000명에 이르고 있다고 적고 있다. 또한, 그들이 해야 할 사업과 동시에 문화적인 충격도 점점 많아지게 되었다. 그러나 1579년 처음으로 발리그나노 신부가 순찰사로서 일본에 왔을 때 프란시스코·까브랄 신부는 사베리오가 의도한 방법과는 달리 일본인 및 일본 문화 경시의 선교 방책을 쓰고 있었다. 그 자신부터 일본어를 배우지 않고, 또한, 일본인에게 서구 언어를 가르치지도 않으며 혼자 고고하게 권위주의적 태도를 가지고 선교에 임했다. 발리그나노 신부는 이 때문에 까브랄 신부를 그 자리에서 물러나게 하였다.

1581년부터 1590년까지 일본은 준관구로 승격되면서 가스빠르·꼬엘요(Gaspar Coello) 신부가 준관구장으로 임명되었다. 그러나 일본 교구는 인도의 고아(Goa)에 있는 예수회 관구장의 지시를 계속 받았다. 이 기간에 처음 6년 동안 예수회 선교사들의 수가 상당히 늘어났으며 일본 준관구는 활발한 복음 활동 지역으로 유명해졌고 많은 대명들과 귀족들도 복음에 귀를 기울였다. 이러한 것은 1587년 일본의 군주인 히데요시가 천주교와 선교사들에 대한 추방령을 발표할 때까지 계속되었다.

2) 일본 소년사절단의 유럽방문

그리스도교가 번성한 시기였던 1580년대에 괄목할만한 사건이라고 볼 수 있는 것은 1582년 2월 20일 나가사키(長崎)에서 출발하여 로마로 향한 일본 소년 사절단의 파견이었다. 이것은 발리그나노 신부가 기획한 일로 그 목적은 첫째로 그리스도교 국가들인 스페인, 포르투갈, 이태리 등지의 유럽에다 일본에서의 선교활동의 성과를 보임으로써 극동에서 한층 선교의 열을 높이고자 함이었으며, 둘째로 일본의 소년들이 우수한 유럽의 문명과 그 배후에 있는 그리스도교를 직접 봄으로써 귀국하여 훌륭한 선교사가 되기를 바라는 등의 이유라고 본다. 아무튼, 천주교 대명 밑에 있는 4명의 소년으로 구성된 유럽사절단은 마카오, 고아, 리스본, 마드리드를 거쳐 1585년 3월 22일 로마에 도착하여 대환영을 받고 교황과의 알현도 허락받아 처음의 목적을 달성하고 1590년 7월 21일 장장 8년 3개월의 유럽여행을 마치고 나가사키로 귀환하였다. 이들은 일본인으로는 최초로 유럽 땅을 밟았던 주인공들이었다. 발리그나노 신부는 선교사의 자격으로서가 아니라 포르투갈의 동인도 총독의 사절 자격으로 소년사절단을 이끌고 귀국하여 도요토미 히데요시(豊臣秀吉)와 만났는데 秀吉은 그들을 환대하였다. 1587년 선포된 선교사 추방령에도 불구하고 발리그나노의 신중한 태도와 외교로써 히데요시(豊臣秀吉)는 사실상 신부들의 활동을 묵인하였다.

뻬드로 · 고메스(Pedro Gómez) 신부가 일본의 두 번째 준관구장으로 있을 때인 1590년에서 1600년 사이에는 크고 작은 탄압 속에서 일본 준관구 내의 수많은 교회들은 1598년에 히데요시가 죽을 때까지 많은 어려움과 위험을 겪었다. 하지만 천주교는 계속 성장하였다.

1600년부터 일본의 세 번째 준관구장인 프란시스코 · 빠시오(Francisco Pasio) 신부가 예수회를 담당하게 되었으며, 히데요시의 죽음으로 교회는 잠시 평화를 되찾았고, 일본의 여러 왕국에서 다시금 순탄하게 복음이 전파되었다. 히데요시의 아들을 추종하는 무리와 다이푸사마(도꾸가와 · 이에야스:德川家康)를 추종하는 무리들 간의 극렬한 싸움이 일어나기 전까지는 천주교도의 수는 계속 증가하였다. 양측 간의 전쟁을 계기로 예수회의 선교사들은 매우 심각한 위험과 활동에 위축감을 느끼면서 전쟁의 결과를 주시하였다. 마침내 다이푸사마가 승리를 거두어 평화를 되찾았을 때 교회도 다시 평온을 찾았다.

그 당시 일본은 정치적 통일과 함께 국내적으로 공고한 안정을 위하여 전국시대의 혼란기에서 벗어나고 있었다. 오다 노부나가(織田信長) 이래, 도요토미 · 히데요시(豊臣秀吉)를 거쳐 마침내 도꾸가와 이에야스(德川家康)에 의한 강력한, 이른바 쇼군시대의 정치가 일본에 들어섰다.

3) 일본 문화에 천주교의 기여

서방세계와의 접촉으로 일본에는 예수회 선교사들에 의하여 유럽의 활자와 인쇄술 등 수많은 서양의 선진문물이 도입되었다. 1587년, 처음으로 히데요시에 의하여 천주교 탄압령이 선포된 후, 계속 수난을 겪은 서구 선교사들은 히데요시의 죽음으로 잠시 평온을 찾는 듯했으나 도꾸가와 막부(德川幕府)의 국내정치가 안정을 되찾게 되는 1614년부터 본격적으로 일본에서 탄압받고 추방되기 시작하였다. 화란과의 제한된 통상을 제외하고는 모든 서방과의 접촉 내지는 일본 입국을 단절하였다. 우선 1624년에는 마닐라와, 1639년 마카오와의 관계를 두절했다.

예수회 선교사들 중 일본 지역에서 복음전파를 위하여 헌신적으로 중추적인 역할을 해 온 순찰사 알레한드로 · 발리그나노 신부는 여러 번에 걸쳐서 가톨릭교회를 위기에서 구해냈으며, 일본에서 가톨릭과 함께 여러 가지 문화 사업을 전개하였다. 그와 같이 정당하게 당시의 일본을 이해하고 정치에서 문화, 풍습에 이르는 모든 분야에 걸쳐 연구와 분석을 하여, 그것에 대처하고 융합점을 발견하고 수많은 장애에도 불구하고 큰 성과를 얻은 인물은 다른 데서 찾아보기 어려울 것이다. 그는 예수회 신부들에게 일본어 공부와 문화 연구를 권하고 장래에는 일본인이 교리의 지도를 하도록 일본인 성

ESOPONO

FABVLAS.

Latinuo vaxite Nippon no cuchito nasu mono nari.

IEVS NO COMPANHIA NO

Collegio Amacuſani voite Superiores no gomenqiotoxite coreuo ſanni qizamu mono nari.

Goxuxxe yori M. D. L. XXXXIII.

예수회 선교사들이 1593년 일본에서 번역 출간한 이솝 우화 책자

직자, 신자의 훈련과 교육에 주력하였다. 信長, 秀吉, 家康으로 변천하는 시대에 처해서, 순경에서나 역경에서도 판단을 그르치지 않고, 프란시스코 · 사베리오의 유업과 정신을 계승하여 일본 천주교회를 지도한 그의 기여는 실로 엄청난 것이었다.

발리그나노 신부는 1590년 인쇄화자를 규슈(九州) 지방에 가져다주었고 이 활자로 예수회 선교사들은 스페인을 비롯한 유럽의 종교, 문학 서적과 사전들까지 편찬하였다. 이를 계기로 유럽의 지식이 일본 내에 알려지게 되었다.

주로 대부분의 책들이 규슈 지방의 아마꾸사(天草)와 나가사키(長崎)에서 예수회 선교사들에 의해 번역 출판되었는데 수많은 종교 및 문학 서적들과 사전들까지 출판되었지만 17세기 이후 천주교 탄압시기에 거의 다 유실 내지 소멸하였고 오늘날엔 단지 29권의 책자만 남아 있다. 종류별로 분류하면 종교 서적이 15권, 문학 서적이 9권, 사전 및 어학 서적이 5권이다. 이들 인쇄 책자는 일본, 스페인, 영국, 프랑스 등지의 도서관이나 고문서 보관소에 소장되어 있다. 이들 중 관심 있는 작품들을 소개한다면 『이솝우화집』(1595), 『천주교 교리집』(1591),『라틴어, 포르투갈어, 일본어 사전』(1595), 『이그나시오 · 데 · 로욜라 기도문』(1596),『일본어 사전』(1603-1604), 등을 들 수 있다.

확실히 일본은 16세기를 기점으로 천주교를 전파하려는 예수회 선교사들의 끊임없는 문화적 노력의 덕택으로 급격한 사회 변화와 발전을 이룩할 수 있었다는 사실을 알 수 있다. 선교사들이 일본에서 그들의 목적을 이룩하지는 못했지만,『예수회 연례보고서』(Cartas anuas de Japón) 나 서간문, 연대기 및 서적을 통하여 상당히 중요한 동서양 접촉의 흔적을 남겼다. 사실, 16세기 극동에서의 수많은 정치 · 사회적 사건들이 예수회 선교사들의 연례보고서 속에 기록되었으며, 특히 임진왜란의 발발과 경위도 여기에 언급되어 있다. 실로 이러한 기록들이야 말로 당시 역사를 알려주고 증언해주는 중요한 연대기로서 문학적 가치도 갖는 의미 있는 자료들이다.

2. 세스뻬데스의 선교활동

1) 규슈 지방에서 활동

예수회신부 프란시스코 · 사베리오(Francisco Javier)가 그의 동료 꼬스메 · 데 · 또레스와 후안 · 페르난데스 신부와 함께 1549년 8월 15일 서구 선교사로서는 처음으로 일본 땅에 입국함으로써, 극동은 천주교를 통하여 16세기에 유럽과의 역사적 접촉을 하였고 서로 다른 두 세계의 문화적 교류가 시작된 것이다. 1549년 11월 5일에 사베리오 신부는 가고시마로부터 동양에서 첫 보고의 편지를 썼는데 그 내용을 몇 부분 살펴보고자 한다.

> "어떤 악마나 승려들도 우리들의 방문을 저지할 수 없었다. 그리하여 우리가 도착하기를 매우 열망했던 이 땅에 1549년 8월 15일에 하느님이 우리를 인도하여 왔다. 우리들은 일본의 다른 어느 항구도 들르지 않고 파울로("야지로"로 알려져 있음)의 고향인 가고시마에 왔는데, 이곳에서 파울로의 부모들뿐만 아니라 일반 주민들 모두가 대단한 사랑으로 우리를 맞이하였다."

사베리오 신부가 일본에 온 지 28년 후, 마드리드 시장의 아들인 젊은 청년 그레고리오 · 데 · 세스뻬데스가 13명의 동지와 함께 1577년 7월 4일 나가사키에 도착하였다. 살라망까에서 공부를 마친 세스뻬데스는 알레한드로 · 발리그나노 신부에게 인도되어 극동의 땅으로 선교활동을 위해 떠났다. 1574년 3월 21일 리스본을 떠나 동인도로 향하였다. 그곳의 고아(Goa) 신학교에서 수업한 후에 신부가 되었고, 예수회의 지시에 따라 극동의 땅으로 출발하였다. 리스본에서 함께 떠나왔던 42명의 동료들 중에서 뻬드로 · 라몬(Pedro Ramón), 멜쵸르 · 모라(Melchor Mora), 프란시스코 · 데 · 라구나(Francisco de Laguna), 프란시스코 · 까리온(F. Carrión)과 바르똘로메 · 레돈도(Bartolomé Redondo)는 1577년 세스뻬데스 신부와 함께 일본을 향하여 인도를 떠났다. 세스뻬데스 신부와 그의 동료가 나가사키(長崎)에 도착하자 그곳에 있던 선교사들과 신자들의 열렬한 환영을 받았는데 세스뻬데스 신부는 그 순간을 편지에서 다음과 같이 기록하였다.

"항구에는 그리스도교 신자들이 있었는데 그중에는 끄리스도발 · 레온 신부와 미겔 · 바스께스 수사도 있었습니다. 그들은 우리가 상륙할 때 우리를 맞으러 해안으로 나왔으며 우리가 해안에 도착하자 천주교인들은 커다란 사랑으로 우리를 기다리고 있었습니다. 크나큰 신앙심으로 나를 감동하게 한 신부는 우리를 맞이하기 위해 물속으로 뛰어들었으며, 우리의 의복에 입맞춤을 하며 축복을 주었습니다. 어린 소년 소녀들은 찬송가를 노래하기 시작했으며 우리의 도착을 하느님께 감사하였고 이렇게 찬송가를 부르면서 교회당까지 우리를 따라왔습니다."

세스뻬데스 신부에게 극동의 도착 순간은 매우 감명적이었으며 앞으로의 활동에 큰 용기와 자신감을 불어넣어 주었다. 극동에서의 선교활동은 그다지 어렵지 않으리라고 생각하였다. 그의 서간문에서 밝히듯이 오다 · 노부나가(織田信長) 군주의 호의적인 정책 덕분에 풍성한 결실을 거두고 있었다. 1577년 당시 일본 내에는 단지 10여 명의 서구 선교사들만이 있었을 뿐이었다. 그러나 세스뻬데스가 도착한 이후로 매년 선교사들의 숫자는 급증

하였으며 천주교의 최전성기를 이룩하였다. 이런 의미에서 그레고리오 · 데 · 세스뻬데스 신부를 포함한 14명의 새로운 선교사들은 극동에 있어서 선교활동의 선구자들이라고 할 수 있다. 예수회 선교사들은 극동에 있어서 선교활동의 선구자들이라고 할 수 있다. 예수회 선교사들은 극동에 체류하면서 자신들의 선교 및 문화 활동을 기록하였을 뿐 아니라 극동의 기이한 풍물과 모습을 기록으로 남겼으니, 오늘날 이 기록들은 16세기 극동의 모습을 이해하는데 가장 훌륭한 자료로 간주되며 그 중요성은 역사 및 문학적 측면까지도 크다고 볼 수 있다.

세스뻬데스 신부는 1577년부터 1578년까지 천주교 대명 돈 · 바르똘로메의 영지인 오무라(大村)에 머물렀는데 그곳에는 일본 내에서 가장 많은 천주교 신자가 생겨났으며 거의 한 사람도 이교자가 없었다고 기술하고 있다. 이러한 분위기에 힘입은 세스뻬데스 신부는 일본에서의 첫 해에 매우 성공적으로 선교활동을 하였다. 그의 1577년 편지에서 굳은 의지와 신념을 엿볼 수 있다.

> "본인은 수년 내에 곧 일본의 대부분 지역에서 하느님의 신성한 이름이 우러러 보이게 될 것을 확신합니다. 비록 본인은 원주민들이 모두 천주교 신자가 된 곳에 머물고 있을지라도 아직도 많은 숫자의 사람들에게 세례를 행하고 있습니다. 왜냐하면, 항상 여러 곳에서 많은 사람들이 하늘나라로 그들을 인도하려고 창조주 하느님을 알게 해 주는 사람을 찾아 이곳으로 오고 있기 때문입니다."

오무라(大村)에 머무는 동안에 세스뻬데스 신부는 열심히 일본어를 배우기 시작했으며 놀라운 진전을 보여주었다. 스페인에서 극동까지 생사고락을 같이 한 알레한드로 · 발리그나노 순찰사 신부는 강조하기를, 모든 선교사들은 현지 토착어 습득에 최대한의 노력을 기울여야 한다고 말해 왔다. 생소한 동양의 땅에서 현지 언어를 모르고서는 절대로 아무런 활동도 할 수 없음을 얘기하였다. 순찰사 신부는 당시 중국 땅에서 선교사가 활동하지 못한 이유 중 하나를 언어 문제로 말하기도 했다. 그리하여 일본으로 가는 도중에 마카오에서 발리그나노 신부는 말하기를, 중국대륙에 천주교 전파를 하기 위해서는 궁중어 혹은 만다린어를 포함한 현지어를 읽고, 쓰고, 말하는 것을 공부할 것을 충고하였다. 동인도 고아(Goa)에서 14명의 선교사를 일본 땅으로 보내면서 발리그나노 신부는 일본의 준관구장 프란시스코 · 까브랄 신부에게 보낸 편지에서 앞으로 도착할 14명의 선교사들에게 일본어 교육을 잘 해줄 것을 간절히 부탁하였다. 구체적으로 하루에 최소한 두 시간씩 공부를 하도록 건의하였다. 그러나 까브랄 신부는 그러한 제의를 회의적인 웃음으로 흘려버렸었다. 결국, 발리그나노 신부는 이 때문에 까브랄 신부를 그 자리에서 물러나게 하였다. 살라망까에서부터 동인도까지 동행하는 사이에 세스뻬데스 신부는 발리그나노 순찰사 신부의 영향을 많이 받았음에, 청년 신부는 자발적으로 현지 언어 습득을 열심히 하여서 1579년에는 동부 지방에서 일본어로 고백성사를 듣기 시작했으며, 1587년 히데요시가 천주교 추방령을 선포할 때까지 그곳에서 가장 활발한 선교활동을 펼쳤다. 한편, 1578년 오무라(大村)에서 쓴 세스뻬데스의 편지에서 천주교 대명과 불교 세력 간의 치열한 전투를 기술하였는데 이는 당시의 일본 내에서 계속되는 내전 상태를 증명해 주며, 이 때문에 선교사들의 활동도 제약을 받고 있음을 알 수 있다.

2) 교토 지방에서 활약

1579년 세스뻬데스 신부는 본격적인 활동을 위해 동부 지방으로 보내졌는데 그곳의 교구장인 오르간띠노 신부를 도와서 대활약을 하였다. 그때의 상황을 1579년의 편지에서 잘 기록하고 있다.

> "이 지역의 천주교인들은 14,000~15,000명이 넘을 것이며 그들을 위하여 우리들은 모두 3명의 신부와 5명의 수사가 머물고 있습니다. 지금 일본에는 천주교를 위하여 어느 때보다도 문호를 활짝 열어 놓고 있습니다. 이것은 이곳과 다른 30개 왕국의 군주인 노부나가 자신이 날이 갈수록 우리의 신성한 신앙의 일들에 큰 관심을 가지므로 이 때문에 우리는 이들의 개종에 큰 희망을 품고 있습니다."

그레고리오데 · 세스뻬데스 신부는 이곳에서 당시 일본의 귀족들 및 대명들과 교분을 맺은 것으로 보이며, 특히 고니시 · 유키나가(小西行長)와도 이때부터 알기 시작했다. 세스뻬데스는 동부를 중심으로 하는 고끼나이(五幾內) 지방(야마시로, 야마토, 셋수, 가와치, 이수미 지역을 말함)을 종횡무진 누비었으며 일본어 구사에 아주 능숙한 선교사가 되었다. 그때에 세스뻬데스는 사까이(堺)에서 매우 유명하고 존경받는 의사를 개종시켰는데 그의 개종으로 사까이(堺)시의 주민들의 개종을 쉽게 할 수 있었다. 마드리드 출신의 젊은 신부 세스뻬데스는 생소한 땅 극동에 도착한 지 불과 2년 만에 아주 훌륭하고 중요한 임무를 수행하는 선교사로 변모하였다. 1579년의 서간문에서 나타나 중요한 사실은 그 당시 전 일본 내에 천주교 신자의 숫자가

130,000명에 이르렀다는 것이다. 그리고 이들을 위해 모두 54명의 서구 선교사들이 일하고 있다고 세스뻬데스는 적고 있다.

일본인 수사 파블로 · 아마꾸사를 데리고 세스뻬데스 신부는 꼬기나이 모든 지역과 또한, 북부의 "오와리"(尾張)와 "미노"(美濃) 지방까지 방문하여 활동하였다. 그 당시 세스뻬데스는 한 수도원에 일정하게 머물지 않고 이곳 저곳으로 순회하면서 바쁜 나날을 보냈다. 1585년 오사카에서 세스뻬데스 신부는 일본 북쪽 지방인 "오와리"와 "미노" 지방으로 활동한 사실을 기록하고 있다.

"오와리(尾張)와 미노(美濃) 왕국에 본인이 남겨둔 천주교인들이 약 600~700여 명에 달했는데 이들 모두가 잘 지내고 있습니다. 노부나가의 죽음 이후에 그곳 왕국에서 벌어진 전쟁 때문에 최근 몇 해 동안 아무도 그곳을 방문하지 못하였으며 그리하여 신자들은 의지할 곳 없이 지내고 있었습니다."

1584년 세스뻬데스 신부는 다까스끼(高槻) 수도원에 원장으로 있었다. 그러나 매우 부지런히 고끼나이 지방 일대를 누비고 다니면서 활동하였다. 오다 · 노부나가 군주는 1582년 6월 20일에 그의 부하인 아께치(明智光秀)에 의해 살해당하였으며 그리하여 전국에 패권 다툼의 싸움이 계속되었다. 1585년 오사카에서 쓴 세스뻬데스의 편지는 오다 · 노부나가의 죽음을 알리고 있으며 히데요시의 부상을 조심스럽게 기술하고 있다. 그는 편지에서 신 천주교 군주 노부나가의 급작스런 죽음으로 인한 일본의 정치적 상황의 변모와, 이에 따른 선교사들의 새로운 움직임을 동인도에 있는 관구장 발리그나노 신부(1582년 임명)에게 알리고 있다. 이 편지 내용을 보면 세스뻬데스 신부는 1583년과 1584년에도 편지를 써서 보냈던 것으로 보이는데 그 기록은 찾을 수가 없다.

> "지난 2년간 우리가 이곳에서 보낸 편지들을 통하여 관구장님께서 이곳을 방문하신 후로 많은 변화들이 일어나고 있었음을 아셨을 것입니다. 무엇보다도 노부나가와 그의 큰아들의 죽음과 암살자 아께치의 종말을 들 수 있습니다. 관구장님이 머무시던 때에 파시마(羽島) 왕국의 대명이었던 "파시마 · 지꾸젠도노(도요토미 히데요시를 말함)의 손아귀에 일본의 세력이 들어갔으며 모리(Mori)까지 정복하였습니다."

3) 히데요시와의 만남과 증오

1585년 오사카(大阪) 수도원의 원장인 세스뻬데스 신부는 새로운 군주 히데요시의 갑작스러운 방문을 받았다. 그때까지만 해도 히데요시는 천주교에 대해 노골적으로 적대 감정이 있지는 않았다. 1586년 세스뻬데스는 히데요시의 해군 사령관직을 맡고 있던 아우구스티누스(小西行長의 세례명)의 땅인 쇼도시마(小豆島) 섬으로 선교활동을 떠났다. 영주의 요청에 따른 당시의 준관구장 가스빠르 · 꼬엘료 신부의 명령으로 그곳에 가서 천주교의 복음을 처음 전파하였다. 이 당시 세스뻬데스 신부는 고니시 · 유키나가와 친분을 갖기 시작하였다고 생각된다. 1587년 히데요시에 의하여 천주교 탄압령이 선포될 때까지 세스뻬데스 신부는 가장 훌륭한 선교활동을 하였으며 결실을 거두었다. 다음은 1587년 천주교 탄압령에 대한 세스뻬데스의 반

웅과 히데요시에 대한 느낌을 잘 적고 있다.

"그곳의 모든 지방들에서는 귀하가 상상할 수 있는 고통과 사건들을 모두가 겪었기에 지금 그러한 것들을 다시 이야기하지는 않겠습니다. 우리를 내쫓기 위하여 그들이 오는 것을 기다리는 대혼란의 나날 가운데서 천주교도들의 헌신을 목격함으로써, 본인은 고끼나이(五幾內)에 있는 기간 동안에 그처럼 위안을 받는 적이 없었음을 귀하에게 확언할 수 있습니다. 왜냐하면, 수많은 곳으로부터 천주교도들이 그들의 믿음을 보이기 위하여 모여들었으며, 밤낮으로 우리 곁을 떠날 줄을 몰랐습니다.……(中略) 오사카에서 뿐만 아니라 사까이(堺)와 메아꼬(京都) 지방의 이교도들까지도 우리를 동정하면서 감바꾸도노를 잔인하고 이성을 잃은 자로 비난했고, 우리를 만나서 위로하고 선물까지 주면서 작별인사를 하기 위해 찾아왔습니다."

이때부터 세스뻬데스는 계속하여 히데요시의 행동과 움직임을 비난하였고 적대감은 높아갔다. 1587년 히데요시의 추방령을 피하여 모든 선교사들은 규슈 지방의 피란도(平戶)로 모일 것을 지시하였다. 그러자 수도원과 교회들은 히데요시에게 압수당하였다. 세스뻬데스 신부는 포고령이 내린 1587년 6월 24일이 며칠 지난 후 메아꼬를 떠나 남쪽 규슈 지방으로 떠났다. 1588년 아리마(有馬)에서 쓴 세스뻬데스의 서간문을 보면, 그는 히데요시의 탄압령에 굴복하지 않고 계속 다까꾸 지방을 돌며 은밀하게 선교활동을 계속하였다. 이는 규슈 지방의 천주교 대명들의 비호 하에 은둔 생활 중에도 용기를 잃지 않고 복음 전파에 게을리 하지 않은 것이다. 히데요시의 탄압령에도 불구하고 세스뻬데스 신부는 전 일본을 천주교화하는 자신감을 버리지 않았다. 1587년 아리마(有 馬)에서 성탄절을 지내고 다까꾸(高來)에 있는 안도꾸 · 시마바라(島原) 땅으로 떠나서 18일 동안에 1,665명에게 세례를 주었다. 특히 다섯 명의 승려들을 개종시킨 것에 대해 커다란 위안과 자신감을 얻었다. 세스뻬데스 신부는 승려들을 적으로 간주하면서 심한 적대감을 보여 왔다. 이러함에 승려의 개종을 성공하게 한 것을 자신이 이룩한 커다란 승리로 여겨 만족해하였다. 천주교와 교회에 대한 히데요시의 탄압이 날이 갈수록 심해지면서 세스뻬데스의 적개심도 비례적으로 커졌다.

"전 일본 땅에서 우리에게 떠날 것을 명령한 폭군에 순종하지 않고, 예수 그리스도의 진정한 병사로서 그리고 어린 양들을 저버리지 않는 훌륭한 목자로서 이 모든 영혼들의 사랑을 위하여 우리의 목숨을 위태롭게 하면서도 폭군의 분노 속에 우리를 남겨두었습니다. 우리의 결심을 보고서 시작한 탄압이 앞으로 나가면서 더욱 잔인해지지 않은 것은 하느님이 그에게 그러한 허가를 내리지 않았으며, 이는 인간의 일이라기보다 신의 섭리에 기대하는 것이라 하겠습니다. 일본인들은 천성적으로 잔인하며, 자신들의 분노를 실행하는 데 망설임이 없습니다. 특히 우리를 박해하는 감바꾸도노는 하류계급 출신으로 나무를 하러 산으로 다니기도 하였고 농부의 일을 거들기도 하였으나, 자신의 운명에 만족하지 않고 군대에 입대하여 대단한 노력과 영리함과 신중함으로써 차츰차츰 일어서기 시작하여 거의 전 일본의 영주가 되기에 이른 사람입니다."

세스뻬데스 신부는 이때부터 히데요시를 폭군으로 부르기 시작하였으며 점차 일본 내의 사정이 선교활동에 불리해짐을 직감하였다. 그리하여 알레한드로 · 발리그나노 신부가 하루속히 일본으로 와서 위기를 해소시켜 줄 것을 로마에 있는 총장 신부에게 요청하였다.

"순찰사 신부와 로마에 갔던 일본 사절들이 함께 방문하여 주기를 제의합니다. 우리는 그들이 이미 중국에 와 있다는 것을 알고 있습니다. 올해에는 우리 모두 그들이 오기를 기다리며, 의심할 바 없이 하느님이 준 경험과 훌륭한 학식과 인내심을 지닌 순찰사 신부의 적절한 내방으로써 우리는 하느님께서 이 대소동의 격양을 멈추게 할 것으로 믿는 바이며 동시에 이것을 평안함으로, 신성한 믿음으로 확대하여 전환할 것으로 생각합니다. 왜냐하면, 하느님의 분별력은 매우 은밀하여 이러한 폭풍우로부터 우리를 보호해 주실 것이며, 이에 예수회의 훌륭한 운영에 명령과 방안을 권위 있게 해주기 위하여 순찰사 산부의 체류는 더욱 필요한 것입니다."

위급한 상황에서 모두가 희망한 대로 발리그나노 신부는 유럽을 방문하였던 네 명의 젊은 일본 사절단을 이끌고서 1590년 7월 21일 일본에 도착하였다. 당시의 사태를 인식한 발리그나노 신부는 히데요시를 즉시 방문하여 타결점을 모색하였다. 결국, 발리그나노 신부의 높은 학식과 경험은 히데요시를 당분간 선교사 탄압 문제로부터 관심을 두지 않도록 하였다.

그 후 1592년 히데요시는 중국 정벌을 구실로 군사를 일으켜 조선을 침략하여 전쟁을 일으켰다. 이 때문에 모든 가톨릭 대명들도 전쟁에 앞장을 서게 되면서 자연히 일본 내에서 선교사들의 활동도 침체 상태에 빠져들었다.

1592년 11월 1일 세스뻬데스 신부는 청빈, 정결, 순명의 서원을 하였으며 수사 신부의 직을 맡게 되었다. 1593년 말 세스뻬데스 신부는 준관구장 뻬드로 · 고메스의 명령으로 조선에 보내졌으며 조선을 방문하는 최초의 서구인이 되었다. 그는 직접 전쟁을 목격한 서구의 유일한 증인이 되었으며 그곳에서 쓴 서간문들은 조선에서 쓴 최초 서구인의 기록으로 간주된다. 그는 약 일 년 동안 조선 땅에 머물면서 특히 천주교 대명 아우구스티누스(小西行長)의 요새에서 선교활동을 벌였다. 전쟁의 상황에서 여행을 할 수도 없었으며, 조선인을 위한 본격적인 선교활동이 힘들었을 것으로 본다. 특히 그의 조선 방문은 히데요시의 눈을 피해 은밀하게 이루어진 것인 만큼, 일본군 요새 내에서도 행동의 제약을 받으면서 은밀하게 지냈던 것이다. 따라서 그가 일본으로 곧 되돌아오게 된 이유도 고자질로 그의 체류가 히데요시의 귀에 들어가게 됨으로써 조선 땅을 떠날 수밖에 없었던 것이다.

4) 나가사키 대순교의 증언

조선에서 돌아온 후부터 1597년 2월까지 세스뻬데스의 행적은 불투명하며 그의 1597년 서간문에 따르면 깊은 은둔 생활을 하며 지낸 듯하다. 아무튼, 1597년 아리마(有馬)에서 쓴 편지에서 자신의 조선 방문 사실을 얘기하면서 일 년 동안 약 2,000명의 천주교 병사들을 위하여 선교활동을 했음을 기술하였다. 1597년 서한에서 세스뻬데스 신부는 같은 해 2월에 일어난 나가사키 대순교를 상세히 기술하고 있다. 그는 이 26인의 대순교를 일으킨 히데요시의 잔인함과 비인간성을 가장 신랄하게 비난하고 있다. 스페인 선박 "산 · 펠리뻬(San Felipe)" 호의 난파사건을 계기로 히데요시의 탐욕과 잔인성을 기술하였는데, 26인의 순교자들의 왼쪽 귀를 잘라 거리로 조리돌림을 하고 십자가에 못 박은 후 창으로 찔러 죽이는 과정을 사실 그대로 기록하였다.

그의 편지에 따르면 그 당시 일본 내에는 135명의 선교사가 있었는데 48명의 서구의 신부, 18명의 수사 그리고 69명의 일본인 선교사들이 활동하고 있는 것으로 적고 있다. 26인의 나가사키 대순교를 보면서 세스뻬데스 자신도 하느님과의 합일을 희망하면서 순교자가 되기를 희망하고 있다. 또한, 히데요시는 당시 스페인 왕국이 세계를 누비면서 영토 확장을 하고 있음에 주목하면서 이와 연관하여 스페인 선교사들의 일본 내에서의 활동을 비난하고 있다.

"히데요시는 말하기를, 서반아인들은 멕시코에서 행한 것처럼 일본 왕국을 정복하기 위하여 다니는 사람들이라는 것을 들은 바 있다고 하면서 교역을 구실삼아 염탐하여 일본을 정복하기 위해 오는 것 같다고 하였습니다. 그리하여 필리핀 총독의 이름으로 그를 방문하러 왔던 프란시스코회의 신부들에게 우리들의 교리를 공표하지 않는다는 조건으로 이곳에 머물러 있을 수 있도록 허가를 해주었다고 했습니다. 그런데 그는 그들 서반아인들은 스파이임이 확실하며 방문을 위장하여 이곳에 온 것이라고 하셨습니다."

5) 고꾸라에서 마지막 활동

조선 침략의 전쟁이 1598년 여름 히데요시의 죽음으로 종결되었으며 선교사들은 새로운 실력자의 부상과 움직임을 주시하고 있었다. 1600년에 세스뻬데스 신부는 부젠(豊前) 지방의 나갓스(中津)에 머물고 있었다. 그 후 1602년에 그곳에서 고꾸라(小倉)로 옮기면서 그곳에 처음으로 수도원을 세우고 수도원장으로 있으면서 1611년 타계할 때까지 비교적 평온한 시간을 보냈다. 지금까지 발견된 1601년 그의 마지막 서간문에서 세스뻬데스 신부는 히데요시 사후의 혼란한 정국을 기술하고 있다. 정권 탈취의 두 갈래 분파의 싸움에서 희생된 서구 선교사들의 가장 장력한 후원자인 고니시·유키나가(小西行長)의 비극적인 죽음과 이로 인한 비탄함을 적었다. 또한, 이로써 새로운 군주가 된 다이푸사마(德川家康)의 부상을 알리면서 또다시 그리스도교 복음 활동에 낙관적인 상황을 전하고 있다.

"지금은 전 일본의 군주 다이푸사마의 통치 아래에 있는데, 그는 우리들의 친구이며 우리의 신성한 교리의 옹호자로 보입니다. 그의 편에 있는 대명들도 역시 그러하므로 천주교는 다시금 발판을 만들었으며 짧은 기간 내에 일본의 많은 왕국들에게 가장 큰 전교를 이룩할 희망에 차 있습니다."

세스뻬데스 신부는 아이로니컬하게도 고꾸라(小倉)에서 불교신자인 대명 예춘도노(호소가와 · 다다오끼)의 보호 아래 훌륭한 활동을 하며 모두의 존경을 받았다. 이는 세스뻬데스 신부의 높은 인품에 대한 예춘도노의 개인적인 대접으로 볼 수 있다. 세스뻬데스 신부는 1605년 9월 15일에 나가사키 협의회에 고꾸라의 수도원장으로서 참석하였으며, 그 후 1611년까지 구체적인 활동은 알려지지 않았으나 무난히 지낸 것으로 보인다. 1611년 12월 나가사키의 여행길에서 돌아오면서 배편으로 고꾸라(小倉)에 도착하여 집에 거의 당도하였을 무렵 갑자기 쓰러져 뇌일혈로 숨을 거두었다. 많은 신자들이 교회당에 모여 있던 일요일 아침이었으며 그의 죽음은 온 주민들이 슬퍼하면서 조문을 위한 행렬이 끝이 없었다. 고꾸라의 대명 예춘도노는 미리 예정했던 대로, 세스뻬데스 신부가 타계하자 그곳에서 천주교를 추방하였으며, 이 때문에 세스뻬데스 신부조차도 그곳에 묻히지 못하고 나가사키(長崎)로 옮겨져 묻혀야만 했다. 극동에서 보낸 34년 동안의 활동 기간에 부젠(豊前),

쇼도시마(小豆島), 쓰시마(對馬島), 미노(美濃), 오와리(尾張) 지역에서 처음으로 선교활동을 하면서 천주교를 전파시켰고, 특히 한국 방문 최초의 서구인이 되었음은 역사 속에 길이 간직될 것이다. 훌륭한 가문에서 태어난 세스뻬데스 신부는 덕망과 믿음, 그리고 우수한 학식에 힘입어 훌륭히 선교활동을 벌였으며 극동에서 손꼽히는 선교사 가운데 한 사람으로 간주할 만하다. 특히 그는 극동에서의 선교활동과 당시에 보고 들은 상황을 글로 남겼으니 이는 역사적 및 문학적으로 큰 가치를 갖는 것이다.

6 일본 땅에서 쓴 세스뻬데스의 서간문

1. 1577년 서간문

제목 : "고아(Goa)에 있는 예수회의 인도와 일본 지역의 관구장 루이 · 비센떼 신부에게 보낸 1577년 10월 7일 자 오무라(大村)에서 발송한 그레고리오 · 데 · 세스뻬데스 신부의 서한"

찬미예수

신부님께서 아마도 우리의 항해 결과에 대하여 반가운 소식을 듣기 위하여 학수고대하였을 것으로 압니다. 이를 위하여 이 서한이 도움이 될 것이며 아울러 하느님의 비옥한 포도밭에서 많은 결실을 얻고 있는 등 커다란 성과를 올리고 있다는 것을 알게 될 것입니다. 관구장님은 우리들이 중국에서 쓴 편지들을 통하여 그곳에 도착할 때까지 항해 중에 일어난 일에 대하여 아셨을 것으로 생각합니다. 배가 인도를 출발한 후에 우리가 모두 하느님 덕분으로 줄곧 완전한 건강을 유지했습니다. 다만 출발 직전에 본인이 3일 동안 열병을 앓았는데 하느님께서는 이 병이 더 지속하는 것을 허락하지 않으셨습니다. 왜냐하면, 고통을 받기 전에 깨끗이 낫도록 하셨기 때문입니다. 아마도 고아(Goa)에서 얻었던 병의 후유증이었던 것 같습니다. 그런 이후에 오늘까지 건강하며 유럽에서 유지했던 기운을 회복하였습니다. 이러한 것은 성스러운 직분에 종사하는 것을 염두에 두고서 하느님이 본인에게 자비를 내리신 것으로 생각합니다.

배가 출발하기 전에 며칠 동안 하느님은 저의 동료를 역시 시험하기 원하셨기 때문에 거의 모두가 열병을 앓았으며 그 때문에 피를 뽑았습니다. 뻬드로 · 라몬 신부의 경우는 다른 동료들보다 더 오랫동안 지속되어 큰 고통을 받았으나 출발할 때에는 완쾌되었습니다.

안드레스 · 삔또 · 까요 신부는 두 번씩이나 앓았으나 하느님의 덕분으로 회복되어 승선을 했는데 바다에서 다시금 열병이 생겨 지금까지도 계속 지속성의 열을 4일동안 앓고 있습니다. 바르똘로메 · 레돈도 신부도 역시 병이 난 채로 승선을 했으며 일본에 도착한 후 며칠 동안이나 열병이 계속되었으나 이제는 하느님의 축복으로 완쾌되고 있는 중입니다.

마카오에 머물고 있는 동안에 우리들은 포르투갈인들이나 현지 사람들과 함께 예수회의 사명을 수행하는 일에 종사하는 것을 게을리 하지 않았습니다. 저를 포함한 3명의 가스띠야(스페인 중부 지방) 출신 신부들은 매주 일요일과 축제일에 집에서나 본당 교회에서 설교를 했으며 또한, 사순절의 일요일과 금요일 축제와 수요일에는 다른 신부들을 도와서 함께 고백성사를 받는데 몰두하였습니다. 라구나(Laguna) 수사는 "성 로렌소" 성당에서 4~5차례 설교를 했는데 청중들은 만족하였으며, 신부는 어린아이들 학교에 선생이 되어서 빠져나올 수가 없었습니다. 노래로 부르는 미사가 많았고 매우 엄숙한 미사를 세 번 가졌습니다. 사순절의 금요일에는 매우 열렬한 고행자의 행렬이 있었으며 그 숫자는 200명 이상에 달했을 것입니다. 부활절의 모든 행사들 역시 "고아"(Goa)에서와 같은 순서와 방식으로 행하였으며 금요일 아침에 예수님이 겪은 수난에 관하여 설교하였습니다. 그런 후에 모든 휘장들을 들고서 행렬에 나섰는데, 이것이 사람들에게는 커다란 신앙심의 대상이었습니다. 왜냐하면, 마카오에서는 결코 그러한 일을 보지 못했었기 때문입니다. 모두가 수없이 눈물을 흘렸으며 이러한 신앙심과 포르투갈인들과의 빈번한 왕래 속에 하느님의 은총을 확실히 느끼게 되었습니다.

한편, 모든 중요한 축제일에는 빈번한 고백성사를 통하여 중요한 친분을 맺었습니다. 이곳 마을 사람들이 예수회 신부들에게 보여준 사랑과 의지는 놀랄만하여 우리가 그곳에 머무는 동안에 물건을 아끼지 않고 우리 모두를 부양했으며 이 외에도 작별 시에는 우리에게 수많은 교회 용품과 장식물, 그리고 우리가 사용했던 성배들을 주었으며 이에 우리 모두가 그들에게 몹시 감사하였습니다.

본인의 출발시각이 다가왔을 때에 일본으로부터 프란시스코 · 데 · 멜로의 배가 몹시 부서진 채로 돌아왔으므로 배가 모자랐는데 상인들도 이 배에는 비단을 싣기를 싫어하였습니다. 그리하여 올해의 항해를 위하여 두 척의 쟝크선을 준비했다. 이 배에는 일본으로 갈 14명의 신부와 수사들이 승선을 하였는데 다음과 같이 분승하였습니다. 더 많이 탈 수 있는 배에는 우선 고참인 라몬 신부와 모라 신부, 젊은 발타사르 · 로뻬스 신부, 라구나 수사, 까리온 수사, 바르똘로메 · 레돈도 수사, 디에고 · 데 · 메스끼따 수사, 알바로 · 디아스 수사와 시메온 · 데 · 알메이다 수사가 탔으며, 또 다른 배에는 책임자로서 일본에서 왔던 발타사르 · 로뻬스 신부(앞쪽 배의 사람과 동명이인)와 안드레스 · 삔또 신부, 곤살로 · 라벨로 신부, 디에고 · 뻬레이라 신부와 본인, 그리고 프란시스코 · 데 · 멜로 선장이 승선했는데 선장은 중국에

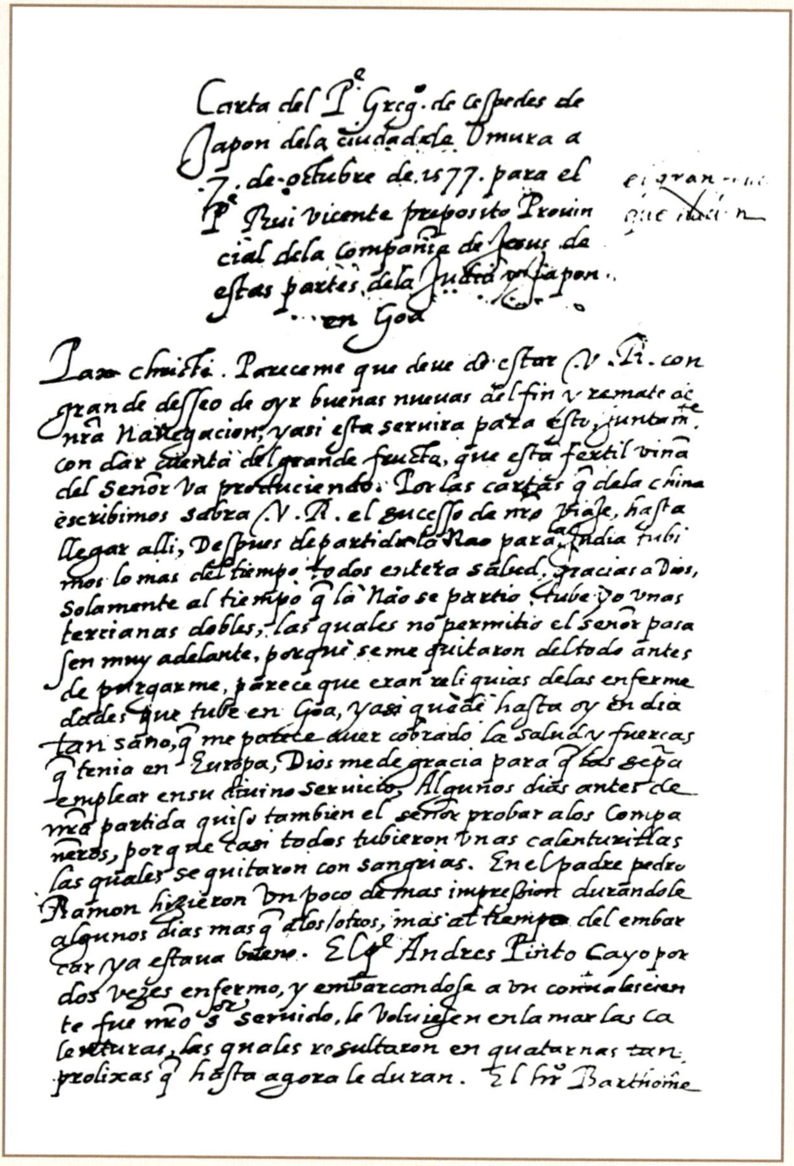
Carta del P.e Greg.o de Cespedes de
Japon dela ciudad de Omura a
7 de octubre de 1577 para el
P.e Rui Vicente preposito Prouin
cial dela Compañia de Jesus de
estas partes dela India y Japon
... en Goa

Pax christi. Pareceme que deue de estar V. R. con
grande desseo de oyr buenas nueuas del fin y remate de
nra nauegacion, y asi esta seruira para esto, juntamente
con dar cuenta del grande fructo, que esta fertil viña
del Señor va produciendo. Por las cartas q dela China
escribimos a V. R. el sucesso de nro viaje, hasta
llegar alli, Despues de partida la Nao para la India tubi
mos lo mas del tiempo todos entera salud, gracias a Dios,
Solamente al tiempo q la Nao se partio, tube yo vnas
tercianas dobles, las quales no permitio el Señor pasa
sen muy adelante, porque se me quitaron del todo antes
de purgarme, parece que eran reliquias delas enferme
dades que tube en Goa, y asi quede hasta oy en dia
tan sano, q me parece auer cobrado la salud y fuerças
q tenia en Europa, Dios me de gracia para q las sepa
emplear en su diuino seruicio, Algunos dias antes de
nra partida quiso tambien el Señor probar a los Compa
ñeros, porque casi todos tubieron vnas calenturillas
las quales se quitaron con sangrias. En el padre pedro
Ramon hizieron vn poco de mas impression durandole
algunos dias mas q a los otros, mas al tiempo del embar
car ya estaua bueno. El H.o Andres Pinto cayo por
dos vezes enfermo, y embarcandose a vn conualecien
te fue nro S.or seruido, le voluiesen en la mar las ca
lenturas, las quales resultaron en quartanas tan
prolixas q hasta agora le duran. El H.o Barthome

1577년 세스뻬데스 신부가 일본 땅에 도착한 후 처음으로 쓴 편지
(스페인 왕립 역사학 한림원 도서관 소장)

서 우리와 매우 잘 지냈으며, 우리에게는 쟝크선의 고급 선실과 베란다를 주었습니다. 그곳에 우리는 자리를 잡았는데 우리에게 짐 둘 곳으로 각 쟝크선마다 선실을 하나씩 제공해 주었습니다.

선박의 적은 적재량 때문에 양식문제가 제기되었을 때, 일본으로 가는 많은 상인들이 필요한 모든 식량을 주겠다고 하였지만 쟝크선의 선장들은 그것을 받아들이지 않고 자신들의 책임으로 떠맡았습니다. 그리하여 모든 여행은 풍족스러웠고 우리에게 힘을 주었습니다. 이것을 얘기하는 것은 우리의 신부님께서 마카오 사람들이 우리에게 베푼 사랑과 감사를 아시게 하기 위함입니다. 우리에게 가장 많은 호의를 베푼 사람들 중의 한 사람이 안드레스 · 꼬우띠노인데, 돈을 16,000두까도 갖고 있는 덕망 있는 사제로서 그는 우리에게 일본에서 필요한 물건과 도구들을 사도록 500~600에스꾸도를 주었으며 이외에도 그는 우리들과 살기 위해 일본에 오고 싶어 했으며 신부들의 복음 전파를 위하여 그가 갖고 있는 모든 재산과 그의 휘하 사람들을 제공하겠다고 말했습니다. 그는 어떤 이유 때문에 오지는 못했으나 프란시스코 · 까브랄 신부에게 이 점에 관하여 말하기 위해 그의 의견을 요청하는 서한을 보냈으며, 그는 또한, 우리와 함께 온 사람들 중의 몇몇에게도 그와 같은 것을 요청하였습니다. 프란시스코 · 까브랄 신부는 그에게 회답하기를 "일본에 오는 것은 하느님과 그의 영혼을 위하여 일본에서도 당신이 마카오에서와 같이 당신의 재산을 가지고 불쌍한 사람을 도와 하느님에게 봉사하는 것이며, 결코 우리 자신들을 위하여 오는 것은 아닙니다. 그러므로 지금부터 1년 내에 오시기를 우리는 기대합니다."라고 하였습니다.

우리는 주교와 끄리스또발 · 데 · 아꼬스타 신부와 안토니오 · 빠에스 수사를 예수회의 전통적인 사랑으로 작별인사를 한 후에 우리들의 여행을 시작하였으며, 6월 16일에 쟝크선에 승선하고 출항하였습니다. 또 다른 배는 다음날인 17일에 마카오를 떠났는데 이 항로에서 예사로 발생하곤 하는 폭풍과 풍랑에 비해 쟝크선이 견고하지 못했기 때문에 얼마간의 두려움을 가지고 있었습니다. 그러나 모든 일과 날씨가 하느님의 뜻에 달려 있음에 그의 자비의 덕분으로 이 모든 어려움 없이 우리들은 일본의 항구인 나가사키(長崎)에 7월 3일과 4일에 각각 입항하였습니다. 그 항구에는 그리스도교들이 있었는데 그중에는 끄리스또발 · 데 · 레온 신부와 미겔 · 바스께스 수사도 있었습니다. 그들은 우리가 상륙할 때 우리를 맞으러 해안으로 나왔으며 우리가 해안에 도착했을 때 천주교인들은 커다란 사랑으로 우리를 기다리고 있었습니다.

크나큰 신앙심으로 나를 감동시킨 한 신부는 우리를 맞이하기 위해 물속으로 뛰어들었으며, 우리의 의복에 입맞춤을 하며 축복을 주었습니다. 어린 소년, 소녀들은 찬송가를 노래하기 시작했으며 우리의 도착을 하느님께 감사하였고 이렇게 계속 찬송가를 부르면서 교회당까지 우리를 따라왔습니다.

그 다음날 가스빠르 · 꼬엘요 신부가 오무라 시에서 왔고 그로부터 며칠 후에 오무라(大村)에서 프란시스코 · 까브랄 신부가 왔습니다. 그는 마카오에서부터 그를 동반한 알론소 · 곤잘레스 신보와 죠안 · 하뻰 수사를 데려왔는데 이곳의 신부들과 수사들이 우리를 맞이한 기쁨을 신부님께 말씀드리며, 그 기쁨이 얼마나 컸는지 설명 드리기 불가능할 정도입니다. 하느님의 이 땅에서 생산하는 그 많은 수확을 거두어들이는 데에 도와줄 동료들을 그들이 얼마나 간절히 원했는지 모릅니다. 나가사키에서 한 달 이상을 쉬면서 지냈으며 프란시스코 · 까브랄 신부가 우리들 하나하나의 임지를 결정함에 마침내 다음과 같이 배정되었습니다. 멜쵸르 · 데 · 모라 신부는 피게레도 신부와 함께 하까타(오늘날 福岡)로 갔으며, 아리아스 · 산체스 수사와 젊은 발타사르 · 로뻬스 신부는 세바스띠안 · 곤살레스 신부와 함께 피란도(平戶)로 갔고, 일본출신인 발타사르 · 로뻬스 신부는 루이스 · 데 ·

알메이다 신부와 함께 싸쑤마(隆摩) 왕국에 새로이 하느님의 말씀을 심기 위하여 갔습니다. 이 사명에서 하느님의 도움으로 커다란 결실을 얻게 될 것을 희망합니다. 왜냐하면, 여러 차례에 걸쳐 그곳 사람들이 신성한 믿음의 진실에 대하여 이해하고 싶은 커다란 욕망을 보이면서 신부들을 보내줄 것을 간청해 왔기 때문입니다. 그러나 지금까지는 보내줄 신부가 부족하기 때문에 할 수 없었으나 이제는 하느님의 자비심 덕분으로 그들을 보내니 지금까지 살아온 착각과 어둠에서 벗어나 오도록 그들의 영혼을 밝게 비추어 앞으로는 하느님이 그들의 창조주인 것을 알게 하고 그리스도의 계율의 부드러운 사슬에 복종하게 할 것입니다.

디에고 · 뻬레이라 수사는 그곳에 있던 오르간디노와 헤수스 · 프란시스코 신부들과 함께 메아꼬(京都)로 갔으며 라몬과 곤살로 · 라멜로 신부들과 프란시스코 · 데 · 라구나 수사, 프란시스코 · 데 · 까리온 수사, 디에고 · 데 · 메스끼따 수사, 알바로 · 디에스 수사, 시메온 · 데 · 알메이다 수사는 우리가 도착한 후에 프란시스코 · 까브랄 신부가 받아들인 다섯 명의 수도학생들과 함께 함께 모두가 까브랄 신부를 따라 봉고(豊後)시로 갔으며, 이곳의 언어를 배우고 또한, 수양훈련을 위하여 문을 연 신학교에서 학업을 시작하였습니다.

바르똘로메 · 레돈노 수사는 크리스또발 · 데 · 레온 신부와 함께 병약하여 나가사키(長崎)에 있으며, 안드레스 · 삔또 신부는 쟝크선으로 마카오에 돌아갔는데 이는 프란시스코 까브랄 신부가 보기에 그의 쇠약한 기운과 건강이 일본의 임무를 수행하기에는 힘에 겹고, 오히려 마카오에서 일본에 관련된 일들을 위해 노력하고 교섭하면서 하느님에게 최대의 봉사를 하는데 훌륭한 재능을 보여줄 것이라고 생각하였기 때문입니다.

나는 다행스럽게도 돈 · 바르똘로메의 영지인 오무라(大村)에 남게 되었는데 미겔 · 바스께스 수사와 동행하였습니다. 가스빠르 · 꼬엘료 신부가 이곳에서 1레구아 떨어진 꾸라(Cura)시에 거주하고 있습니다. 프란시스코 · 까브랄 신부가 받아들인 6명의 수학수사들 중에서 4명은 포르투갈 태생이며 25~30세의 나이로 예수회에 가장 잘 적응하고 복종하며, 그들은 쟝크선 두 척에 편승하여 왔습니다. 이해력이 좋고 분별이 있는 그들 중 한 사람은 라틴어를 훌륭히 구사하는데 크리스또발 · 모레나란 이름이며, 다른 한 사람은 헤수스 · 데 · 까스뜨로라 하며, 또 다른 자들은 미겔 · 후아레스와 마누엘 · 보랄요인데 후자는 우리가 포르투갈에서 도착한 후에 고아에서 죽은 크리스또발 · 디아스 수사의 동생으로, 그가 도착함으로써 다른 포르투갈 동료들이 매우 큰 감동을 하였습니다.

올해에는 일본 땅에서 다른 어느 해보다도 큰 교화를 이룩했고 마음을 움직인 사람의 수가 많았습니다. 프란시스코 · 까브랄 신부는 올해에는 수련수업을 위한 시설이 부족하여 더 많은 사람을 받기를 원치 않았으며 그래도 참을성 있게 버틴다면 내년까지 기다리도록 희망을 주었습니다. 그래서 나머지 수도생들은 내년에 다시 올 예정으로 마카오로 돌아갔습니다. 5명의 수도생들은 나에게 도움을 요청하면서 말했는데 그들을 위해 혹시 마카오에 있을 순찰사 신부에게 편지를 한 통 쓰기를 바랐습니다. 그들은 좋은 사람들이며 우리의 하느님이 그들에게 인내심을 주기를 바라고 있습니다. 받아들여진 두 사람은 일본에 있게 되었는데 일본어를 매우 잘했습니다. 천주교인들에 대한 올해에 얻은 결실은 비록 다른 해보다 수적인 면에서 별로 풍성하지는 않았지만, 오히려 하느님의 은총은 매우 컸습니다. 왜냐하면, 10,000명 이상이 세례를 받았으며 메아꼬(京都)에서만 5,000명에 달하였습니다. 그곳에 있던 신부들이 편지를 보낸 바로는 그들은 그토록 많은 신자들을 일일이 찾아다닐 수가 없으며 그들을 도울 뿐이라고 했습니다. 왜냐하면, 50,000명 이상의 개종을 위한 활동이 그들에게 주어져 있기 때문입니다. 그러한 지역들에서 하느님이 그들에게 제공한 커다란 조처와 도움이란 일본의 군주인 노부나가의 호의인 것입니다. 그는 모든 신부들을 매우 잘 비호해 주며 새로이 개종한 사람들을 비호해 주었는데 이러한 것은 그의 신하들을 놀라게 하였습니다. 그의 신하들은 그가 천주교도가 될 의사를 갖고 있으며 머지않아 세례를 받을 것이라고 합니다. 우리의 하느님이 그들의 진정한 예언자가 되도록 함에 영주와 뜻을 같이 하였습니다. 그 외에 5,000명이 세례를 받았는데 그중 일부는 이교도라고는 한 사람도 없는 돈・바르똘로메의 땅에서 세례를 받았습니다. 천주교인의 숫자는 7,000~8,000명에 달한 것입니다. 또 다른 일부는 알론소・곤잘레스 신부가 머물고 있는 아마꾸사(天草) 땅에서 세례를 받았는데 그곳 대명은 천주교인으로 돈・미겔이란 이름을 가졌으며 그의 주민들과 결정을 한 후에 말하기를, 천주교인이 되기 싫은 자들은 그의 땅에서 떠나라고 명령했습니다. 이로써 모두가 세례를 받았으며 단지 몇몇 승려들만이 그들의 우상들을 버리지 않음에 다른 지방을 향해 그곳을 떠나갔습니다. 이상이 올해에 거두어들인 수확입니다. 만일 신성한 뜻을 심을 사람들이 더 많았더라면 수확은 더 컸으리라는 것은 의심할 여지가 없습니다. 왜냐하면, 땅은 광활하며 사람들은 뛰어난 이해심을 지니고 있고 매우 이성적이기 때문입니다. 그들에 대하여 더욱 본인을 만족하게 하는 일 중의 하나는, 일본인들은 우선 설교를 들어보고 우리 그리스도교의 가르침을 생각해 본 후에 세례를 받는다는 것입니다. 그리하여 그것이 그들을 만족하게 하면 성스러운 세례를 요구합니다. 우리들의 신성한 믿음 속에 있는 이성에 의해 순수하게 설득되어 개종하게 됨에 따라 사람들은 정말 진실로 그 속에서 정착을 하게 되며, 그들을 보고 대하는 우리들에게는 큰 위안이 됩니다. 이와 같이 우리 하느님의 사랑을 더 널리 알리기 위해 존경하는 신부님께서 우리들에게 보다 많은 동료를 보내주시어 이러한 영혼들을 돌보아 주시기를 바라며 하느님의 이 포도밭을 경작하고 하느님의 가르침을 갈구하는 이 영혼들을 구원의 길로 걸어가게 도와주시기 바랍니다.

아무리 많이 보내주어도 해야 할 일들에 비해서는 적은 숫자일 것임을 이해하실 줄 믿으며, 본인은 수년 내에 곧 일본의 대부분 지역에 하느님의 신성한 이름이 우러러 보이게 될 것을 확신합니다. 비록 본인은 원주민들이 모두 천주교 신도들이 된 곳에 머물고 있을지라도 아직도 많은 숫자의 사람에게 세례를 행하고 있습니다. 왜냐하면, 항상 여러 곳에서 많은 사람들이 하늘나라로 그들을 인도하고 창조주 하느님을 알게 해 주는 신부를 찾아 이곳으로 오고 있기 때문입니다.

이곳 오무라(大村)시에는 지금 돈 · 바르똘로메가 자신의 비용으로 교회당을 건설하고 있으며 프란시스코 · 까브랄 신부는 우리들이 함께 거처할 4개의 방을 지는 집을 짓도록 부탁하고 있습니다. 이것은 연내에 이곳 돈 · 바르똘로메의 땅에 머물고 있는 5명 모두가 가스빠르 · 꼬엘요 신부와 함께 거주하기 위해서인데 이 신부는 프란시스코 · 까브랄 신부가 우리의 책임신부로 지정한 사람입니다. 크리스마스를 위한 모든 작업이 끝나면 미겔 · 바스께스 수사자 우리에게 일본어를 가르쳐 주게 될 것인데, 일본어는 그렇게 어렵지 않습니다. 그리하여 저는 조금씩 공부를 시작하여 하느님의 은혜에 힘입어 시간이 흐름에 따라 좋은 성과를 가질 것으로 믿습니다. 이상이 이곳 땅에서의 현재 소식으로서 귀하에게 편지 드릴 수 있는 전부입니다. 앞으로 계속 하느님께 더 큰 영광을 부여하고 귀하를 위안할 소식들을 제공할 것으로 기대합니다. 이것들은 개종에 관한 이곳에서 일어나는 특별한 일들과 함께 그곳으로 가는 편지를 통해 귀하께서 아시게 될 것입니다.

이 편지를 통하여 본인은 다만 자비를 간청할 뿐이며, 이곳에 있는 미천한 하느님의 아들을 위해 귀하의 성스러운 헌신과 기도 속에 본인을 하느님에게 맡겨주시는 것도 잊지 말아 주시기 바랍니다. 본인도 그렇게 하는 일에 게으르지 않을 것이며, 귀하에게 감사하는 마음을 드리는 바입니다. 신학교의 모든 신부, 수사들과 함께 원장 신부님께서도 하느님에 대한 헌신과 기도문 속에서 본인을 기억하게 해 주시길 빌면서.

1577년 10월 7일 오무라(大村)에서
성스러운 임무에 있는 미천한 종
그레고리오 · 데 · 세스뻬데스

2. 1578년 서간문

제목 : "1578년 오무라(大村)에서 그레고리오 · 데 · 세스뻬데스 신부의 편지"

천주교의 커다란 적 리오조기(Riozogui)는 2월 19일에 6,000~7,000명의 군대를 이끌고 왔습니다. 이들은 돈 · 바르똘로메의 요새를 장악하여 그의 모든 영토를 파괴하기 위하여 오무라(大村)에서 1레구아 떨어진 곳에 진지를 설치하였습니다. 하느님의 은덕으로 그들이 처음으로 공격했던 가지(Cagi)의 참호에서 천주교도 병사들은 400명의 적을 사살했으며 야영진지를 파괴한 후에 많은 숫자를 사살하면서 그들을 추격하였습니다. 그들 중에는 14명의 중요한 가신들이 있었습니다. 지금도 그곳에서 죽은 자들에 대하여 탄식하여 울고 있으며, 부상자들의 많은 수가 죽어가고 있다는 소식을 듣고 있습니다. 죽은 자들의 수가 모두 1,000명 이상이 될 것입니다. 이교도들은 말하기를 오무라(大村)의 병사들이 무기에 독을 바르지 않고서는 이런 일이 일어나기란 불가능하다고 말하면서 부상자들은 모두 죽었다고 했습니다. 그런 연고로 그토록 오만하고 무례한 적들은 거만함이 수그러들었습니다. 매우 신망 있는 이교도들에게 천주교가 알려졌습니다.

아울러 말하는 바에 따르면 적들의 지역인 히젠(肥前)에서는 소문이 나돌기를 적들이 가지(Cagi)에서 천주교도들과 싸움을 하고 있을 때, 말을 탄 많은 기병과 보병들이 갑자기 나타나서 7개의 산에 가득 찬 이교도들을 빙 둘러싸고는 천주교도를 보호하기 위하여 열심히 싸웠다고 합니다. 그 같은 광경을 보자 이교도들은 겁에 질려버렸으며, 그들과 전쟁을 치른 산에 있던 사람들은 이들이 이교도들을 죽게 한 자들이라고 털어놓았습니다. 이교도들 사이에서 이러한 얘기를 하고 있는 것을 듣고서 우리는 이에 개의치를 않았습니다. 왜냐하면, 그것이 사실이건 아니건 간에 우리의 신성한 믿음에 대한 이해를 많이 도와주기 때문입니다. 이러한 일이 더욱 많이 얘기될수록 우리들은 더욱더 하느님이 천주교도들을 위하여 그들이 흘린 피에 대한 보상을 받게 할 것이라고 믿습니다.

하느님의 은덕으로 이 땅의 개종사업은 결코 부족하지 않습니다. 왜냐하면, 이곳에서 살기 위해 매일같이 새로운 이교도들이 오고 있으며, 자신들의 구원을 위하여 정진하고 있습니다. 부활절부터 지금까지 저는 130명에게 세례를 주었으며, 하느님의 보살핌으로 며칠 내로 두 군데 마을에서 이미 교리를 가르친 50명 이상의 사람들에게 세례를 주기 위하여 갈 예정입니다.

1578년 오무라(大村)에서.

3. 1579년 서간문

제목 : "1579년에 인도에 있는 한 신부에게 일본에서부터 예수회 그레고리오 · 데 · 세스뻬데스 신부가 쓴 편지의 사본"

2년 동안에 이 지역에서 우리의 신성한 믿음으로 개종한 숫자가 13,000~14,000명에 이르렀는데, 그중에 9,000~10,000명은 본인이 현재 적지 않은 위안을 갖고 머물고 있는 이곳 메아꼬(京都) 지방에서 이루어졌습니다. 왜냐하면, 이곳 메아꼬 지방 사람들은 일본 전 국토에서 가장 귀족적이고 예의 바른 자들일 뿐만 아니라 가장 진실한 천주교도이며 예수 그리스도의 신봉자들인데 그들의 뛰어난 고결함으로 인하여 하느님의 계명을 지키고 따르는 데 매우 특출합니다. 그들은 열성과 덕행에 대한 공경심이 커서 우리들을 매우 우러러보며, 내가 실제로 보고 들은 경험을 통해 보건대 그들의 생활양식은 세속적이라기보다는 매우 종교적이고, 훌륭한 분별력과 이해심을 지니고 있으며 매우 상냥하고 붙임성 있는 국민들이라 생각됩니다. 이러한 특성들은 세례를 받은 후 그들이 덕행을 쌓는 데에 큰 도움을 줍니다.

이 지역의 천주교도들은 14,000~15,000명에 이르는데 그들을 위하여 우리들은 모두 3명의 신부와 5명의 수사가 머물고 있습니다. 지금 일본에는 천주교를 위하여 어느 때보다도 문호를 활짝 열어놓고 있습니다. 이것은 이곳과 기타 30여 개 왕국들의 군주인 노부나가(織田信長) 자신이 날이 갈수록 우리의 신성한 신앙의 일들에 큰 관심을 가지므로, 이 때문에 우리는 그의 개종에 큰 희망을 갖고 있습니다. 만일 노부나가 군주가 후일 어려움 없이 개종한다면, 그의 왕국의 모든 국민들도 그에 대해 갖고 있는 큰 존경심과 두려움 때문에 개종할 것입니다. 우리의 하느님께서 그에게 "가미"(일본 신도의 우상)와 "포토께"(불교의 우상)에 대한 반감과 경멸을 심어 주셨음으로 그는 매일같이 일본의 호화로운 절들을 부수고 있습니다.

그는 승려들에 관한 천 가지의 악덕을 말하는 한편, 우리의 신성한 믿음과 진실성과, 순수하고 훌륭한 선(善)들에 관해 말합니다. 그는 자신의 구원에 관한 일들과 강론과 교리를 듣고서는 무척이나 기뻐합니다. 며칠 전에 오리간띠노 신부가 로렌소 수사와 함께 그를 방문했습니다. 수많은 대명들이 그들을 만나기 위해 기다리고 있었는데, 노부나가 군주는 신부가 왔다는 말을 듣고서는 곧 들어오도록 명령을 내렸으며, 그는 자리에서 벌떡 일어나 신부와 수사 옆에 가서 함께 앉았습니다. 그리고서 밖에서 그를 기다리고 있던 모든 사람들이 어떻게 그가 신부들과 얘기하는지를 보도록 접견실의 문을 열라고 하였으며, 매우 다정하게 세 시간 가까이 훌륭한 대화를 가졌습니다.

그때에 노부나가는 하느님의 계명에 관하여 그와 토론하기를 원하는 로렌소 수사에게 말하였습니다. 비록 노부나가는 마치 성난 사람처럼 마구 큰소리로 말하였으나 로렌소는 두려움 없이 그에게 답변하였습니다. 대화에서 그는 의문을 제기했는데 이에 수사는 만족한 답변을 주었으며 그리하여 노부나가는 진실에 거의 승복하게 되었습니다. 밖에서 지켜보고 있던 사람들을 향하여 큰소리로 말하기를, "나는 이미 정복되었음을 알린다."라고 했습니다. 그리고 신하들에게 이르기를 그들의 아내와 자식들 그리고 모든 가족들도 천주교도가 되기 위해 준비를 하라고 했습니다. 이런 일이 있은 후 노부나가는 수사에게 설교를 해 줄 것을 요청했는데, 강론에서 수사는 얘기하기를 세상에는 오직 한 분의 하느님만이 존재하며 하느님은 이 세상 후에 저승에서 착한 자들에게는 영원한 천사의 영광으로 상을 내리며 악한 자들에게는 영원한 고통으로써 지옥에서 벌을 내릴 것이라고 했습니다. 또한, 수사는 군주에게 이러한 세 가지 점들은 그러한 점을 이미 듣고 실천하는 군주 자신을 위하여 말해주는 것이 아니라 모든 국민들을 위하여 말하는 것이라 했습니다. 왜냐하면, 수사는 모든 사람들이 그것을 이해하고 그러한 진실을 알게 되기를 원했기 때문입니다.

수사는 예수 그리스도께서 이러한 일을 위해 그에게 준 훌륭한 웅변술과 기백으로 강론을 하였습니다. 그래서 모두의 감탄을 샀으며 노부나가는 매우 특이한 우애의 표시들을 우리에게 보이면서 로렌소와 오랫동안 얘기를 하였습니다.

이를 통해 추측하건대, 진실의 믿음에 거의 나설 만큼 그의 영혼 속에 수많은 시험을 주면서 이미 예수 그리스도께 그의 마음속에 있다고 보여졌습니다. 이 만남의 중요성은 이 지방의 모든 주민들이 하느님에게 자신들을 바치도록 한 것입니다. 현재 두 개의 왕국을 통치하고 있으며 전 일본의 후계자인 노부나가의 장남에 관하여 무엇을 말할 수가 없었습니다. 매우 명확한 태도로 보아서 그의 아버지인 노부나가가 개종할 시각에 도달했음을 우리에게 알려줍니다. 왜냐하면, 우리 선교사들이 그를 방문할 때마다 설교 듣기를 원하며 항상 만족해하였기 때문입니다. 얼마 전에 노부나가는 오르간띠노 신부에게 그의 모든 왕국들이 천주교화 하기를 희망한다고 말한 적이 있으며 그도 이미 반은 천주교도가 되었다고 하였습니다. 그러한 표시로써 그의 모든 왕국에서 우리의 신성한 믿음을 자유롭게 설교하도록 허락을 하였으며, 원하는 자는 누구나 천주교도가 될 수 있다는 허락을 하였습니다. 또한, 그의 도시에서 매우 훌륭한 장소를 제공하여 그곳에 교회를 세우도록 하였습니다. 그러나 그 다음날 전쟁터로 출발하여 아직 돌아오지 않고 있어서 실행을 하지 못하고 있습니다. 그가 돌아오자마자 신부는 로렌소 수사와 함께 우리들의 신성한 계명을 그곳의 왕국들에서 설교하기 위해 갈 것입니다. 그의 개종은 어려움이 없을 것으로 기대합니다. 며칠 전에 노부나가의 비서가 전쟁터로부터 신부에게 편지를 썼는데, 군주가 우리의 일에 대해 표명하는 큰 관심과, 군주는 천주교도가 될 각오가 이미 되어 있기 때문에 천주교도가 되기 위하여 어떻게 준비해야 하는가를 물어왔습니다.

두 달 전에 본인이 "가와치(河內)"의 교회들을 방문하고 있었을 때 나의 동료 꼬스메 수사는 매우 훌륭한 전도사여서 매일같이 통상적으로 4차례 강론을 하였고 때로는 하루 6차례 강론을 했는데 이때에 천주교도들은 물론 이교도들로부터 큰 결실을 얻었습니다. 그때 400명이 세례를 받았으며 그들 중 많은 수가 지금 우리가 있는 사까이(堺)시의 좋은 가문의 귀족 출신들이었습니다.

사까이(堺)시는 일본의 도시들 중 매우 중요한 곳인데 설교 때에 많은 군중이 몰려들어 많은 수가 개종을 했습니다. 그중에는 매우 유명하고 모든 사람들의 존경을 받는 한 의사가 있었는데, 이틀 전에 저는 그에게 세례를 주었습니다. 그는 매우 학식이 높은 인물이며 올바른 판단력을 가졌고 일본의 모든 교리들에 정통한 사람이었습니다. 이 사람이 설교를 듣기 위해 왔는데 거기서 그는 매우 흡족하여서 세례를 받기 전에 친지와 동료들에게도 자신이 이미 찾은 진정한 구원의 길을 찾아오도록 설득작업을 펼치곤 하였습니다. 그의 개종은 모두에게 매우 경탄할만하였고 우리는 기대하기를 하느님께서 이 시 전체의 개종을 위한 방편으로써 그를 택한 것이라 여겼습니다.

이미 그곳에서도 "붕고(豊後)" 왕의 위대한 믿음과 영웅적인 덕망에 대하여 알고 있을 것입니다. 그의 왕국에 노센(Nocen)이라고 불리는 곳에서 올해 많은 기적들이 일어났는데 신성한 세례를 통하여 처음으로 약 1,000명의 천주교도들이 생겨난 것 외에, 한 나병 환자가 거기서 오랫동안 천주교도들의 소식을 듣고서 천주교도가 되기를 원하여서, 그의 친구 천주교인과 의논을 하며 그에게 방법을 알려달라고 청하였습니다. 그의 소원을 성취하기 위하여 천주교도는 소박하고 정직하게 대답하기를 그가 그렇게 병이 있으므로 어떤 방안을 주어야 할 일인지 모르겠다고 했습니다. 왜냐하면, 그러한 상태에서는 그가 멀리 있는 교회에 갈 수도 없으며 그의 집으로 신부를 부를 수도 없었습니다. 그래서 그가 천주교도가 되기를 진심으로 원한다면 그의 집 근처에 있는 십자가를 매일 같아 방문하여 그의 성스러운 소망들을 얻기 위하여 그 앞에서 신념을 갖고 하느님에게 건강을 베풀어 주시기를 빌도록 했습니다. 착한 나병 환자는 이 충고를 받아들여서 매일같이 십자가를 찾았는데, 삼일 째 몸이 깨끗하게 나아서 그의 신체에서 나병의 흔적이 감쪽같이 없어졌습니다. 그리하여 그는 커다란 기쁨을 갖고 교회로 가서 믿음의 일들에 관한 학습을 받은 후 세례를 받았습니다.

또 다른 기적은 오래전부터 아무것도 볼 수 없던 5명의 장님들이 성스러운 세례를 받자마자 완전하게 시력을 회복한 일입니다. 하느님께서 행하신 수많은 기적적인 업적들은 위에서 본인이 언급한 사건들로 귀하가 추측하여 헤아려 볼 수 있을 것입니다.

현재, 전 일본에 천주교도의 숫자는 130,000명에 달할 것입니다. 그들을 위하여 일하고 있는 신부와 수사들은 54명인데 업무를 잘 수행하기에는 매우 부족합니다. 우리가 기대하는 커다란 수확을 얻기 위하여서는 동료들이 많을수록 앞으로 단시일 내에 일본을 약속의 땅(성서에서 하느님이 유태인에게 약속한 가나안의 땅)으로 만들 것입니다.

4. 1585년 서간문

제목 : "1585년 10월 30일 오사까(大阪)에서 그레고리오 · 데 · 세스뻬데스 신부가 인도의 관구장 알레한드로 · 발리그나노 신부에게 쓴 편지"

찬미예수

올해 1585년에 고끼나이(五畿內)에 있는 신부들과 수사들은 우리 모두의 앞으로 보내주신 관구장님의 서신을 받아보았으며, 오르간띠노 신부 앞으로 보낸 편지의 내용에 대해서도 소식을 들었습니다. 이 두 편지는 우리들에게 매우 크고도 특별한 위안을 주었습니다. 왜냐하면, 그 서신 속에는 우리들은 항상 관구장님의 정신적인 아들로서 알고, 경험하고 있는 관구장님의 사랑이 얼마나 진실하고 변함이 없는지를 분명히 보았기 때문입니다. 그래서 그토록 멀리 떨어져 있고 바쁘신 중에도 관구장님께서 이곳 일본 왕국들에 있는 천주교 신자와 일꾼들에 대하여 베풀어 주시는 배려와 사랑과 보호를 우리는 아직도 잊을 수가 없습니다. 다시 한번 우리들은 관구장님이 베풀어주실 사랑에 커다란 희망을 품고 있으며, 이것이야말로 하느님께서 이곳에 있는 신자들에게 베풀어주시는 호의로서 이곳의 모든 왕국들이 천주교화가 되는 것을 희망하고 계신다는 것을 믿고 있습니다. 이제 하느님께 청하건대 관구장님에게 보다 큰 용기와 활력을 불어넣어 주시기를 희망하며 그리하여 관구장님이 일본을 구원하고 아울러 우리의 소망을 만족시킬 훌륭한 임무를 수행할 수 있을 것입니다.

이 편지에서 본인이 상세하게 이 지역의 소식들을 쓸 필요는 없을 것으로 압니다. 왜냐하면, 관구장님께서 여러 다른 신부들의 편지들을 통하여 이곳의 소식을 잘 아실 것이기 때문입니다. 그러나 본인에게 주어진 바대로 항상 상세하고도 진실하게 관구장님께 편지를 써야만 하는 의무감을 갖고 있음에 아직은 이곳에서 그러한 실수를 하지 않을 작정입니다. 현재 본인이 얘기할 소식과 사건들이 많습니다. 지난 2년간 우리가 이곳에서 보낸 편지들을 통하여 관구장님께 이곳을 방문하신 후로 많은 변화가 일어나고 있었음을 아셨을 것입니다. 무엇보다도 노부나가(職田信長)와 그의 큰아들의 죽음과 암살자 아께치(明智光秀)의 종말을 들 수 있습니다. 관구장님이 이곳에 머무시던 때에 파시마(羽島) 왕국의 대명이었던 파시마 · 지꾸젠도노(羽柴筑前守秀吉)의 손아귀에 일본의 세력이 들어갔으며 모리(Mori)까지 정복하였습니다.

그러나 우선 관구장님이 일본의 현 상황과 사태를 인식하시기 위하여 현재 천주교와 이에 종사하고 있는 일꾼들에 관하여 이야기하고자 합니다. 첫째로 현재 우리들은 "고끼나이(五幾內)" 지방에 5명의 신부들－오르간띠노(Organtino) 신부, 죠셉(Joseph) 신부, 빠시오(Pasio) 신부, 까리온(Carrioín) 신부, 그리고 본인(세스뻬데스 신부)이 있으며 5명의 일본인 수사들과－로레소, 비센떼, 꼬스메, 죠안, 이그나시오－유럽에서 온 3명의 수사들인－바르똘로메(Bartolomeé), 헤로니모 · 바스(Gerónim Vaz), 디에고 · 페레이라(Diego Fereira)이며－이들 모두가 하느님 덕분에 건강한 모습들입니다. 수도원은 메아꼬(京都), 다까스끼(高槻), 오사까(大阪), 사까이(堺)에 있는데, 메아꼬 수도원에는 까리온 신부가 있고, 다까스끼에는 죠셉 신부가, 이곳 오사까에는 본인이 있으며 사까이에는 빠시오 신부가 있습니다.

그리고 신학교와 수도원에 있는 도쥬쿠(同宿)들은 34~35명에 이르는데 이들은 우리들의 교리에 관해서나 일본의 종파들에 관하여 지식이 많은 자들이며, 개종을 위하여 필요한 덕성과 학식을 가진 자들로 선교활동의 발전을 위하여 아주 훌륭한 인물들입니다. 우리는 이들에게 큰 기대를 걸고 있는데, 이들이 행하는 임무와 노력의 덕분으로 선교활동에 큰 도움이 되고 있으며, 많은 사람들이 대단한 열의와 보람을 갖고 이교도들뿐만 아니라 천주교 신자들에게도 설교를 합니다. 관구장님께서는 커다란 위안으로 이러한 얘기들을 좋아하실 것으로 압니다. 왜냐하면, 일본 왕국들은 개조를 위하여 매우 중요하고 필수적인 일로 신학교에 심어놓은 나이 어린 일꾼들이 하루속히 성장하여 훌륭한 결실을 보게 될 것을 관구장님은 기대하실 것으로 알기 때문입니다.

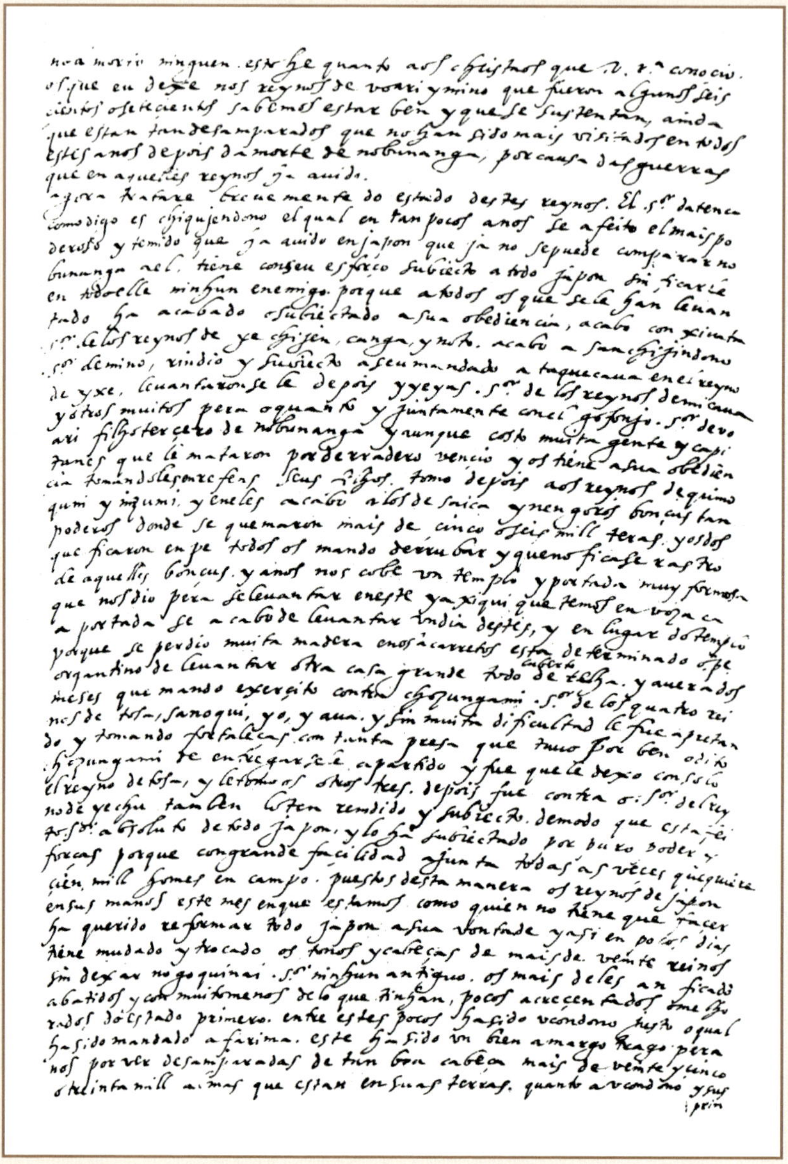

1585년 세스뻬데스 신부의 친필 서간문
(로마 예수회 본부 고문서 보관소 소장)

하느님의 호의 덕분에 모두 수도원에서는 선교활동에 풍성한 수확을 얻었습니다. 올해 1585년에 세례를 받은 숫자가 3,000명 이상이 될 것으로 믿습니다. 이들 중의 대부분은 우꼰도노 · 후스또(Ucondono Justo) 영지에 사는 사람들입니다. 지꾸젠도노(豊臣秀吉)가 거주하고 있는 이곳 오사까에서 여러 명의 중요한 대명(daimyo : 다이묘)들에게 성스러운 믿음을 주게 되었습니다. 그들 중에 가장 중요한 인물은 가모핀단도노(Camofindandono)라고 불리는데 이세(伊勢)에서 쌀 250,000가마 이상의 은급을 받는 대명이며 그의 휘하에 약 6,000명의 군사를 거느리고 있습니다. 또 다른 대명은 지꾸젠도노의 신하로서 꼰데라구암피오예(Conderaguamfioye)라고 불리는 자인데 그는 파시마(羽島)에서 약 60,000가마의 은급을 받고 있습니다. 또한, 미노(美濃)에 20,000가마 이상의 은급을 받는 이치파시 · 피오기치(Ychifaxi Fioguichi) 대명이 있고 또 다른 인물로서 마끼무라 · 쵸비오예(Maquimura Chobioye)라는 매우 신임 받는 사람이 있는데 오미(近江)에서 약 25,000 가마의 은급을 받고 있습니다. 그 외에도 중요한 인물들이 많이 있는데 자신들이 알려지기를 원치 않으므로 더 이상 호명 않습니다. 대략 유명 인사들의 숫자가 모두 200명 이상에 달하는데 이들 휘하의 모든 병사와 사무라이(武士)들은 이곳 오사카 교회에서 성스럽게 세례를 받았습니다. 그리하여 우리들은 앞으로 일본의 왕국들에서 신성한 교회를 뿌리내려 정착시키게 될 것으로 굳게 믿습니다.

지금 우리가 희망하는 것은 위에서 언급했던 대명들이 구원의 품으로 들어오게 하기 위하여 일본 내에 평화와 안정이 정착되기를 바라는 바입니다. 그들의 믿음과 솔선수범이 다른 사람들로 하여금 하느님을 알기 위해 찾아오도록 만들 것입니다. 그러나 아직도 계속되는 전쟁들 때문에, 이들의 구원 문제를 얘기하기 위하여 방문하고자 하는 계획은 저지당하고 있습니다. 하느님의 자비를 보고 이를 따라 행하기 위하여 천주교도가 된 사람들도 계속 커다란 열의와 신부들에 대한 복종심을 갖고 매우 잘 행동합니다.

관구장님이 아시는 대명들과 관리들의 근황에 관하여 얘기 듣기를 원하시리라는 것을 제가 알기 때문에 하나하나 말씀드립니다. 가와치(河內)의 "유낀도노"는 "이예야스" 영지의 "오아리(尾張)" 왕국에서 지꾸젠도노(豊臣秀吉)의 군대와 가진 전쟁에서 죽었습니다. 미노 왕국의 대명과 그의 아들을 포함한 중요한 장군들의 대부분이 패배하여 죽었습니다. 그곳에서는 "유낀도노"와 "단곤도노" 등 40명 이상의 천주교도들이 죽었으며 그들 중에는 "예춘도노"와 그의 부하들과 그리고 관구장님도 잘 아시는 "피라탈리온"의 아들인 "요수께 · 파울로"도 포함되어 있습니다. "피라탈리온"도 한 달 전에 병으로 죽었는데 모두가 천주교 신자들로서 종부성사를 받았습니다. 유낀도노의 죽음으로 그의 가문은 최후를 맞았으며 그의 부인 마르타(Marta)와 아들들은 그의 아버지의 집에서 살고 있습니다.

"단곤도노 · 야펜지"는 모두 "우꼰도노"의 휘하에 있으며, 그의 부인과 그는 건강이 좋으며 매우 훌륭한 천주교도들입니다. "상강도노"는 "아께치"의 측근이었으므로 아께치(明智光秀)가 죽은 후에도 상가(三箇)를 떠나 도망쳐서 야마토(大知)로 대피해야 했습니다. 그곳에서 그는 몇 해 동안 전부터 지금까지 다시 그의 지위를 회복할 희망 없이 그대로 지내고 있습니다. 그러나 만시오(Mancio)는 아주 많은 식량을 소유하고 있는데 이는 전쟁을 수행해 주는 의무나 부담 없이 쌀 400가마의 은급을 야마토(大知)의 대명이 베풀어 주기 때문입니다. "산파꼬"(Sanpaco)는 항상 교회에서 지내었으며 이제는 훌륭한 신자가 되었습니다. 단곤도노(Tangondono)는 가와치(河內)의 여러 다른 대명들과 함께 그의 땅에서 추방당했으며 여러 곳으로 흩어졌는데 모든 사람 중에 가장 성공을 거둔 자는 단곤도노로서 매우 훌륭한 장군이 되었고 지금은 오미(近江) 왕국의 영주인 지꾸젠도노 조카의 휘하에 있습니다. 이 영주로부터 매년 8,000 가마의 은급을 받습니다. 그의 부인 "마리아"는 변화 없이 관구장님이 보았던 그대로 지내고 있습니다. 이처럼 "가와치(河內)" 왕국의 모든 천주교 장군들과 병사들은 뿔뿔이 흩어졌으며 일반 백성들은 영혼이 없는 육체처럼 남게 되었습니다. 그러나 몇몇 사람들은 언제나 그렇듯이 건강한 모습을 보여줍니다.

상가(三箇)의 교회들은 전쟁 중에 불탔으며 오까야마(知歌山)의 교회는 이곳 오사카에 세워졌습니다. "요노신가따"와 천주교 신자들과 미망인과 그의 아들들과 "기우지"라고 불리는 천주교 대명은 모두 별 변동 없이 잘 지냅니다. 사까이(堺)의 "데오께호인 · 소살"과 그 외의 모든 사람들도 잘 지내며 리우자(小西隆信)와 그의 아들 "야꾸로(彌九郞: 小西行長을 말함)"는 매우 훌륭한 영지를 갖고 있는데 왜냐하면, 지꾸젠도노(豊臣秀吉)의 신임을 몹시 받고 있기 때문입니다. 또한, 그들에 대한 신뢰는 점점 높아져 갑니다. 리우자에게는 가와치(河內)에서 14,000가마의 은급을 주는 세금을 징수하는 높은 직위를 주었고, 그의 아들인 "야꾸로 · 아우구스티누스"(小西行長—고니시 · 유키나가를 일컬음)는 일본 전 해상의 총 사령관으로 임명했습니다. 그의 "쇼도시마(小豆島)"라 불리는 섬과 무로(牟婁)항구와 그 외에 두세 개의 도시를 다스리는 영주입니다. 그래서 약 20,000가마의 은급을 받는데 그의 교회의 진실한 신자이며 매우 훌륭한 천주교도로서 칭송을 받습니다. 그는 교회의 진실한 신자이며 매우 훌륭한 천주교도로서 칭송을 받습니다. 그는 교회에 매우 많은 헌금을 하는데 그는 하느님과 교회를 위하여 그의 재산과 생명을 바치기를 희망하고 있습니다. 또한, 불쌍한 천주교 신자들에게 큰 자비를 베풀어 줍니다.

이렇게 하여서 일본 전역에서 커다란 승리를 거둔 결과와 용기에 의하여 지꾸젠도노는 일본의 실력자로 부상하였습니다. 우꼰도노 · 후스토는 매우 드물게 보는 탁월한 인물이며, 나날이 덕성이 커지며, 생활의 모점으로 인격이 빛나고 있음을 보고서 이곳 땅에서 이미 세례를 받은 바 있는 앞에서 언급한 영주들에게 하느님께서 광명을 내려주셨다고 말할 수 있겠습니다. 왜냐하면, 그의 말과 설득으로써 모든 사람들이 설교를 듣도록 감명을 주어 움직였으며 관구장님이 세상에서 아주 위대하고 매우 열성적인 이 같은 대명을 한 사람 알고 있는 것처럼, 그는 이 세상밖에 살고 있는 사람처럼 보입니다. 왜냐하면, 국가의 행정업무를 게을리 하지 않으면서도 모든 사람들이 창조주 하느님을 알도록 끊임없이 설득하고 다닙니다. 그는 하느님의 일들에 관하여 조리 있게 말하며 일본인 수사들 중에 어느 사람도 그를 따르지 못하며 그의 생활은 이교도들의 감탄을 자아냅니다.

이런 식으로 모두가 그를 사랑하고 존경하며 어느 사람도 우꼰도노의 생활의 순수함을 모방할 수 없을 것이라고 말합니다. 그는 정결한 생활을 몹시 원하는데 이곳에 그의 가족들과 가신들이 있습니다. 그의 아버지 다리오(Dario)는 역시 매우 훌륭한 신도이며 덕행에 있어서 그의 아버지들보다 못하지 않습니다. 또한, 그의 동생 타라예몬(Tarayemon)과 그의 부인 후스따(Justa)와 큰아들은 모두 건강한 모습으로 지냅니다. 관구장님이 세례를 해준 아들은 죽었으나, 그 후에 아들을 다시 낳았습니다. 그의 신하들은 모두 무사히 생존해 있습니다. 지금까지의 얘기들은 관구장님이 아시는 이곳의 천주교도들에 관한 소식입니다.

오아리(尾張)와 미노(美濃) 왕국에 본인이 남겨준 천주교인들이 약 600~700명에 달했는데, 이들 모두가 잘 지내고 있습니다. "노부나가(職田信長)"의 죽음 이후에 그곳 왕국에서 벌어진 전쟁들 때문에 최근 몇 해 동안 아무도 그곳을 방문하지 못하여서, 신자들은 의지할 곳 없는 생활로 지냈습니다.

이제부터 일본 왕국들의 내부 상황에 관하여 요약하여 말하겠습니다. 이미 말씀드렸듯이 덴까(日本天下)의 군주인 지꾸젠도노(豊臣秀吉)는 단시일 내에 노부나가(職田信長) 군주와 비교할 수 있을 정도로 일본에 존재했던 가장 강력하고 두려운 실력자가 되었습니다. 그는 자신의 노력으로 전 일본을 수중에 넣었으며 그에게 대항할 적이 아무도 없게 되었습니다. 왜냐하면, 그에게 대항해 일어난 모든 자들은 죽음을 당했거나 그에게 복종을 하게 되었습니다. "예치렌"(越前), "캉가"(加賀), "노토"(能登) 왕국의 영주인 시나따(Xinata)도 최후를 맞았습니다. "미노"(美濃)의 영주인 "산치힌도노"도 죽었으며 이세(伊勢) 왕국에 "다께가마"의 항복을 받아 그의 휘하에 두었습니다. 그 후에도 미까와(三河) 왕국 "곤손호"(Gonsonjo)와 함께 많은 사람들이 반기를 들었습니다. 여기서 많은 사람과 장군들이 희생되었지만 끝내는 지꾸젠도노가 승리하였고 자식들을 인질로 잡으면서 자신에게 복종하도록 하였습니다.

그리하여 "기모꾸미"와 "이수미(知泉) 왕국을 점령하였고 그곳에서 아주 세력이 큰 사이까와 덴고로스교파의 승려들을 죽였으며 그곳에서 5,000~6,000여 채의 집을 불태웠습니다. "지꾸젠도노"는 일부분 남아 있던 두 종파들을 모두 파괴할 것을 명령했으며 그리하여 이들 종파의 승려들은 흔적도 남지 않았습니다. 그러나 오사카(大阪)에 갖고 있던 큰 저택에 세우기 위해 우리에게 주었던 매우 아름다운 문(사원의 입구에 세운 홍살문을 가르치는 듯함)과 사원은 파괴되지 않고 남았습니다. 최근에 문은 세웠지만, 운반 도중 많은 양의 나무를 잃어버려서 오르간띠노 신부는 사원 대신에 지붕을 기와로 덮은 집을 짓기로 하였습니다.

두 달 전에 지꾸젠도노는 토사(土佐), 산노끼(讚岐), 요(伊豫) 그리고 아우아(阿波)의 네 왕국의 영주 쵸순가미(Chozungami)를 쳐부수기 위하여 군대를 보냈는데 별 큰 어려움 없이 공격하여 신속하게 성들을 함락시켰으며 쵸순가미는 항복을 하였습니다. 그리하여 그에게는 단지 토사(土佐) 왕국 하나만을 남겨 주었고 나머지 세 왕국은 빼앗았습니다. 그러고 나서는 예추(越中) 왕국의 영주를 굴복시켜 자신의 휘하에 넣었으며, 그러한 방식으로 전 일본의 절대군주가 되었습니다. 그는 오직 무력과 힘으로 아주 손쉽게 매

차례마다 100,000명의 군사를 배치하여서 일본의 모든 왕국을 손아귀에 넣었습니다.

이번 달에는 그가 아무런 할 일이 없자 전 일본을 그의 의도대로 개혁하고자 하였습니다. 그리하여 며칠 내에 20개 왕국 이상의 영주들을 이동 교체하였는데 "고끼나이"(五畿內) 지방에서는 옛날 영주들을 한 명도 남겨 두지 않고 바꾸어 버렸습니다. 그들 중에 거의 대부분은 제거되었으며 그들이 소유하고 있던 것보다 훨씬 작은 세력을 갖게 되었습니다. 이전 상태보다 더 좋아진 예는 거의 없으나, 몇 명 안 되는 예 중에 우꼰도 · 후스또(Ucondono Justo)가 있었는데 그는 파시마(羽島) 영주로 임명되었습니다. 그의 영토에 있는 25,000~30,000명 이상의 사람들이 그토록 훌륭한 영주를 잃고 의지할 곳 없이 된 것은 실로 불운한 일이었으나 우꼰도노와 그의 참모들과 병사들은 신분이 좋아졌습니다. 왜냐하면, 우꼰도노가 받았던 은급은 40,000가마에 해당하는 직위였는데 이제는 그에게 파시마에서 20,000가마를 더 보태게 되어서 모두 60,000가마가 되었고 그 외에도 바닷가에 있는 무로(牛婁)시 옆에 있는 가시(Caxi)라고 불리는 땅에서 그는 200가마 이상의 소득을 갖게 되었습니다.

이러한 사태 속에서 "우꼰도노"보다 더 좋은 혜택을 얻을 자는 아무도 없습니다. 왜냐하면, 앞으로 모든 일을 우꼰도노 자신이 처리하여 정치적 판도에 더 이상 변화가 없다는 보장을 받았기 때문입니다. 따라서 우꼰도노 지역과 다까스끼(高槻) 지역에서는 교회를 괴롭힐 일은 없게 되었습니다. 그리고 지꾸젠도노는 모든 신부들이 어떠한 방해도 받지 않고 그들의 복음전파 사업을 수행하기 위하여 머물도록 명하였습니다. 이러한 모든 일은 하느님의 은총과 자비 덕택입니다. 그 당시 우리들은 모든 가톨릭이 실패로 끝났다고 믿었는데 왜냐하면, 신학교가 오사카로 옮겨진 상태였기 때문입니다. 백성들은 신부들이 그들에게서 떠나갈까봐 매우 걱정하였으며 천주교에 대해 아주 굳건한 신념과 희망을 보였습니다.

이에 오르간띠노 신부는 죠셉 신부가 다까스끼(高槻)에서 계속 머물도록 지시했습니다. 그래서 후안 · 비센떼 신부와 몇몇의 도쥬쿠(同宿)들과 함께 있으며 하느님께서는 그곳의 천주교도들에게 그 외에도 많은 도움을 베풀어 주도록 하였습니다. 왜냐하면, 지꾸젠도노는 우꼰도노의 은급의 많은 양을 착실한 천주교 신자인 그의 비서 "미도노"에게 내리게 하였기 때문입니다. 이로써 그곳 산악 지방에 있는 천주교도들 대부분은 하느님의 은총에 믿음을 가졌으며 매우 쉽게 천주교를 지켜나갈 것입니다. 또 한편으로는 현재의 고행이 이중으로 위안을 가져다줄 것임을 의심치 않습니다. 왜냐하면, 우꼰도노 · 후스또 같은 훌륭한 씨앗과 재목을 보내어서 하느님이 파시마(羽島) 왕국과 그 주변의 지방들을 개종시키기를 원하는 것이라고 생각되기 때문입니다.

사까이(堺)에서 사들인 땅에다 올해에 오르간띠노 신부는 수도원을 지었는데 매우 훌륭하고 아름답게 꾸몄습니다. 지붕 위에는 금빛의 거대한 십자가를 세웠는데 사까이 전체 시내에 기쁨과 영광을 비춰줍니다. 하느님께서 그곳 바빌로니아와 혼란의 와중 속에 당신의 성스러운 십자가의 기치를 세우도록 허락하셨으며 우리는 조만간에 이미 뿌리를 내린 사까이시가 신청한 교리 밑에 순종할 것임을 굳게 믿습니다.

얼마 전에 이 지방으로 온 프란시스코 · 빠시오 신부는 엄청난 노력으로써 일본어를 배웠으며 모든 사람이 이를 기뻐합니다. 우리들의 형제인 시메온 · 데 · 알메이다 신부는 하느님 곁으로 갔음을 알립니다. 그는 매우 오랫동안 병으로 고생하였는데 폐병으로 숨졌습니다.

다까스끼(高槻)에서 사순절을 보낸 후에 16~17세의 청년인 지꾸젠도노의 조카가 왔는데 그는 치우뀨우(筑後)와 산악 지방을 통치하면서 그의 집안을 이끌어 나갔으며 아인도노를 대관으로 앉혔습니다. 야마토(大知) 왕국은 그의 동생에게 주었는데 그의 입성으로 악마들은 큰 힘을 잃게 되었습니다. 왜냐하면, 이러한 영주들의 결정으로 모든 가미와 포또께에 던져주던 시주를 그들의 병사들을 위해 썼고 고끼나이(五幾內)뿐 아니라 "나라"(奈良)와 야마토(大知) 왕국의 나머지 지역에서도 그러했습니다. 이제 지꾸젠도노의 동생의 입성으로 모든 것이 마무리 지어졌습니다. 지금까지 말씀드린 것은 상황을 상세히 기록한 것입니다.

다른 한편으로는 모든 사람들의 마음속에서 우리의 신성한 믿음과 우리들의 얘기에 귀를 기울이는 소리가 있음을 알려드립니다. 우리는 언젠가 평화가 지속되는 날이 온다면 아주 풍성한 수확을 거두어들이게 될 것을 확신합니다. 그러나 이곳 수도원에서 일을 할 동료와 일꾼들이 부족하여 기대하는 것만큼 수확을 거두지 못하고 있습니다.

우리는 관구장 신부님께 바라옵건대 당신이 사랑하는 일본 땅을 도와서 많은 수확을 거둘 수 있도록 많은 신부와 수사들을 보내주기 바라며 관구장 신부님께서도 이곳에서 데려간 일본인들이 여행을 성공적으로 마친 후 우리들을 위로하고 인도하기 위하여 함께 방문해 주시기를 바랍니다. 그렇게 된다면 우리 모두가 더없이 기쁠 것입니다. 관구장 신부님께서 그러한 신성한 사명으로부터 얻고자 하시는 결실과 목표를 달성하여 귀환하시기를 바랍니다. 관구장님께서 읽어서 위안이 될 수 있는 다른 일이 더 이상 없음에 이만 줄입니다.

성스러운 헌신과 기원을 저에게 베풀어 주시길 빌면서 1585년 10월 30일.

하느님의 충직한 아들

그레고리오 · 데 · 세스뻬데스

(자필사인)

5. 1586년 서간문

제목 : "1586년 9월 10일 오사카(大阪)에서 그레고리오 · 데 · 세스뻬데스 신부가 동료 신부들, 수사들 그리고 도쥬쿠(同宿)들에게 쓴 서간문의 사본"

준관구장 신부가 고끼나이(五幾內) 지방에 머무는 동안에, 본인은 무로(牛婁)시에서 일어난 모든 일들에 관하여 편지를 쓴 바 있으며 지금 간단히 얘기하고자 하는 것은 붕고(豊後)를 향해 준관구장 신부가 출발한 후에 일어난 일입니다.

사까이(堺)시에서부터 45레구아 가량 떨어진 곳에 있는 비젠(備前) 왕국의 항구 도시까지 본인은 동행을 했습니다. 그곳에서 본인은 준관구장에게 작별인사를 하고서 그의 명령으로 감바꾸도노(豊臣秀吉)의 수군 총대장인 야꾸로도노 · 아우구스티누스(小西行長)의 영지인 쇼도시마(小豆島)라 불리는 섬으로 갔습니다. 그곳에는 지금까지 천주교도는 한 사람도 없었고 우리의 교리 소식도 전혀 없었던 곳인데 본인을 따라서 함께 온 일본인 수사 후안이 설교를 듣도록 섬 주민들을 설득하여 첫날에 100여 명 이상의 청중이 왔습니다. 그중에서 반수 이상의 사람들이 훌륭하게 설교를 이해한 후에 천주교도가 되기를 갈망하였습니다. 그때까지 섬사람들은 그토록 이성을 잃은 채 그들의 우상 가미와 포또께와 불교의 우상들을 받들어 모신 무지함을 알고서 그들이 들은 설교에 대해 감탄을 금치 못하였습니다.

그리하여 모든 사람들을 대표하여 10~12명가량이 그곳에서 불교 승려들을 찾아가 진정한 구원의 길에 관하여 그들이 들은 사실들을 말해주었습니다. 그리고 또한, 천주교의 교리에 의하면 일본의 가미와 포또께는 인간들을 구원할 수 없다는 것이 명백해 보인다고 말하였습니다. 승려들이 이 문제에 관하여 그들에게 얘기해 줄 어떠한 것이 있다면, 그것을 듣겠지만 만일 없다면 자신들은 천주교도가 될 것임을 승려들에게 알리는 것이라고 하였습니다.

승려들은 그들이 마음에 고뇌를 느끼고, 사람들에게 대답할 바를 모른 채 있었습니다. 왜냐하면, 승려들도 그 섬에서 바깥세상과 외떨어진 채 살고 있기 때문에 자신들의 종파로부터 가르침을 별로 받지 못했기 때문이었습니다. 승려들은 대답하기를 사람들은 각자 스스로 원하는 바대로 행하라고 하여 그들이 설교 듣기를 결심하고 그곳에 설교하러 온 신부의 교리문답에 만족하면 이를 따르게 하였습니다. 대표단이 찾아갔던 바로 그 승려들도 나중에 설교를 듣고자 왔으며 모든 사실에 만족하게 되자 주민 50명과 함께 천주교도가 되고자 결심하였습니다. 처음부터 그들에게 교리문답의 설교를 하였으며 하느님의 은덕으로 모든 사람들의 마음속에 하느님의 정신이 불길처럼 일어났습니다. 한 달 이내에 신부는 1.5레구아 거리에 위치한 여러 마을에 사는 1,400명에게 세례를 해주었습니다.

그들은 그곳의 길이가 7브라사(1브라사는 약 1.67m) 이상 되는 매우 크고, 아름다운 십자가를 세웠는데, 그 지역에서는 새로운 천주교 신자들이 대단한 열성으로 모여들었으며 100명 이상의 사람들이 대패질하고 나무를 반반하게 하는 일에 몰두하였고 십자가 밑에 2층의 돌계단을 만들었습니다. 그곳의 여러 곳에서는 자신들의 우상이었던 가미와 포또께를 부수어 버렸습니다. 그들은 교회를 건설하기 위하여 40브라사 이상 되는 넓이의 땅을 선정하였는데 주변에는 잡목과 삼나무가 울창했고 안쪽으로는 배, 무화과, 오렌지 같은 유실수들이 많았습니다.

아우구스티누스는 그곳에다 훌륭한 교회를 건립할 결심을 하였습니다. 그곳 섬사람들은 매우 솔직하고 천주교도들을 위하여 매우 훌륭한 자들입니다. 그곳의 어느 한 마을에서는 모든 사람들이 천주교도가 되는 경우가 발생하였습니다. 남자, 여자, 아이들 모두가 개종했는데 단지 5~6명의 사람만이 이교도로 남아 있었는데 그들 중의 한 사람에게 하느님은 악마가 돌아가게 하여서 헛소리를 지르도록 하자 모든 사람들이 이를 보고 놀라움을 금치 못하였습니다. 이교도로 남았던 다른 5~6명이 이러한 모습을 보고는 황급히 1레구아 떨어진 곳에서부터 내가 있는 곳으로 달려와 자신들에게 설교를 한 후 세례를 해 줄 것을 청하였습니다. 왜냐하면, 그들에게도 악마가 벌을 내리게 할까 봐 겁을 내고 있었으며, 그리하여 천주교도가 되었고 이로써 새로운 신자들은 더욱더 굳은 신념을 지니게 되었습니다.

우리는 섬의 다른 지방으로는 가지 않았습니다. 왜냐하면, 수백 년 동안 그 평화스러운 사람들의 마음속에 있던 악마를 쫓아내는 것을 극복해내지 못할 것이기 때문에, 우리가 계속 활동을 벌이기에 앞서 30명 이상의 승려들에게 섬을 떠나도록 설득하자 불안을 표명하기 시작했습니다. 그래서 이 자들은 다른 섬사람들을 선동하여서 우리의 설교를 듣기 원하는 사람들에게 절대로 그렇게 따르지 말 것을 외쳐대었습니다. 그리하여 우리는 그들의 굳은 마음과 태도를 보고서는 모두가 섬을 떠나버리게 하느니보다 전과 같이 이교도로서 그냥 자유롭게 살도록 내버려 두기로 하였습니다.

우리는 사태를 파악하고서 그때 오사카에 있던 아우구스티누스(小西行長)와 협의할 때까지는 더 이상의 소란과 동요를 일으키지 않기로 결심했습니다. 그래서 아우구스티누스를 대리하여 섬에 남아 있던 매우 훌륭한 천주교도 귀족이 맡아 잘 보살펴주고 있는 그 섬의 신자들과 작별인사를 하였습니다.

우리는 역시 아우구스티누스의 땅인 무로(牛妻) 항구를 향해 떠났습니다. 그곳에서 설교를 듣기 원하는 많은 사람들을 위하여 열흘 동안 머물렀습니다. 그들 중에서 120명이 세례를 받았는데 그들은 그곳 도시의 매우 중요한 인사들이었습니다. 그곳 항구는 후에 개종할 사람들을 위하여 문호를 열어 두었습니다. 왜냐하면, 그곳에는 3,000명 이상의 사람들이 있기 때문입니다.

본인은 오르간띠노 신부와 아우구스티누스에게 그동안 활동한 일을 연락하기 위하여 이곳 오사카(大阪)로 8일 전에 왔습니다. 하느님의 은총으로 모든 영혼을 악마로부터 구하고 창조자이신 하느님 앞으로 인도한 활동들을 전해 주었습니다. 본인이 오사카시에 없는 동안에도 이교도들의 수많은 청원이 끊임없이 있었습니다. 이곳 신학교를 책임 맡고 있는 다미안 마린(Damian Marín) 신부가 많은 병사들에게 세례를 주었는데 그중에는 요새의 몇몇 귀족들과 영주들도 있었습니다. 하느님의 은덕에 힘입어서 비젠(備前) 왕국의 모든 곳에서 몇몇 귀족을 통하여 복음 전파 사업이 시작되었습니다. 머지않아 그들은 우리를 찾게 될 것이고 우리들의 믿음이 그곳에 전파될 것입니다. 다른 왕국의 영주들도 우리의 성스러운 교리를 받아들일 준비가 되어 있습니다.

사까이(堺)시에는 준관구장 신부의 명령으로 활동을 시작했는데 1586년 올해에 매우 아름다운 교회를 그곳에 세웠습니다. 이를 도왔다는 이유로 사까이시의 지사는 감바꾸도노의 미움을 사게 되었으며 그 결과 관직을 박탈당했습니다. 그는 메아꼬의 아주 오래된 천주교도인 아우구스티누스 · 야꾸로도노(小西行長을 가르킨다)의 아버지입니다. 이곳의 천주교 전파활동에 관하여 귀하에게 편지를 쓰기 위하여 본인이 수행한 얘기들을 적어 보냅니다. 성스러운 자비와 기도가 저를 보살펴 주기 바랍니다.

1586년 9월 10일 오사카(大阪)에서

6. 1587년 서간문

제목 : "1587년 고끼나이(五幾內)발 그레고리오 · 데 · 세스뻬데스 신부의 서간문."

준관구장 신부의 전갈이 도착했습니다. 편지에서 모든 신부들과 수사들은 피란도(平戶)로 갈 것을 지시하고 있었습니다. 그리하여 우리들은 출발 준비를 갖추기 시작했고 우리가 쓰던 물건 등을 안전한 곳에 둘 준비를 하였습니다. 며칠 후에 감바꾸도노(豊臣秀吉)는 그의 칙령을 지닌 두 명의 관리를 보내왔는데, 그곳에 우리가 가지고 있던 집들과 교회들을 두고 떠나면 그것들을 인수받기 위해서였습니다. 그들은 무시무시한 모습으로 오사카에 도착하여서는 우리에게 3시간 내에 떠나도록 하였습니다. 우리는 이미 떠날 준비를 하였었고 안전하게 모든 것을 정리하였기 때문에 "무로"(牛妻)를 향하여 배를 탔습니다. 그곳의 모든 지방들에서는 귀하가 상상할 수 있는 고통스러운 사건들을 모두가 겪었기에 지금 그러한 것들을 다시 이야기하지는 않겠습니다.

우리를 추방하기 위하여 감바꾸의 신하들이 오는 것을 기다리는 대혼란의 나날 동안 천주교도들의 헌신을 목격함으로써 본인이 고끼나이(五幾內)에 있는 기간 동안에 그처럼 큰 위안을 받은 적이 없었음을 귀하에게 확언할 수 있습니다. 왜냐하면, 수많은 곳으로부터 천주교도들이 그들의 믿음을 보이기 위하여 모여들었으며, 밤낮으로 우리들 곁을 떠날 줄을 몰랐습니다. 고백성사를 하고 성체를 받으면서 교회는 늘 사람들로 가득 찼으며, 필요하다면 하느님을 위하여 그들의 목숨을 모두가 바칠 준비가 되어 있다고 말하였습니다. 신도들이 커다란 사랑과 헌신 그리고 눈물로써 이러한 의지를 표시하니 아무리 마음이 강인한 사람도 감동하지 않을 수 없었습니다. 커다란 감화를 주는 수많은 일들이 일어났는데 나중에 우리가 만나서 얘기하기로 하겠습니다.

다만, 한 가지 일만은 지금 얘기하지 않을 수가 없는데, 이러한 박해 속에서 모든 사람들이 굉장히 겁에 질려 있었고, 일본 군주의 명령으로 우리가 집과 교회에서 추방되어 내던져짐에 따라 심지어는 돌부리까지도 우리에게 반기를 들고서 우리가 떠날 때 수많은 모욕을 가할 것으로 생각했는데 우리는 그와는 정반대의 경험을 했다는 사실입니다. 왜냐하면, 오사카에서뿐만 아니라 사까이(堺)와 메아꼬(京都) 지방의 이교도들까지도 우리를 동정하면서 감바꾸도노를 잔인하고 이성을 잃은 자로 비난했고, 우리를 만나서 위로하고 선물까지 주면서 작별인사를 하기 위해 찾아왔습니다.

오사카에서 한창 대소요가 있을 때에 놀랄만한 몇몇 사람들의 개종이 있었고 감화를 주는 사건이 있었습니다. 메아꼬 지방에 있던 신부들이 출발을 위하여 수많은 일과 함께 준비를 하고 있을 때, 야마구치(山口)와 붕고(豊後) 지방에서 받은 고통도 그보다 작지는 않았습니다. 그곳의 천주교도들도 똑같은 감정을 가지고 있었으며 그와 같이 신부들이 떠나가야만 하는 것을 보고 고통스러워했습니다. 이 같은 일은 그들에게 커다란 비탄을 초래하는 것이었습니다. 특히 야마구치(山口)에 있는 많은 수의 신부들이 철수하는 것은 매우 힘들고 어려웠습니다. 붕고(豊後) 지방의 철폐로 인하여 수도원이나 수련원과 그 외에 붕고 왕국의 모든 거처들에 있던 신부와 수사들이 철수를 하였습니다. 다만 예외적으로 그곳에 아직 몇 명이 남아 있습니다. 야마구치(山口)의 수도원처럼 그해에 새로이 만들어진 수도원들은 이교도 대명들의 영지에 있었기 때문에 그곳에는 천주교도가 매우 적었으며 위험이 더 컸습니다. 이러한 혼란 속에서 모두가 약탈에 나섰고, 그러한 큰 박해시기에 많은 수의 사람들이 그곳을 떠나는 것은 매우 어렵고 위험해 보였습니다.

그러나 같은 시기에 일본 내에서 수많은 신부와 수사들이 여러 지방과 왕국에서 추방되는 것을 볼 수 있었는데 그 숫자는 113명에 달했고, 그 외에도 신학교에 있는 70여 명의 귀족 청년들과 수도원에서 일을 거들어주던 많은 도쥬쿠(同宿)들이 있었습니다. 이들 중 대부분이 이교도 대명들의 영지에 머물고 있었으며, 앞에서 말했듯이 떠들썩한 공표와 함께, 모두가 두려워하는 전 일본 군주인 감바꾸도노의 명령에 의하여 천주교 교리에 대한 모욕과 아울러 광적으로 거의 모두를 추방하게 하였습니다. 또한, 여러 곳에서 노력과 희생으로 우리들이 이룩하였던 교회와 수도원들을 빼앗았으며 그중에 어떤 것은 군주 자신이 차지하거나 그에게 잘 보이는 자에게 하사하였습니다.

아직까지 모든 곳에 산재해 있는 신부들에게 그런 방식으로 떠날 것을 시달, 명령하고 있었는데, 신부들은 그들의 수도원에서 약탈당하거나 자신들이 지니고 있던 물건이나 재물들을 도둑질 당하지는 않았습니다. 이와 유사한 혼란 상황에서는 누구든지 취할 수 있는 것을 마음대로 갖는 것이 일본 내에 널리 알려진 관습이므로 모두에게 위험이 뒤따랐고 그들이 지니고 있는 물건들뿐만 아니라 이곳에서 저곳으로 이동하는 중에 신부들의 목숨까지도 위험한 일이었습니다.

하느님의 은덕으로 일본 내의 여러 지방으로부터 그토록 많은 사람들이 움직여 이동했음에도 어떤 불행한 사고도 일어나지 않았으며, 다만 여행 도중에 다른 사람들보다 한참 뒤떨어져 오던 수사 한 명을 괴롭힌 일이 생겨났을 뿐입니다. 모두를 올바르게 인도하고 길을 알려준 것은 하느님의 섭리 외에도, 천주교 신자들이 지니고 있는 믿음과 사랑의 힘이 컸습니다. 왜냐하면, 일본 내의 각 지방으로부터 수많은 사람이 모여들었으며 어떤 혼란도 일어나지 않도록 굉장한 노력을 하였기 때문입니다. 또한, 일본 각지에 있던 신부들이 아주 훌륭한 명성을 얻고 있었으며 수많은 높은 관리들을 천주교도로 개종시켰기에 큰 협조를 받았습니다.

일본 내의 대부분의 대명들도 천주교 박해를 매우 기이하게 생각하였으며, 이교도 대명들에게 조차도 참을 수 없는 일로써 이치에 어긋나는 것으로 생각되었습니다. 이곳 땅에서 그토록 모범이 되게 많은 선행을 하면서 아무런 피해도 주지 않으며 살고 있는 외국 사람들에게 그토록 큰 모욕과 고통을 주는 것은 이치에 어긋나 보였습니다. 특히 일본에서는 항상 개인 각자가 원하는 종교를 선택할 자유와 자신에게 더 좋아 보이는 종교로 개종할 수 있는 자유가 있습니다. 그런데 이러한 박해를 함으로써 추방된 신부들로부터나 다른 사람들로부터 그러한 소식을 듣게 되는 일본 사람들에게까지 나쁜 인상을 불러일으키게 될 것입니다.

이러한 이유로 이교도 대명들도 신부들을 동정했으며 신부들이 두고 가는 교회와 수도원들을 자신들이 잘 보살펴 줄 것을 약속하면서 신부들을 찾아왔습니다. 그들은 감바꾸도노가 마음을 돌이켜 우리가 그들의 땅에 다시 돌아와 주기를 기대했습니다. 그러나 아직도 우리들의 교회를 증오하면서 축제를 여는 많은 승려들과 이교도들이 있고 우리들과 하느님의 신성한 교리에 대하여 비난과 모욕을 그치지 않았는데, 그중에는 특히 군주에게 호의적이거나, 혹은 바람이 부는 대로 쉽게 따라 움직이는 속인들이 있습니다.

7. 1588년 서간문

제목 : "1588년 1월 18일 아리마(有馬)에서 쓴 그레고리오 · 데 · 세스뻬데스 신부의 서간문 사본"

크리스마스 날에 하느님 앞에서 새로이 서언을 한 후에 우리들은 아리마(有馬)를 출발하였습니다. 왜냐하면, 타카구(高來) 지방에서 중요한 안도꾸의 영지 시마바라(島原)에서 기대되는 수확을 거두어들이기 위함이었습니다. 그리하여 하느님의 도움에 힘입어 매우 풍요한 결실을 얻게 되었습니다. 왜냐하면, 본인이 데리고 간 4명의 일본인 수사들이 여러 곳에서 전교 활동을 열심히 한 덕분이었습니다. 수사들이 교리를 가르친 다음에는, 본인이 훌륭한 이해심을 지니며 학수고대하고 있던 사람들에게 성스러운 세례를 주기 위해 나갔습니다. 우리들은 우선 안도꾸의 요새부터 일을 시작했습니다. 그곳에는 아리마도노의 삼촌이 대장으로 있었습니다. 그는 3~4년 전에 목숨이 아주 위중한 상태로 병상에 있을 때 천주교도가 되었는데, 설교를 듣고서 세례를 받은 후에는 병이 더 이상 악화되지 않았습니다. 병에서 회복한 후 수많은 전쟁과 시련에서 살아남았으며 그는 자신의 요새 내에서 유일한 천주교도가 되었습니다. 그러나 그의 아들과 신하들 및 모든 이교도와는 이해 부족으로 의견이 어긋났으며, 하느님의 일들에 관하여 듣는 소식도 적었습니다.

어느 날 하느님은 그의 마음을 움직여서 크리스마스 전날 밤에 그의 아홉 살 난 큰 아들을 천주교도가 되게 하려고 아리마(有馬)의 교회로 데려왔습니다. 여기서 준관구장은 그에게 세례를 주었고 만시오(Mancio)라는 이름을 지어 주었습니다. 그 후 우리가 그의 땅에 도착하게 되자, 우리는 다시금 그에게 교리를 가르쳤으며 수차례 설교를 하였습니다.

그는 자신의 신하들도 교리문답을 받도록 했으며, 이로써 그는 다시 한 번 천주교도로 새롭게 출발할 각오임을 말하였습니다. 지금까지 자신의 생명을 연장시켜 준 하느님께도 감사를 표시하였습니다. 저는 그의 두 아들에게 세례를 해 주었으며 또한, 집안에 있는 모든 여인들에게도 세례를 주었습니다. 그 외에도 180명의 남자들에게 세례를 주었습니다.

우리가 그곳에 머물고 있는 동안에 베풀어 준 호의는 대단하였으며 나는 그와 천주교 교리에 대하여 매우 큰 일치를 보았습니다. 그는 나에게 근면한 신도가 될 것을 약속하였으며 그것을 보여주었습니다. 사쑤마(隆摩)의 사람들이 그곳을 방문했을 때, 그 땅의 유지들은 개종을 하였습니다. 시마바라(島原)에 있는 다까노부와 싸워서 거둔 승리로 파치만은 전쟁 영웅으로 추앙되었습니다. 그곳 주민들은 파치만으로부터 받은 은혜에 보답하여서 시마바라(島原)에서 목숨을 거둔 그를 추모하여 그곳에 깨끗하고 훌륭한 사원을 지었습니다. 그리고 그곳 요새의 대장과 승려들에게 이를 잘 돌보아 줄 것을 부탁하였습니다.

이 세례가 있는 후에 안도꾸도노와 새로운 천주교도들의 열성 때문에 우리들은 시마바라를 향하여 떠났습니다. 그곳에서 수사들은 교리를 가르쳤으며 저는 세례를 주었습니다. 열성이 대단하여서 우리들이 그곳에 머문 지 18일 만에 나는 무려 1,665명에게 세례를 주었습니다. 이곳 사람들은 분명히 하느님의 일들에 매우 훌륭한 이해력을 보여주었습니다. 많은 사람들이 진실의 문으로 들어오는 것을 보는 것이 저에게는 새로운 위안이 되었습니다. 그러나 신년이 곧 가까워짐에 따라서 우리들은 서둘러서 아리마로 돌아왔습니다. 왜냐하면, 일본사람들은 신년에는 집안과 가족들의 일로 매우 바쁜 시간을 보내기 때문에 그들을 자유롭게 내버려두어 가정을 돌보도록 하는 것이 더 편리할 것 같았기 때문입니다.

새해의 정월도 8~10일 정도 지나고 나서야 우리들은 다시 일을 계속하게 될 것입니다. 두 번째 방문에서는 모든 악마들을 완전히 물리쳐 추방해 버릴 것입니다.

본인의 생각으로는 이러한 일은 쉬울 것으로 기대됩니다. 왜냐하면, 지난번 세례를 받은 사람들 가운데에는 위에서 말한 세 곳의 이름 있는 사람들과 우두머리들이 모두 포함되었으며 그래서 아직 이교도로 남아 있는 자들은 일반 평민들로서 그들과는 큰 어려움이 없을 것이기 때문입니다. "미에"(三會) 지방에서 5명의 승려가 세례를 받았는데 그중의 한 명은 세례를 받기 전에 저에게 찾아와서 말하기를 그 자신이 천주교도가 될 것이라고 했습니다. 그는 우리의 신성한 교리의 진실성과 일본 종파들의 위선을 잘 이해했습니다. 그는 즉시 그의 사당에 갖고 있던 많은 숫자의 우상(그가 모시는 불상)들을 가져옴으로써 자신의 의지를 보여주고자 원했습니다. 이러한 우상들을 자신의 손으로 부수어 불을 때는 장작으로 만들어 버리고자 원하였습니다. 그리하여 마침내 세례를 받고 나자 그의 집으로 달려가 그곳에서 불상을 걸머진 사람들을 동반하고 돌아왔는데, 도착하자 곧 그의 옛날 승려들이 보는 앞에서 그가 원하는 바 소원을 실천에 옮겼습니다. 불상들을 장작으로 만들어 불 속에 던져 넣었으며 그것으로써 우리는 그날 몹시 추운 날씨에 몸을 녹였습니다.

우리가 미에(三會)를 떠난 후에 그 나머지 중들도 감동되어서 그들의 불상으로 꼭 같은 행동을 하였습니다. 요즘 제가 듣고 있는 아주 많은 개종소식들이 저에게는 적지 않은 위안이 됩니다. 들리는 바로는 시마바라(島原)의 오래된 천주교도들이 아주 괄목할 만큼 협조를 했다고 하였으며 전쟁들과 그 지방 영주의 수년 동안의 탄압으로 인하여 (하느님의 올바른 판단으로 지금은 해제되었다.) 그곳에 13~14년 동안이나 들어갈 수가 없었습니다. 그래서 천주교도들은 그곳에서 신부들의 방문을 받을 수도 또한, 도움을 받을 수도 없었다고 합니다. 그리하여 그들이 보여준 성실함은 하느님 앞에서 새로운 광명의 빛을 누릴 수 있을 만한 가치가 있어서, 하느님은 그 땅에 광명에 빛을 주기 원하셨는데 이것은 그곳에 살고 있던 모든 이교도들이 자신의 눈을 떠서 창조자인 하느님을 알게 하기 위함이었습니다.

시마바라(島原)의 승려들은 늘 우리들의 가장 큰 적들이었고 천주교의 원수였으며 그들은 그 땅에서는 대단한 오만과 교만으로 승리를 거두어 왔습니다. 그들은 그곳 주민들 속에서 누리는 지배력을 결코 잃지 않을 것으로 생각하였습니다.

지금까지 사람들로부터 대단한 존경심으로 우러러보았던 승려들이 경멸받고 저버림을 받게 된 것은 우리의 주이신 하느님이 그들에게 내린 커다란 수모였다고 생각합니다. 왜냐하면, 신도들을 잃게 되자 그들은 물질적으로 부양이 어려워져 사쑤마(隆摩) 왕국으로 그들의 인생을 찾으러 갈 결심을 했으며 그들이 함께 지니고 갈 수 없는 잡동사니 물건들을 팔기 위해 애썼습니다. 비센떼 수사가 승려의 우두머리들 중의 한 사람과 얘기했으며 이성으로써 그를 설득하여 진실이 어디에 있는지를 이해시키며, 또한, 시마바라의 사람들이 어떻게 천주교도가 되었는지 이유를 알도록 하기 위해 우리들의 설교를 듣도록 청하였습니다. 그러나 그는 그곳 땅에서는 악마의 기둥으로 우두머리가 되는 자이며, 또한, 그의 오만과 불손함으로 "구원자 명부"에 조차도 기록될 가치가 없는 자였습니다. 비록 우리의 얘기를 들었을지라도, 그것을 이해할 수도 없었을 것이며 그는 이미 천주교로 개종하기에는 너무 늙었다고 대답하였습니다.

이와 같은 세 도시에서는 이미 확고한 기반을 이룩하였고 교회를 설립하기 위하여 매우 훌륭하고 적합한 장소들을 얻었습니다. 조금 더 안정이 되면 많은 결실들을 얻게 될 것이라고 우리는 확신합니다.

1588년 1월 18일

아리마(有馬)에서

8. 1589년 서간문

제목 : "로마의 예수회 본부 총장신부 클라우디오 · 데 · 아꾸아비바 (Claudio de Aquavia)에게 쓴 1589년 2월 9일자 서한"

본인은 예수회의 일원으로서 지니고 있는 의무감으로 여러 차례나 총장신부님께 편지를 쓰고자 했으나 지금까지 태만해 왔습니다. 그러나 이것은 의지가 없어서가 아니라 필요성이 없었기 때문입니다. 그러나 이제는 총장신부님께서 여러 서한들을 통하여 일본에서 일어나는 일들에 대한 얘기를 듣는 것을 기뻐하신다고 알게 되었기에 짤막한 글을 감히 쓰고자 결심하기에 이르렀습니다.

첫째로 본인의 소개부터 하고자 합니다. 본인은 마드리드 태생의 가스띠야인으로서 20년 전에 살라망까에서 학업을 하던 중에 영광스럽게도 하느님의 은총으로 당시 관구장인 힐 · 곤살레스 신부를 통해 예수회에 입회하게 되었습니다. 기본 교양학문 수업을 끝내고 신학을 공부하기 시작할 때 살라망까 예수회 신학교에서 하느님의 뜻에 따라 순찰사 신부인 알레드로한 · 발리그니아노르 따라 인도로 갔으며 고아에 약 1년 6개월을 머문 후 사제로 서품 받은 후 이곳 일본 지역으로 보내졌는데, 지금까지 12년간 머물면서 주로 수도인 메아꼬(京都) 지방에서 지내고 있습니다. 이 임무는 본인의 희망에 따라 예수회에 입회한 이래로 본인이 무척 원하던 것이었고, 하느님은 항상 본인에게 커다란 만족감을 주셨고 처음 예수회로의 부르심뿐만 아니라 두 번째 일본에서의 선교활동에도 하느님은 영광스럽게도 항상 저에게 은총을 베풀어 주셨습니다.

비록 본인이 수많은 부족함과 결점으로 가득 찼을지라도 저의 희망은 다른 것이 아니라 일로써 호의에 보답하는 것이며, 예수회의 진실한 아들로서 본인이 갖고 있는 의무감에 상응하여 하느님께 어떤 보람된 봉사를 하는 것입니다. 이러한 속에서 존경하는 총장신부님께 희망하고 청하는 것은 죽는 날까지 저에게 인내를 내려주시길 바라며 또한, 청하옵건대 귀하의 성스러운 헌신과 기도로써 저를 도와주시기 바랍니다.

이곳 땅에서 새로운 소식들은 이미 교구장의 종합보고서 편지나 관구장들이 쓴 서신들을 통하여 상세하게 아실 것으로 보아 저의 글에서는 그것들을 다시 언급할 필요가 없을 것입니다. 단지 말씀드리는 것은 이곳에서 천주교와 함께 이곳 하느님의 포도밭에서 일꾼들이 겪고 있는 현재의 소요가 처벌이라고 간주되기보다는 시련과 경고와 선물로 생각합니다. 왜냐하면, 그것이 벌을 주는 것이라면 보다 큰 파괴의 다른 결과들을 보았을 테지만, 시련과 예고라고 말한다는 것은 이러한 박해들과 함께 훌륭한 천주교인들이 더욱 강인해지고 순수해지는 것을 보았으며 또 한편 쓰러진 자들과 나약한 사람들은 다시 일어섰으며 이교도들도 우리의 신성한 교리를 믿었기 때문입니다.

이전에도 비슷한 소요에서 우리는 순수함과 강인함으로써 힘차게 일어선 바 있었습니다. 즉 전 일본 땅에서 우리에게 떠날 것을 명령한 폭군에게 순종하지 않고 예수 그리스도의 진정한 병사로서 그리고 어린 양들을 저버리지 않는 훌륭한 목자로서 이 모든 영혼들의 사랑을 위하여 우리의 목숨을 위태롭게 하면서 폭군의 분노 속에 우리를 남겨두었습니다.

우리의 굳은 결심을 보고서, 시행되는 탄압도 앞으로 진행되어 나가면서도 더 잔인해지지 않은 것은 하느님이 폭군에게 그러한 허가를 내리지 않았으며, 이는 인간의 일이라기보다 신의 섭리에 기인하는 것이라 하겠습니다. 왜냐하면, 천성적으로 일본인들은 잔인하며 자신들의 분노를 실행하는데

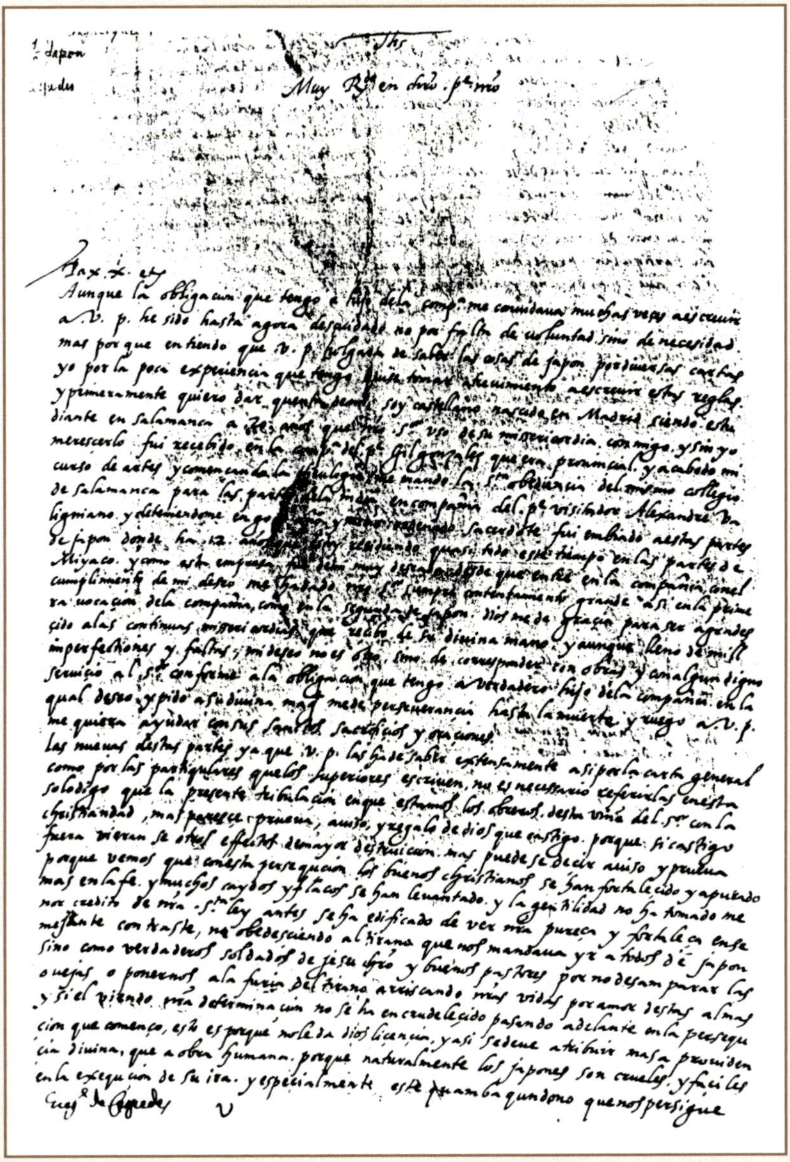

Jhs

Muy R.do en chro. p.e mio

Pax X.i etc.

Aunque la obligacion que tengo e hijo dela comp.a me conuidaua muchas vezes a escreuir
a V. p. he sido hasta agora descuidado no por falta de voluntad sino de necesidad
mas porque entiendo que V. p. holgara de saber las cosas de Japon por diuersas cartas
yo por la poca experiencia que tengo [illegible] tomar atreuimiento a escreuir estas reglas.
y primeramente quiero dar quenta como soy castellano nacido en Madrid siendo estu-
diante en Salamanca a 22 años que dios n. s.or uso de su misericordia conmigo y sin yo
merescerlo fui recebido en la comp.a del p.e Gil gonzales que era prouincial y acabado mi
curso de artes y començando la theologia me mando la s.ta obediencia del mismo collegio
de Salamanca para las partes dela India en compañia del p.e visitador Alexandre Va-
lignano y deteniendome en goa [illegible] Sacerdote fui embiado a estas partes
de Japon donde ha 12 años que estoy residiendo [illegible] todo este tiempo en las partes de
Miyaco y como [illegible]
cumplimiento de mi deseo me [illegible] siempre contentamiento grande asi en la prime
ra vocacion dela compañia, como en la segunda de Japon. dios me da gracia para ser agradecido alas continuas misericordias que recibo de su diuina mano. y aunque lleno de mill
imperfectiones y faltas, mi deseo no es otro, sino de corresponder con obras y en algun digno
seruiçio al S.or conforme ala obligacion que tengo a verdadero hijo dela compañia. en la
qual deseo y pido a su diuina mag.d me de perseuerancia hasta la muerte y ruego a V. p.
me quiera ayudar con sus Santos Sacrificios y oraciones.

las nueuas destas partes ya que V. p. las ha de saber extensamente asi por la carta general
como por las particulares que los superiores escriuen, no es necessario referirlas en esta
solo digo que la presente tribulacion en que estamos los obreros desta viña del S.or con la
christiandad, mas paresce prueua, auiso, y regalo de dios que castigo. porque si castigo
fuera vieran se otros effectos de mayor destruicion. mas puede se decir auiso y prueua
porque vemos que con esta persequcion los buenos christianos se han fortalecido y apurado
mas en la fe. y muchos caydos y flacos se han leuantado. y la gentilidad no ha tomado me
nor credito de nra. s.ta ley antes se ha edificado de ver nra pureça y fortaleça en este
mesmo contraste, no obedesciendo al tirano que nos mandaua yr a todos de Japon
sino como verdaderos soldados de Jesu chro y buenos pastores por no desamparar las
ouejas o ponernos ala furia del tirano arriscando nras vidas por amor destas almas
y si el viendo nra determinacion no se ha encrudelecido pasando adelante en la persequ
cion que començo, esto es porque no le da dios licencia. y asi se deue atribuir mas a prouiden
cia diuina, que a obra humana. porque naturalmente los japones son crueles y faciles
en la exequcion de su ira. y especialmente este quambaqundono que nos persigue

Greg.o de Cespedes

1589년 세스뻬데스 신부의 친필 서간문
(로마 예수회 본부 고문서 보관소 소장)

손쉽게 하며, 특히 우리를 박해하는 감바꾸도노는 하류계급 출신으로서 나무를 하러 산으로 다니기도 하였고 농부의 일을 거들기도 하였으나, 자신의 운명에 만족하지 않고 군대에 입대하여 대단한 노력과 영리함과 신중함으로써 차츰차츰 일어서기 시작하여 전 일본의 영주가 되기에 이른 사람입니다. 그러나 이에 만족하지 않고 악마의 오만함으로 "가미"로서 숭배 받고자 꾀했는데 이 "가미"란 일본 내에서 숭배하는 거짓의 여러 신들을 일컬으며 이 세상의 사물들에 대하여 힘을 가지고 있는 것으로 생각되고 있습니다.

감바꾸도노는 일본 내에서 우리의 성스러운 교리가 날로 번성해 가고 있는 것을 알고서, 또한, 인간들은 숭배 받을 수가 없으며 단지 진정한 창조자이신 하느님만이 이 세상에서 숭배 받을 수 있다는 것을 가르친다는 사실을 알고서는, 일본 내에서 그의 포악한 의도에 반대하는 자를 용서하지 않았습니다. 그리하여 우리 모두를 일본에서 추방하도록 명령하였습니다.

우리는 그의 명령에 따르지 않고 일본 땅에 남아 있는데, 만일 하느님이 그의 추종자들과 종들에 대해 항상 갖고 계신 특별한 보호와 후원으로써 그의 행동을 저지하지 못한다면 폭군은 더 이상 인내심을 갖지 않을 것으로 생각합니다. 그리하여 우리 모두가 해안가에 머물면서 이곳의 천주교도들 사이에서 1년 반 이상을 지내고 있지만, 지옥과 같이 날뛰는 광폭함 속에서 더 이상 활동에 진전을 이루지 못하였으며 이러한 사태가 언제 멈추게 될지를 우리는 알지 못합니다.

한편, 우리 천주교에 대한 폭군의 태도에 대해 얘기하자면, 그는 우리 모두가 일본 땅에서 떠날 것으로 생각하는지, 아니면 아직도 이곳에 우리가 있는 것을 알면서도 우리가 내륙으로 돌아다니지 않는 것에 만족하고서 이를 묵인하고 있는 것인지, 혹은 이 자가 행한 일에 대해 뉘우치고 있기 때문에 우리와 화해하기 위하여 어떤 계기를 모색하고 있는지는 모르겠습니다. 그러므로 순찰사 신부와 로마에 갔던 일본 사절들이 함께 방문하여 주기를 제의합니다.

우리는 이미 그들이 중국에 와 있다는 것을 알고 있습니다. 올해에는 우리 모두 그들이 오기를 기다리며, 의심할 바 없이 하느님이 주신 경험과 훌륭한 학식과 인내심을 지닌 순찰사 신부의 적절한 내방으로써 하느님께서 이 대소동의 격랑을 멈추게 할 것으로 믿는 동시에 이것을 평안함과 신성한 믿음으로 확대하여 전환시킬 것으로 생각합니다. 왜냐하면, 하느님의 분별력은 매우 은밀하여 이러한 폭풍우로부터 우리를 보호해 주실 것이며 이에 예수회의 훌륭한 운영에 명령과 방안을 권위 있게 해 주기 위하여 순찰사 신부의 체류는 더욱 필요한 것입니다. 왜냐하면, 이것이 타결된다면 모든 일에 있어서 좋은 기대를 할 수 있기 때문입니다.

훌륭한 도구를 가진 사람이 훌륭한 작품을 만들어 낼 수 있는 것처럼, 훌륭한 분별력과 마음가짐을 갖고 있는 일본인들은 우리의 신성한 계명에 적합한 대상들입니다. 만일 일꾼과 도구가 그렇게 갖추어져 있다면 하느님의 눈앞에 놀랄 만큼 훌륭한 광경을 보여줄 것임은 의심의 여지가 없습니다. 예수회의 기구를 지휘하기 위해 총장신부님을 책임자로 임명하신 하느님께서 신성한 의식의 모든 것을 완전히 명령하도록 총장신부님께 빛을 밝혀 주실 것입니다.

추방령이 선포된 이후에 새로이 약 10,000명이 개종하고 세례를 받았으며, 많은 숫자가 하느님의 특별한 부르심을 받고 이루어졌습니다. 이것으로써 총장신부님께서 일본의 훌륭한 준비상황을 이해하실 것이며 한 사람의 신도에 한 사람의 목자가 돌보기 위해 모두가 일본에 와야 한다는 것을 아실 것입니다.

존경하는 총장신부님의 성스러운 헌신과 기도로 미천한 저를 하느님이 받아주시기를 기원합니다.

일본의 항구 나가사키(長崎)에서

1589년 2월 9일

하느님의 미천한 아들이며 종

그레고리오 · 데 · 세스뻬데스

(자필사인)

9. 1597년 서간문

제목 : "1597년 2월 26일 아리마도노의 영지에서 예수회 그리고리오 · 데 · 세스뻬데스 신부가 멕시코에 있는 예수회 신부 디에고 · 로뻬스 · 데 · 메사에게 쓴 서간문"

찬미예수

1596년 2월 24일 자 귀하의 편지를 본인은 같은 해 7월에 잘 받았습니다. 귀하의 서신으로 굉장한 위안을 삼았으며 하느님께 감사드립니다. 당신의 자비심에 신세를 지게 된 것에 대하여 고마움을 표시하는 일에 너무나 태만하였습니다.

사실 그동안 3년간 자리를 비웠었습니다. 왜냐하면, 하느님의 뜻에 따라 꼬라이(Coray) 왕국에 갔었는데 일본인들이 한국인과 벌이고 있는 전쟁에 나가 있는 2,000여 명의 천주교도 병사들의 고백성사를 듣고 도와주기 위해서였으며, 그곳에서 일 년 간 머물러 있었습니다. 그곳에서 돌아온 이후에 우리가 늘 가져왔던 서신왕래를 계속하려 했으나, 본인이 태만하였음에 벌을 받아 마땅하다고 말씀드립니다. 이제 귀하가 저를 잠에서 깨어나게 하여 주심에 따라 나의 가장 친애하는 디에고 · 로뻬스 신부의 용서를 기대하면서 앞으로의 보답을 위하여 새로운 각오를 합니다. 본인은 귀하를 잊지 않고 있으며, 나의 목숨이 계속 붙어 있는 한 잊을 수가 없을 것입니다. 내 생애의 남은 날 동안에 하느님께 굳게 의지할 것임을 믿어 주시기 바라며 귀하도 저를 위하여 그렇게 해 줄 것이라 믿습니다.

그곳 지방(Nueva Espanna-멕시코)의 선교활동이 증대하고 있음에 기쁘기 짝이 없습니다. 많은 신도 수의 증가뿐만 아니라 영혼들에게서 거두어들이는 많은 결실들에 대해서도 그렇습니다. 특히 시복을 얻은 곤살로 · 데 · 따뻬아 신부의 피로써 결실된 시나로아(Cinaloa)의 개종은 기쁘기 한량없습니다. 하느님의 축복으로 모든 곳에서 열매를 맺게 되고 그들의 나무와 새로운 포도밭을 훌륭하게 경작할 줄 알게 되었습니다. 이제 하느님의 종들의 고귀한 피로써 그들에게 밑거름이 되었습니다.

이곳 일본 땅에서도 그러하니 26인의 성스러운 순교가 일어나 죽음을 당하였습니다. 이제부터 그것을 얘기하고자 합니다. 이곳 일본의 준관구에는 현재 135명의 선교사들이 있는데 그중에 48명은 사제이며 18명은 유럽 출신의 수사들이고 69명은 일본인 수사들입니다. 우리들은 수도원과 수련원 그리고 한 신학교와 그 외에 네 곳의 사제관에 분산되어 있습니다. 네 곳은 메아꼬(京都), 나가사키(長崎), 오무라(大村) 그리고 아리마(有馬)입니다. 현재 본인은 시마바라(島原) 숙소에 있으며 그곳에는 저를 돕고 있는 신부 한 명과 함께 15,000~16,000명의 천주교도들이 있습니다.

천주교도의 주 세력이 바다 인접한 곳에 있으므로 모두가 이곳에 분산되어 있으며 단지 4명의 신부와 5명의 수사들이 메아꼬 지방에서 다이꼬라 불리는 감바꾸 폭군의 박해를 피해 숨어 있습니다.

폭군 감바꾸는 날이 갈수록 더욱더 마음에 독기를 품으며 우리의 성스러

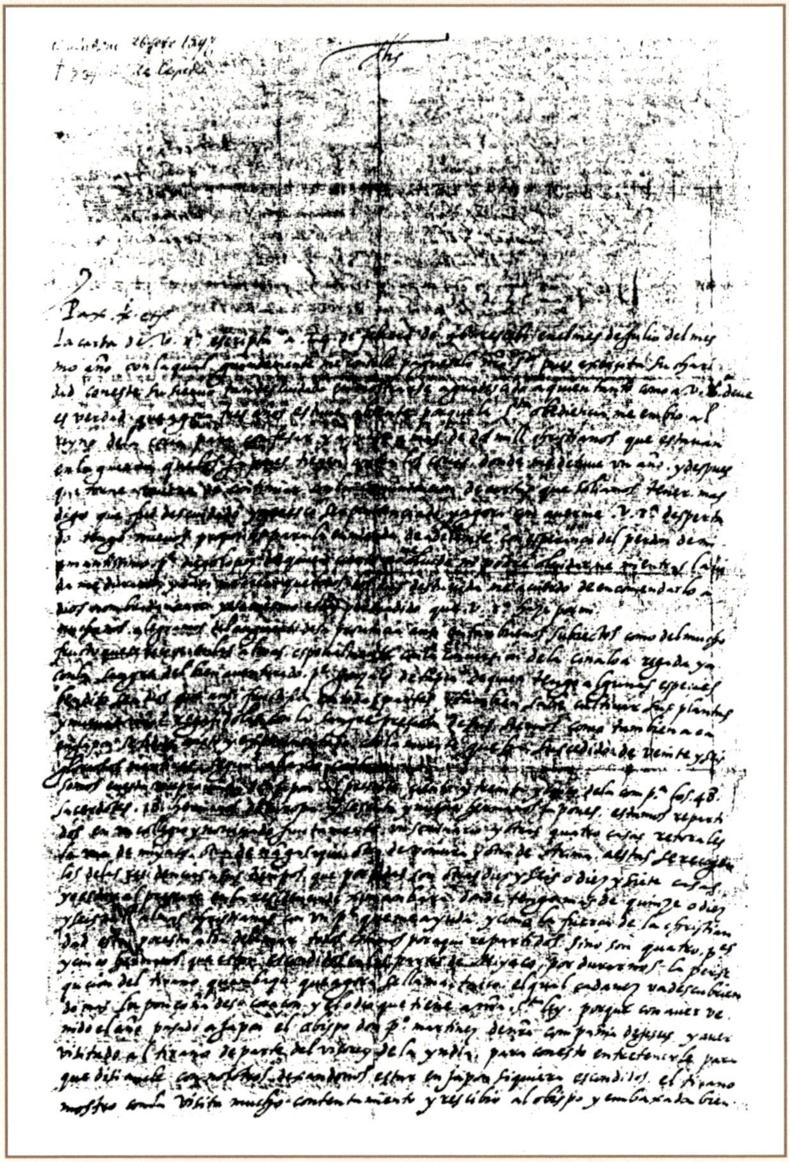

1597년 세스뻬데스 신부의 친필 서간문
(로마 예수회본부 고문서 보관소 소장 ; 보존 상태 불량)

운 교리에 증오심을 나타내고 있습니다. 작년에 우리 예수회의 돈・빼드로・마르띠네서 주교가 일본에 와서 인도 부왕의 이름으로 폭군을 방문하였으며, 이로써 그의 마음을 즐겁게 하여 우리를 용서하고 일본에 머물 수 있도록 하고자 하였습니다. 폭군은 겉으로는 매우 만족감을 보였으며 주교와 사절단을 잘 맞았으며 정중하게 환송을 하였습니다.

그러나 그때에 필리핀으로부터 거의 반쯤 부서진 채로 많은 재물을 실은 서반아인들의 난파선 한 척이 일본에 도착한 일이 발생하였습니다. 탐욕에 빠져있는 폭군에게 그 소식을 전하자 그는 말하기를 자신의 서찰이 없이 일본 바다를 항해하였다고 하면서 그 배의 재물을 빼앗을 구실을 모색하였습니다. 폭군은 말하기를 서반아인들은 멕시코에서 행한 것처럼 일본 왕국을 정복하기 위하여 다니는 사람들이라는 것을 들은 바 있다고 하면서 교역을 구실로 염탐을 하여 정복하기 위해 일본에 오는 것 같다고 하였습니다. 그리하여 필리핀 총독의 이름으로 그를 방문하기 위해 왔던 프란시스코 수도회의 신부들에게 우리들의 교리를 공표하지 않는다는 조건으로 이곳에 머물러 있을 수 있도록 허가를 해 주었다고 했습니다. 그러나 서반아인들은 스파이임이 확실하며 방문을 위장하여 이곳에 왔다고 하였습니다. 들리는 바로는 천주교도들이 그의 명령을 위반하고 있으니 이 때문에 선박의 모든 재산들을 손해배상으로 압수할 작정이라는 것입니다.

빼앗은 재산이 엄청났으므로 서반아인들의 목숨은 용서를 하였습니다. 그러나 그의 명령을 위반한 채 우리의 교리를 설교했던 프란시스코의 신부들은 천주교도가 된 다른 일본인들과 함께 죽임을 당하였습니다. 처음에는 메아꼬의 프란시스코 신부들의 숙소뿐만 아니라 오사카시에 있던 우리 예수회 숙소에도 경비병을 두었는데, 폭군이 모두를 죽이도록 명령하였다고 말했습니다. 이로써 우리 예수회 신부들과 수사들은 커다란 기쁨으로 그토록 좋은 부름에 죽을 준비를 했으며 수많은 천주교도들도 같은 결심으로 우리들과 운명을 함께하고자 했습니다.

그들 중에는 폭군이 다스리는 궁성의 시장의 두 아들이 있었는데 그들은 이교도인 그들의 아버지에게 작별 인사를 하기 위하여 갔습니다. 그러나 그들의 아버지는 그들의 뜻을 막지 못하였고, 그들은 신부들과 함께 진실한 천주교도로서 죽기를 원하였습니다. 그리하여 그들은 합류하였으며 하느님의 사랑을 위하여 죽기로 준비하고 있는 남녀노소 모든 천주교도들에게 커다란 열정을 불러일으켰으니 하느님의 축복이 있을 것입니다.

이곳에는 폭군의 측근 신하들 중의 한 사람이 살았는데 그는 폭군의 가장 가까운 신하로서 우리 예수회 신부들에게 호의적이며 우리들의 은닉에 대해서도 알고 있었는데, 그가 폭군에게 가서 조치를 완화해 줄 것을 충언하였습니다. 그 신하는 말하기를 예수회 신부들을 죽이도록 명령하는 것은 작년에 주교신부가 인솔해온 인도 부왕의 사절단을 맞이했던 사실로 보아서라도 명예롭지 않다고 했습니다. 그리하여 폭군은 이 충언에 답하여, 그는 우리 예수회 신부들을 죽일 것을 명령한 바 없으며 단지 필리핀을 통해 온 선교사만 죽일 것을 명령하였다고 했습니다. 이로써 우리들은 그토록 좋은 순교의 기회를 잃게 되었습니다.

그러나 하느님은 우리 모두가 그러한 행운을 놓치는 것을 원치 않으셨습니다. 왜냐하면, 폭군이 명령을 완화하기 전에 우리 예수회의 일본인 수사 3명이 감금되었기 때문입니다. 그 후에 그들을 보호해줄 사람이 없었습니다. 행복한 이들 3명과 프란시스코회 신부들과 그 외의 신도들은 그토록 귀중한 영광을 누리면서, 또한, 훌륭한 본보기로써 많은 부러움을 사람들에게 남긴 채 앞장선 것입니다. 이 영광의 순교자들은 모두 26명이었는데 6명은 성 프란시스코회 소속이며 그들 중의 한 명은 난파선을 타고 온 사람이었는데 폭군이 신부들을 감시할 때 그는 우연히도 프란시스코회 신부들의 숙소에 머물고 있었던 것입니다.

그는 멕시코에 갈 임무를 맡고 있던 신부였는데, 행운을 얻어 일본 땅에서 성스러운 십자가의 제단에 섰으며, 천국에서 미사를 드리게 된 것입니다. 또 다른 3명의 순교자들은 우리 예수회의 일본 수사들이며 나머지는 17명은 일반 신자들이었습니다. 이를 모두를 감금한 후에 폭군은 그들의 왼쪽 귀를 모두 자를 것을 명령했으며, 그러고 나서 그들을 메아꼬 시가와 일본의 여러 중요한 도시를 두루 돌면서 조리돌림을 시켰습니다. 그리하여 이들 모두를 한겨울에 200레구아 이상 떨어진 나가사키 항구까지 끌고 가서 그곳에서 폭군의 명령으로 26명 모두가 십자가에 못 박힌 후에 창으로 찔려 죽었습니다. 이로써 모두가 1597년 2월 5일 성녀 아가다의 날에 하느님께 목숨을 바쳤던 것입니다.

이들 성자들은 아주 훌륭한 용기와 기쁨으로 순교했으며 그들에게서 어떤 고통의 감정도 찾아볼 수 없었습니다. 오히려 하느님의 사랑을 위하여 참는 지조와 순결하고 굳은 의지를 볼 수 있었습니다. 그리하여 어떤 자는 찬송가를 불렀으며 또 다른 자들은 위대한 자비로움으로 십자가에 박혀서 신비로움과 경이로움을 설교하였습니다. 특히 우리 예수회의 수사들 중의 한 사람인 미끼 빠울로(Miqui Paulo)는 일본 내에서 가장 훌륭한 전도사 중의 한 사람인데, 그는 죽음을 눈앞에 두고서 한 마리 백조처럼 노래를 부르고 하느님의 깊은 자비와 사랑의 말을 전하였으므로, 이러한 광경을 목격한 그 자리에 있던 4,000명가량의 사람들로부터 경탄을 자아내게 하였습니다.

그 자리에 써 붙여 놓은 성자들을 죽인 명목과 이유는 폭군이 그러한 형벌을 행하도록 명령한 것인데, 우리 예수회 선교사들에 대한 것과 그의 명령에 따르지 않고 천주교 신자가 된 것에 관한 내용들이었습니다. 그리하여 앞으로는 모든 사람들이 그의 말에 따를 것을 명령하였습니다. 왜냐하면, 누구든지 똑같은 죄로 연루될 경우에는 같은 형벌에 처할 것이라는 것입니다. 이러한 방식으로 폭군은 우리가 그에게 복종하도록 공포와 두려움을 주려는 생각이었습니다. 그러나 "인간에게 복종하는 것보다 신에게 복종하는 것이 합당"할 것입니다. 이 가련한 폭군은 잘못을 저지르고 있는 것입니다. 왜냐하면, 이러한 성자들의 죽음을 본보기로 하여 우리 모두는 더욱 큰 힘을 내고 위안을 삼고 있으며, 연약한 천주교도들까지도 어떤 경우에도 비겁함을 보이지 않기 위해 새로운 용기를 얻었던 것입니다.

또한, 우리들의 진실된 믿음을 버리기 전에 그들의 생명을 바칠 고결한 의지를 보였습니다. 하느님의 축복이 있을 지어다! 그리하여 그토록 많은 하느님의 종들의 피로써 이곳의 신자들게 물을 주게 하심입니다. 이제 앞으로 풍성한 수확을 할 확실한 희망을 갖고 있으니 이를 위하여서는 수백 명의 선교사들이 이곳에 올 필요가 있습니다. 그래서 수확을 거두어들이기 위하여 모두가 기대하고 있습니다.

올해에만 해도 8,000명 이상이 새로이 세례를 받았으며 그들 중에는 신분을 감춘 많은 수의 중요 인사들이 있어 순교할 때에는 이곳의 천주교도들의 튼튼한 기둥이 될 것입니다. 일 년 동안에 60,000명 이상이 고백성사를 받을 것입니다.

영광의 순교자들에 관하여 귀하에게 편지를 써야만 함에, 우리들의 준관구장 신부가 관구장 신부에게 보낸 자료에서 본인이 인용하는 바입니다. 이 서신과 함께 귀하에게 순교한 모든 성자들의 명단과 십자가에 못 박힌 순서를 함께 보내겠습니다. 이제 우리들은 또 다른 좋은 기회를 기대합니다. 왜냐하면, 살아남은 사람들에게 공포와 두려움을 주기 위하여 폭군이 행한 형벌이 우리에게는 힘과 용기를 불러일으켰음을 알고서는, 폭군의 악의가 더욱 강해져서 우리를 찾음으로써 자신의 노여움을 가라앉히려고 할지도 모르기 때문입니다. 만일 하느님께서 그러한 허락을 그에게 내려 주신다면 우리는 따를 준비를 하고 있으며, 제가 지은 죄들을 방해하지 말기를 하느님께 기원하오니, 그리하여 하느님께서 주시는 무한한 자비심으로 본인은 아주 훌륭히 죽을 것이며 우리 모두에게 내려주었던 하느님의 사랑을 얻기 위하여 이러한 부름 앞에서도 기운을 내도록 자비를 베풀어 주시기 바랍니다.

만일 귀하가 나에 관하여 그렇게 되었다는 소식을 듣게 되면 하늘나라에서 당신을 기다리고 있을 좋은 친구를 갖고 있는 것으로 믿어주시기 바랍니다. 그리하여 영원히 하느님 앞에서 기쁨을 누릴 것입니다. 본인은 당신을 위로하기 위하여 직분을 잘 수행하였습니다. 귀하께 청하건대 앞으로 나에게도 상세히 편지 해주기를 바랍니다. 만일 본인이 계속 살아 있다면 지금까지보다 더 훌륭하게 소식을 전해줄 보고자가 될 것입니다.

본인의 형수인 아나 · 데 · 또레스(Ana de Torres)에게도 편지를 쓰고 있으며, 그녀의 헌신과 미덕에서 보여주는 하느님의 은총이 당신께도 내려주시기를 빕니다. 그리고 귀하가 본인에게 회답할 때에 귀하의 편지와 함께 그녀의 편지를 동봉하여 확실히 도착하도록 해주시기 바랍니다. 그리고 훌륭한 자질을 지닌 나의 조카 돈 루이스(Don Luis)에게 신부님께서 그가 하느님의 복음 사업에서 열심히 일하도록 도와주시기를 부탁드리며 이는 본인에게 커다란 위안과 기쁨이 될 것입니다. 귀하의 성스러운 헌신과 기도 속에서 하느님의 영광을 위하여 필요하다면 하느님께서 저에게도 순교의 영예를 베풀어 주시기를 기원합니다.

일본의 아리마도노 영지에서 1597년 2월 26일

그레고리오 · 데 · 세스뻬데스

(자필사인)

10. 1601년 서간문

제목 : "1601년 일본의 천주교와 사건들에 관하여 디에고 · 로뻬스 · 데 · 메사 신부에게 보낸 그레고리오 · 데 · 세스뻬데스 신부의 서간문 사본"

올해 이곳에서 보낸 연례보고서에서 기술한 진실 된 얘기를 상세하게 인용하면서 본 서신을 통하여 귀하에게 일본의 천주교와 우리가 속해 있는 예수회 선교사들의 현황에 관하여 간단한 소식을 전합니다.

우리들에 관해 말하자면, 모두가 하느님 덕분으로 건강합니다. 비록 몇몇 나이 많은 동료나 병약한 동료들이 결코 끊이지 않지만, 이곳 일본 땅은 유럽에서 온 사람들에게는 훌륭한 공기와 기후를 제공해 줍니다. 저도 개인적으로는 역시, 24년 동안 이곳에서 지내는 동안에 이틀 이상 침상에 눕게 되는 병을 앓은 적이 없습니다. 이러한 점은 하느님의 의지에 우리들의 정신이 합일되었음을 보여주는 것입니다.

올해 우리에게서 하느님은 두 명의 신부와 한 명의 일본수사를 데려갔는데, 첫 번째로는 우리의 오랜 성인이신 준관구장 고메스 신부로 그는 오랜 기간 동안 위안으로써 우리를 인도해 왔으며 우리가 본받아야만 할 수많은 덕행을 가진 보기 힘든 예였습니다. 그의 준관구장의 직책을 이어받은 자는 이태리 신부 프란시스코 · 빠시오인데 그는 항상 고메스의 동료였으며, 훌륭한 재능과 경험, 학식들로 인하여 우리들의 제2인자 신부인 것입니다. 타계한 또 다른 신부는 알론소 · 곤잘레스인데 그는 그의 임무를 잘 수행했으며 사람들에 대하여 지니고 있는 커다란 열의를 위하여 대단한 열성과 활동으로 일했었습니다.

천주교에 관해서는 일본에서 이토록 위태로웠던 적도 없었으며 지금처럼 좋은 여건이 준비된 경우도 없었습니다. 왜냐하면, 천주교는 매우 위태로웠으며 거의 멸망할 위기에 처했었습니다. 그 까닭은 일본이 두 편으로 갈라져서 전쟁을 계속했기 때문입니다. 한 편은 다이꼬사마(豊臣秀吉)의 아들을 옹립하는 대명들로서 이들은 "다이푸사마"라 불리는 그들 중의 가장 우두머리인 자를 제거하기를 원했습니다. 왜냐하면, 다이푸사마는 그가 원하는 바대로 통치하고자 했으며 일본을 그가 통치하는 듯하였기 때문입니다. 다이푸사마에서 많은 추종자가 모여들었습니다. 그리하여 두 패 사이에는 일본에서 있었던 가장 치열한 전쟁이 일어났습니다. 여러 편지에서 수없이 쓴 바 있는, 매우 이름 높은 장군이며 훌륭한 영주인 쓰노가미 · 아우구스티누스(小西行長)가 정부지지파(豊臣秀吉) 편에 속해 있었습니다. 지난해에도 그의 영지에서 약 60,000명 이상이 세례를 받은 바 있습니다.

최강의 군대인 정부군 측은 몇 번의 승리를 했었지만 결국에는 다이푸사마의 승리로 되었습니다. 수천 명의 사상자가 생겼으며 많은 사람이 포로가 되었습니다. 그중에는 정부군 측 우두머리와 쓰노가미 · 아우구스티누스도 있었는데, 이 포로들은 후에 메아꼬(京都)와 오사카(大阪)의 거리를 돌며 조리돌림을 당한 후에 참수되었습니다. 이로써 아우구스티누스의 땅에서 천주교는 끝이 났으며, 그의 추종자들인 다른 천주교 대명들은 패가망신할 커다란 위기에 처하게 되었습니다. 왜냐하면, 승리자들은 처음에는 우리의 신성한 믿음에 호의적이지 않았기 때문입니다. 그러나 하느님의 이 작은 배는 폭풍과 수많은 시련을 겪은 후에 다시 항해가 허락되었습니다. 적들의 손에서 하느님의 신성한 자비로움이 해방되어 나왔습니다. 그리하여 지금은 전 일본의 군주 다이푸사마의 통치 하에 있는데 그는 우리들의 친구이며, 우리의 신성한 교리의 옹호자로 보입니다. 그의 편에 있던 대명들도 역시 그러하므로 천주교는 다시금 발판을 만들었으며 짧은 기간 내에 일본의 많은 왕국들에서 가장 큰 전교를 이룩할 희망에 차 있습니다.

	작성일자	발신지	수신인	소장지	청구번호	기 타
1.	1577. 10. 7.	오무라(大村)	Goa에 있는 인도 및 극동 지역의 관구장 Rui Vincente 신부	스페인 왕립 역사학 한림원 도서관	Ms. 9-2663 (Cortes 562) ff. 180-184	스페인어 사본
2.	1578. 9. 30.	오무라(大村)	不明	로마 예수회 본부 고문서 보관실	Ms. JAP, SIN 45 II. f 8v	포르투갈어 사본
3.	1579.(日字不明)	교토(京都)	인도에 있는 성명不明의 신부	스페인 왕립 역사학 한림원 도서관	Ms. 9-2663 (Cortes 562) ff. 243-244	스페인어 사본
4.	1585. 10. 30.	오사카(大阪)	인도관구장신부 Alejandro Valignano	로마 예수회 본부 고문서 보관실	JAP. SIN 10 I ff. 60-63v	스페인어 자필 원본
5.	1586. 9. 10.	오사카(大阪)	규슈에 있는 동료 신부 수사	로마 예수회 본부 고문서 보관실	JAP. SIN 10 I ff. 158-159	포르투갈어 사본
6.	1587.(日字不明)	고끼나이 지방 (五幾內)	不明	스페인 왕립 역사학 한림원 도서관	4-2-9 / 3122 pp. 60-63	스페인어 인쇄본
7.	1588. 1. 18.	아리마(有馬)	不明	리스본 아쥬다 도서관	Ms. 49-IV-57. ff. 4~5	포르투갈어 사본
8.	1589. 2. 9.	나가사키(長崎)	로마 예수회 총장 신부 Claudia Aquaviva	로마 예수회 본부 고문서 보관실	JAP. SIN 11 I. ff. 55-56v	스페인어 자필 원본

	작성일자	발신지	수신인	소장지	청구번호	기 타
9.	1593. 12월(?)	웅천 (熊川) 한국	日本 부관구장 Pedro Gómez	리스본 아쥬다 도서관	Ms. 49-IV-57 ff. 278-279	포르투갈어 사본
10.	1594. 1월(?)	웅천 (熊川) 한국	日本 부관구장 Pedro Gómez	리스본 아쥬다 도서관	Ms. 49-IV-57 ff. 280-282	포르투갈어 사본
11.	1594. 2월 7.	웅천 (熊川) 한국	日本 부관구장 Pedro Gómez	리스본 아쥬다 도서관	Ms. 49-IV-57 ff. 291-292	포르투갈어 사본 (部分文)
12.	1594.(日字不明)	웅천 (熊川) 한국	日本 부관구장 Pedro Gómez	로마 예수회 본부 고문서 보관소	JAP. SIN. 31 ff. 94 v -96 V	스페인어 사본 (部分文)
13.	1597. 2월 26.	아리마(有馬)	멕시코 주재 예수회 동료 신부 Diego López de la Mesa.	로마 예수회 본부 고문서 보관소	JAP. SIN 13 I ff. 53-54 v	스페인어 자필 원본
14.	1601.(日字不明)	不明	멕시코 주재 예수회 동료 신부 Diego López de la Mesa.	스페인 왕립 역사학 한림원 도서관	Ms. 9-2679 (Cortes 567) f. 62.	스페인어 사본

7 예수회 신부들의 눈에 비친 일본

1. 선교사들의 기록을 통한 증언

1) 사베리오 신부의 기술

동양의 문화와 관습은 유럽과 아주 상이하기 때문에, 16세기 당시의 유럽 선교사들이 동양세계와 처음 접촉하면서 경험했던 사실들이 많이 있었다. 무엇보다도 극동지역에서 활동한 서구 선교사들에게 인상 깊었던 것은 독특한 문화와 관습에 기반을 둔 사고방식과 고유한 언어였다. 유럽에서 온 모든 선교사들은 일본의 특이한 관습이나 생활방식 등에 대해서 많은 언급을 하였다.

1539년 일본 땅에 도착한 지 두 달 반 만에, 프란시스코 · 사베리오 신부는 935행이나 되는 스페인어로 쓴 장문의 편지를 유럽으로 보냈다. 이 편지에서, 그는 일본인들의 문화와 사고방식을 처음으로 서방세계에 알리게 된 것이다. 사베리오 신부의 상세한 편지 내용을 통하여 16세기의 동양문화와 그 당시 동양의 사고방식에 대하여 서구인들이 어떻게 받아들였는지를 알 수가 있다고 보는데, 다음은 사베리오 신부의 편지 내용으로서, 그의 눈에 비친 불교와 승려 그리고 그 밖의 특이한 동양의 생활 모습에 관한 것이다.

"이곳 일본 땅에서 우리가 경험을 통하여 알게 된 일들을 알리고자 합니다. 첫째, 우리가 이곳에서 대화를 나눈 사람들은 지금까지 보아 왔던 사람들 중에서 가장 선량하며, 이교도들 중에서는 이곳의 일본인들보다 더 나은 사람들을 발견하지 못할 것 같습니다. 우리는 이곳 사람들과 매우 훌륭한 친분을 맺을 수 있으며, 일반적으로 성품이 착하고, 사악하지 않으며, 놀라울 정도로 정직하며, 다른 어떤 일보다 명예를 존중하고 있습니다. 생활은 일반적으로 가난하여, 귀족이나 평민들 중에 빈곤한 자가 많으나 이들은 가난을 불명예로 생각하지 않습니다.

서구 천주교도 사이에서 볼 수 없는 습관을 일본인들은 갖고 있는데, 이것은 귀족들이 아무리 가난하여도 또한, 귀족이 아닌 자들이 아무리 많은 재산을 갖고 있다고 해도, 부유한 귀족에게 행하는 것처럼 가난한 귀족에게도 존경을 표시하는 것입니다. 어떤 경우에도 가난한 귀족이 비록 그에게 수많은 재산을 준다 해도 계급이 낮은 사람과 혼인할 수 없습니다. 이것은 신분이 낮은 사람과 결혼하면 명예를 잃게 되는 것으로 생각하기 때문입니다. 그리하여 재산보다도 명예를 더 중요시여깁니다.

사람들은 서로 서로가 예절을 많이 표시하며 무기를 소중히 여기고 일상적으로 무기에 크게 의존합니다. 그래서 항상 칼과 단도를 지니고 다니는데 이는 귀족이나 평민이나 모두 동일하여, 14세가 되면 벌써 칼과 단도를 지니고 다닙니다. 사람들은 어떤 경우에도 모욕을 참지 못하며 경멸도 허락하지 않습니다. 귀족이 아닌 자는 귀족에게 높은 존경심을 가지며, 모든 귀족들은 영주에게 시중드는 것을 매우 중요하게 여겨 절대복종합니다.
이러한 이유는 그렇게 하지 않을 때에 자신의 영주로부터 받게 될 처벌보다는 스스로의 명예를 잃게 된다고 생각하기 때문입니다. 일본 사람들은 음식을 적게 먹으나 술을 많이 합니다. 이들은 쌀로 빚은 술로 마시는데, 왜냐하면, 이곳에는 포도가 없기 때문입니다. 사람들은 결코 도박을 하지 않는데 이것은 도박을 큰 불명예로 생각하기 때문입니다. 도박을 하는 자는 자기 소유가 아닌 것을 원하게 되며, 그럼으로써 도둑이 될 수도 있기 때문입니다. 이들은 일상생활 속에서 맹세는 잘 하지 않으나, 맹세를 할 경우에는 태양에 걸고 맹세합니다.
사람들은 대부분이 글을 읽고 쓸 줄을 압니다. 이처럼 글을 읽고 쓸 줄 아는 것은 기도문과 하느님의 일들을 쉽게 배울 수 있는 큰 수단이 되는 것입니다. 그들은 부인을 한 명 이상 갖지 않습니다. 도둑이 매우 적은데 그 이유는 그러한 자들에게 주는 형벌이 매우 크기 때문입니다. 즉 도둑은 목숨을 부지하지 못하기 때문인데 물건을 훔치는 악습을 이토록 엄벌하고 있습니다.
사람들은 상당한 호의를 가지고 대하며, 사귀기 쉬우며, 많은 지식을 알고 싶어 교리를 이해할 경우에는, 특히 하느님에 관한 얘기들을 듣기 좋아합니다. 본인의 생애 동안에 세계의 수많은 나라들을 보았는데, 그중에는 천주교도들도 있었고, 이교도들도 있었지만, 물건을 훔치는 일에 대해서 그토록 엄한 사람들은 보지 못하였습니다. 여우나 삵괭이 같은 동물들을 우상으로 숭배하지는 않으나, 그들 중의 대부분은 옛 선조들을 믿으며, 본인이 알게 된 바로는 현인으로(부처를 일컫는 듯함) 살았던 사람들을 숭상합니다. 일본인들 중 많은 사람이 태양을 숭배하고, 어떤 자들은 달을 숭배합니다.
사물들 중에서 이치에 따르는 것들에 관해 듣기를 좋아하기 때문에,

일본인들 생활 속에서도 악습과 죄악들이 있고, 우리가 그들에게 자신들이 행한 것이 나쁜 일이라는 것을 보여주며 설명을 하면, 합리적으로 행동하곤 합니다. 일반 사람들에게서는 악습을 거의 찾아볼 수 없었는데 이들은 이성에 따라 행동하고 있기 때문입니다. 그러나 이들이 신부들처럼 받들어 모시는 자들이 있는데 이들을 중(승려)이라 부릅니다. 이들은 이성에서 벗어난 죄악에 마음이 빠져 있는데 승려들은 죄악을 숨김없이 털어 놓으며 그러한 사실을 부인하지도 않습니다.

여러 차례 승려들에게 말하기를, 그렇게 나쁜 죄업을 범하지 말도록 하였는데, 그들은 우리들이 말하는 모든 것을 재미있어 하였습니다. 왜냐하면, 승려들은 그러한 충고에 대해 깔깔대고 웃으며 추악한 죄에 대한 질책을 듣고서 아무런 수치심도 갖지 않았습니다. 승려들은 그들의 사원에 많은 귀족의 자제들을 데리고 있으면서 그들에게 읽고, 쓰는 것을 가르쳤으며, 이러한 것을 통하여 나쁜 짓들을 저지릅니다. 이러한 죄업이 전통으로 되어 있었음에, 모두에게 나쁜 것으로 보일지라도 그것을 이상히 여기지는 않습니다. 이들 승려들 중에 몇 명은 서구의 수도승 식으로 옷차림을 하며, 이들은 황갈색의 도포를 입습니다. 모두가 머리를 삭발하는데 삼사일마다 머리를 삭발하는 것 같으며, 그러한 모습의 머리는 마치 배(船) 같아 보입니다."

2) 발리그나노 신부의 기술

한편, 순찰사로서 일본을 세 번이나 방문했던 알레한드로 · 발리그나노(Alejandro Valignano) 신부는 『동인도 예수회의 시작과 발전사(Historia del

Principio y Progreso de la Companía de Jesús en las Indias Orientales)』와 『일본 개요(Sumario de las Cosas de Japón)』라는 그의 저서에서 일본에 대한 여러 가지 모습을 매우 상세히 기술한 바 있었다. 발리그나노 신부는 그의 저서 『일본 개요』에서 일본을 "매우 기이한 섬나라", 그리고 "놀라움과 신비함을 주는 이해하기 어려운 나라", "매우 특이한 세계"라고 묘사하고 있다.

동인도 지역의 순찰사인 알레한드로 · 발리그나노 신부는 1579년부터 일본을 모두 세 번 방문하였는데, 그 첫 번째 오다 노부나가(職田信長)가 일본의 지배자로 군림했던 1579년에서 1582년 사이였으며, 두 번째는 도요토미 히데요시(豊臣秀吉)가 통치하던 1590년에서 1592년 사이이며, 마지막 방문은 도꾸가와 이에야스(德川家康)가 부상하던 1598년에서 1603년 사이에 이루어졌다. 이러한 세 번에 걸친 방문은 일본의 지방 분권적 봉건주의가 무너지고 새로운 형태의 중앙집권적 봉건주위가 세워지는 시기에, 각각 새로운 실력자가 부상할 때인 중요한 시기에 이루어졌다고 볼 수 있다. 발리그나노가 쓴 저서에서도 일본의 역사적 변모 상황을 잘 기술하고 있다. 일본에 있어서 1570년대에서 1600년대까지의 기간은 격동의 시기였다. 극동에서 서구 선교사들의 문화 활동에 관하여 발리그나노는 상세히 기술하였으므로, 그 자신이 쓴 『일본 개요』에 나오는 일본인들의 생활 방식에 관한 기술을 살펴보기로 하자.

"일본이라는 나라는 유럽과는 아주 다른 세계로서 음식 · 의복 · 장례의식 · 언어 · 예절 · 가사 · 부상자 및 환자의 치료 · 어린이 양육 등 모든 면에서 완전히 다르기 때문에 이해할 수 없는 면이 너무나 많다."

『일본 개요』라는 책은 예수회 선교활동 외에 16세기 동양의 문화 및 생활방식을 기술한 책으로 역사적 문학적 가치를 가지고 있는 저서로서 동양의 기이한 여러 가지 생활방식들은 서구인들에게 호기심을 야기하였으며 이러한 것들 중에 어떤 것은 스페인에까지 영향을 미쳐서 이를 소재로 한 문학작품이 나왔을 정도였다.

발리그나노 신부는 다음과 같이 일본의 특이한 관습에 대하여 기술하고 있다.

"상대방에 대하여 예우를 표시하기 위하여, 우리들은 실내에 들어갈 때에 모자를 벗으며, 손님을 맞을 때에는 자리에서 일어서서 맞이하는데, 이와는 달리 일본인들은 모자 대신에 신발을 벗으며, 또한, 일어나서 상대방을 영접하는 것을 아주 무례한 행동으로 여긴다. 우리들은 금발의 머리와 하얀 이를 가지는 것을 좋아하지만, 그들은 반대로 머리를 검은색으로 염색하며, 하얀 치아와 금발의 머리를 가지고 있는 사람은 하층민으로 생각한다."

3) 로뻬 · 데 · 베가의 문학적 증언

알레드로한 · 발리그나노의 기술에 영향을 받은 당시 스페인문학의 대가인 로뻬 · 데 · 베가(Lope de Vega)는 『일본의 첫 순교자들』(Los primeros mártires de Japón)이라는 희곡작품에서 신발을 벗고 방으로 들어가는 동양의 관습에 대하여 흥미로운 눈으로 보고 다음과 같이 시적으로 묘사하였다.

"일본의 예절을 따르기 위하여
나는 구두를 벗겠습니다.
그러나 머리에 쓴 모자를 벗고,
두 발로 서서
스페인식의 예절을 따르는 편이
더 합당해 보입니다.
이쪽저쪽으로는
보기 흉한 발가락들을
들어내어 보이는 것보다는,
모자를 벗는 편이
오히려 낫지 않을까요.?"

포르투갈인이나 스페인사람들에게는 실내에서 맨발로 지낸다는 것은 매우 불편하고 이상한 관습으로 생각되었던 것 같다. 이러한 것이 동 · 서양의 서로 다른 관습을 나타내 주는 하나의 좋은 본보기이다. 로뻬 · 데 · 베가는 『일본의 첫 순교자들』의 희곡 작품에서 스페인 선교사들이 이룩하지 못한 천주교의 승리를, 작품세계를 통하여 이룩하였다. 이 작품에는 다이꼬사마(太閤樣)와 도꾸가와 이에야스가 주인공으로 등장하고 있는데, 당시 일본의 역사적 인물과 사건을 주제로 한 작품은 유럽문학에서 이것이 처음이라고 본다.

스페인의 극작가 로뻬 · 데 · 베가(Lope de Vega)는 동양세계에 많은 흥미와 관심을 갖고 『1614년과 1615년에 일본 왕국에서 거둔 신앙의 승리(El Triunfo de la fe en los Reinos del Japón por los anos de 1614 y 1615)』라는 또 다른 산문 작품을 쓰기도 하였다. 이 작품 속에서 우리는 일본에서의

1614~1615년 순교자들 중에 미겔 · 데 · 꼬레아(Miguel de Corea)와 뻬드로 · 데 · 꼬레아(Pedro de Corea)라는 두 명의 한국인 이름을 발견할 수 있음에 우리의 지대한 관심을 끌며, 한국 순교자의 이름이 16세기 스페인의 극작가 로뻬 · 데 · 베가의 작품 속에 등장하는 것은 한국 천주교사에 큰 의미를 지니는 것이라 하겠다.

한편, 루이스 · 데 · 구스만은 그가 쓴 『선교사들의 이야기』에서 다음과 같이 동 · 서양의 문화 충돌에 대해서 간단히 언급하고 있다.

"일본의 관습은 유럽이나 그 외 여러 나라의 관습과는 아주 판이하게 다르다. 상대방에게 예우를 표시하기 위해서 실내에서 우리가 모자를 벗는 것과는 달리, 일본인들은 그의 자택에서 방문객을 앉은 상태에서 맞아들이고 있고, 일어나서 상대방을 영접하는 것을 아주 무례한 행동으로 생각한다. 그곳에서는 머리털이 많은 사람을 좋지 않게 생각하며, 머리를 삭발한 사람들을 위엄 있고 고상한 것으로 간주한다. 그래서 14~15세가 지나면 그들은 머리 한가운데에 단지 한 줌의 머리카락만 남기고 나머지는 모두 뽑아버리며, 노인이나 아주 지체가 높은 사람은 후두부에만 머리털을 남겨 둔다."

루이스 · 데 · 구스만의 작품에는 프란시스코 · 사베리오나 발리그나노 신부가 쓴 기술들을 인용한 흔적이 잘 나타난다. 동양 땅에 머물던 유럽 선교사들은 1549년 처음으로 이 지역에 도착한 이래 동양 문화에 대한 충격과 신기한 생활 풍습에 대하여 실로 많은 기술을 남겼다.

TRIUNFO DE LA FEE

EN LOS REYNOS DEL JAPÓN,

por los años de 1614. y 1615.

AL ILUSTRISSIMO, y Reverendiſsimo ſeñor el Cardenal de Sandovál, Dean de Toledo.

POR LOPE DE VEGA CARPIO,
Procurador Fiſcal de la Camara
Apoſtolica en el Arçobiſpado
de Toledo.

Año IHS 1618.

CON LICENCIA.

Madrid : *Por la Viuda de Alonſo Martin.*

A coſta de Alonſo Perez, Mercader de Libros.

로베 · 데 · 베가의 작품 "일본 왕국에서 거둔 신앙의 승리" 표지
(본 책자에서 한국 최초의 순교자로 "미겔"과 "뻬드로"를 언급하고 있음)

2. 세스뻬데스 신부의 문화적 충격

1) 뛰어난 일본어 구사

서구의 선교사들에게 동·서양 문화적 충격은 무엇보다도 먼저 언어에서 나타났다. 그러나 동양땅에 도착하였을 때 동양인의 마음에 접근하여 선교활동을 하기 위하여서는 선교사들에게 언어문제가 제일 먼저 극복해야 했던 장애물의 하나였다. 그레고리오·데·세스뻬데스 신부가 쓴 1577년 편지에도 그러한 것이 잘 드러나 있다. 세스뻬데스가 그의 편지를 통한 증언에서 언급한 대로 극동지역에서 그가 느꼈던 동양문화에 대한 충격에 대해서 살펴보겠다.

우선, 오무라(大村)에서 1577년 세스뻬데스가 쓴 편지에는 일본어 학습에 대해서 다음과 같이 간략히 언급되어 있다.

> "크리스마스를 위한 모든 작업이 끝나면 미겔·빠스 수사가 우리에게 일본어를 가르쳐 주게 될 것인데 일본어는 그렇게 어렵지 않습니다. 그리하여 저는 조금씩 공부를 시작하여 하느님의 은혜에 힘입어 시간이 흐름에 따라 좋은 성과를 가질 것으로 믿습니다."

일본에 도착하자마자 언어수학에 몰두하였던 그레고리오·데·세스뻬데스는 어느 누구보다도 더 훌륭하게 일본어를 구사하였는데, 『예수회 일본역사기』 속에 「1579년 12월 일본 지역의 신부와 수사 목록」에서 세스뻬데스에 대하여 언급하면서 그의 훌륭한 언어 습득 능력을 기술하고 있다.

그는 일본에 도착한 지 얼마 안 되어 큰 어려움 없이, 동양 문화와 관습에 익숙해지기 시작하였다고 볼 수 있다. 오무라(大村)에서 그가 쓴 편지에는 일본 사람들에 대한 그의 첫인상이 다음과 같이 나타나 있다.

"땅은 광활하며 사람들은 뛰어난 이해심을 지니고 있고 매우 이성적이라 하겠습니다. 그들에 대하여 더욱 본인을 만족스럽게 하는 일들 중의 하나는, 일본인들은 우선 설교를 들어보고 우리 그리스도교의 가르침을 생각해 본 후에 세례를 받는다는 것입니다. 그리하여 그것이 그들을 만족하게 하면 성스러운 세례를 요구합니다. 우리들의 신성한 마음속에 있는 이성에 의해 순수하게 설득되어 개종을 하게 됨에 따라 사람들은 정말 진실로 그 속에서 정착을 하게 되며, 그들을 보고 대하는 것이 우리들에게는 위안이 됩니다."

세스뻬데스 신부는 일본에 도착하여 동양문화의 큰 충돌 없이 메아꼬(京都)에서 문화 및 복음전파 사업을 수행했다. 1579년 그의 편지에는 하느님에 대한 일본인들의 신앙과 사랑이 잘 나타나 있다.

"이곳 메아꼬(京都) 지역 사람들은 일본 전 국토에서 가장 귀족적이고 예의 바른 자들일 뿐만 아니라 가장 진실한 천주교도이며 예수 그리스도의 신봉자들인데, 그들의 뛰어난 고결함으로 인하여 하느님의 계명을 지키고 따르는데 매우 특출합니다. 그러한 열성과 덕행에 대한 공경심이 커서 우리들을 매우 우러러보며, 그래서 내가 실제로 보고 들은 경험을 통해 보건대 그들의 생활양식은 세속적이라기보다

> 는 매우 종교적이고 훌륭한 분별력과 이해심을 지니고 있으며 매우 상냥하고 붙임성 있는 국민들이라 생각됩니다. 이러한 특성들은 세례를 받은 후 그들이 덕행을 쌓는 데에 큰 도움을 줍니다."

그리스도에 대한 지극한 사랑과 신념에 찬 세스뻬데스는 동양의 문화와 관습에 별로 거부반응을 보이지 않았는데, 그 이유는 그가 일본어를 빨리 습득하여 동양의 문물에 빨리 적응하고 이해하게 되었기 때문이라고 본다. 이러한 세스뻬데스 기술은 프란시스코 · 사베리오 신부가 1549년 11월 5일 처음으로 고아(Goa)에 있는 그의 동료에게 보내는 편지에서 쓴 일본인에 대한 첫인상의 묘사와 공교롭게도 유사한 면을 보여 준다.

> "일본에서의 경험에 비추어 보건대, 일본인들은 우리가 지금까지 알아왔던 사람들 중에 가장 훌륭하고 매우 착하고 상냥합니다."

2) 일본 신앙에 대한 저항감

그러나 세스뻬데스는 일본에 도착하자마자 불교와 충돌하면서, 승려와 우상숭배를 매우 경멸하였다. 그는 일반적인 일본인들에 대해서는 관대하였지만 승려들에 대해서는 저항감을 느꼈으며, 어떤 면에서는 그들에 대하여 적대감조차 가졌다. 세스뻬데스는 모든 그의 편지에서 승려들을 천주교도의 적으로 기술하였으며, 이러한 것은 그의 동양문화에 대한 충격이 잘 나타내어 준다. 그에게 중요했던 것은 단지 하느님의 말씀을 전하는 것이었으며, 이러한 면에서 볼 때 불교는 그의 목적을 실현하는데 큰 장애였던 것이다.

그레고리오 · 데 · 세스뻬데스는 오무라(大村) 지역에서 처음으로 천주교 대명과 불교도 영주들 간의 격렬한 싸움을 목격하였으며, 불교도 영주를 천주교의 큰 적으로 기술하였다.

"천주교의 커다란 적인 리오조기는 2월에 6,000~7,000명의 군대를 이끌고 왔습니다. 이들은 돈 바르똘로메의 요새를 장악하여 그의 모든 영토를 파괴하기 위하여 오무라에서 1레구아 떨어진 곳에 진지를 설치하였습니다."

세스뻬데스 아리마(有馬)에서 쓴 편지에도 위와 같은 성격의 내용이 잘 들어나 있다.

"시마바라(島原)의 승려들은 늘 우리들의 가장 큰 적들이었고 천주교의 원수였으며 그들은 그 땅에서 대단한 오만과 교만으로 승리를 거두어 왔습니다."

세스뻬데스는 승려들을 천주교의 적으로 간주하면서, 그에게 있어서는 하느님만이 존재하기 때문에 승려들이 떠받드는 "가미"(신도의 우상)와 "포토께"(불교의 우상)를 극렬히 비난하였다.

> "가미와 포토께에 대한 반감과 경멸이 컸으며, 일본에 있던 호화로운 절들이 매일 파괴되고 있습니다."
> "가미란 일본 내에서 숭배하는 거짓의 여러 신들을 일컬으며 이 세상의 사물들에 대하여 힘을 가지고 있는 것으로 생각되고 있습니다."

1588년에 쓴 편지에서 세스뻬데스는 불교를 악마라고 비난하면서 불교를 쳐부숴 버리겠다는 그의 확고한 의지를 나타냈다.

> "두 번째 방문에서는 모든 악마들을 완전히 물리쳐 추방해 버릴 것입니다. 본인의 생각으로는 이러한 일은 쉬울 것으로 기대합니다."

세스뻬데스가 불교와 그 우상에 대해서 가졌던 적대감으로 살펴 보건대 이러한 점에서 그는 동양의 사고방식과 문화에 어느 정도 충돌했다고 본다. 이것은 세수뻬데스가 스페인에서 반종교개혁운동(Contrarreforma)이 절정에 달했던 펠리뻬 2세 국왕시대에 매우 엄격하고 철저한 종교적인 분위기에서 자라났기 때문에 더욱 그러한 태도를 보였다고 생각할 수 있다. 이러한 면에서 볼 때, 세스뻬데스의 눈에는 불교가 매우 괴이한 종교로 천주교 선교 활동에 방해물로 보였던 것이다.

그럼에도 불구하고, 세스뻬데스는 일반 시민들을 천주교도로 개종시키기 위하여 그들에게는 많은 애정을 보였다. 그러나 승려에 대한 그의 태도는 이교도에 대한 투쟁가로서의 강인한 면모를 보여 주었다.

3) 히데요시의 잔인성

한편, 유럽과는 매우 다른 일본인들의 처형 방법에 대하여 기술하였는데, 그는 동료들에게 일본인들의 이러한 잔인한 행위를 편지로 알렸다. 일본인들이 칼로 배를 갈라 할복한다는 것은 이미 알려진 사실이며, 세스뻬데스는 이외에도 나가사키(長崎)에서 있었던 26명 대순교 사건을 언급하면서 일본에서의 처형방식을 다음과 같이 묘사하고 있다.

"폭군(히데요시)은 그들의 왼쪽 귀를 모두 자르도록 명령했으며, 그러고 나서 그들을 메아꼬(京都)와 일본의 여러 중요한 도시를 두루 돌리면서 조리돌림을 시켰습니다. 그리하여 이들 모두를 한겨울에 200 레구아 이상 떨어진 나가사키 항구까지 끌고 가, 그곳에서 폭군의 명령으로 26명 모두가 십자가에 못 박힌 후에 창에 찔려 죽었습니다."

세스뻬데스는 또 다른 그의 편지에서 다음과 같이 일본인들의 처형방식에 대해서 기술하고 있습니다.

"수천 명의 사상자가 생겼으며, 많은 사람이 포로가 되었습니다. 그 중에는 정부군 측의 우두머리 쓰노가미 아우구스티누스(小西行長)도 있었는데, 이 포로들은 후에 메아꼬와 오사카의 거리를 돌며 조리돌림을 당한 후에 참수되었습니다."

세스뻬데스는 1589년 그의 편지에서 일본인들은 잔인하며 분노를 쉽게 실행에 옮기는 사람들이라고 썼다. 아무튼, 사람들을 처벌하는 일본의 관습이 그에게는 무척 충격적인 일이었으며, 이러한 것이 그가 동양에서 지내는 동안 그의 기억 속에 가장 깊이 남아 있었던 것 같다.

한편, 일본어를 매우 잘 구사했던 그레고리오 · 데 · 세스뻬데스는 1588년 아리마(有馬)에서 쓴 그의 편지에서 잘 드러나듯이 일본인들의 관습을 어느 정도 이해하고 있었다.

> "신년이 곧 가까워짐에 따라서 우리들은 서둘러서 아리마로 돌아왔습니다. 왜냐하면, 일본사람들은 신년에는 집안일과 가족들의 일로 매우 바쁜 시간을 보내기 때문에 그들을 자유롭게 내버려두어 가정을 돌보도록 하는 것이 더 편리할 것 같았기 때문입니다."

세스뻬데스는 일반 서민들과는 별로 문화적인 충돌을 하지 않았지만, 히데요시(豊臣秀吉)에 대하여서는 많은 문화적 충격을 받았다. 일본의 군주인 히데요시가 1587년 선교사 추방령을 내린 이후부터, 세스뻬데스는 동양의 사고방식에 대하여 의구심과 두려움을 갖기 시작했다. 히데요시의 천주교 탄압 조치에 분노를 표시하면서 세스뻬데스 신부는 일본 땅에서 종교의 자유를 주장하였으며, 일본 내에서 선교사들의 선행에 대하여 다음과 같이 기술하고 있다.

> "대부분의 대명들에게 있어 천주교 박해는 매우 기이한 일이었고, 이교도 대명들에게조차도 참을 수 없는 일로서 이치에 어긋나는 것

으로 생각되었습니다. 이곳 땅에서 그토록 모범되게 많은 선행을 하면서 아무런 피해도 주지 않으며 살고 있는 외국 사람들에게 그렇게 큰 모욕과 고통을 주는 것은 이치에 어긋나 보였습니다. 특히 일본에서는 항상 개인 각자가 원하는 종교를 선택할 자유와 자신에게 더 좋아 보이는 종교로 개종할 수 있는 자유가 있습니다."

그러나 근본적으로, 세스뻬데스 신부나 기타 선교사들의 생각은 히데요시와는 완전히 달랐다. 왜냐하면, 발리그나노 신부가 가져온 인도 부왕의 편지에 대한 답장에서 유럽 신부들의 가톨릭에 관한 히데요시의 의도와 관점을 명확하게 밝힌 바 있었다.

"신부들에 관하여서는, 일본은 가미(신도에서 숭배하는 우상을 일컬음)의 나라임을 밝히는 바이며, 가미란 모든 사물의 원리인 신과 동일한 것입니다. 일본의 예의와 통치는 이러한 "가미"의 가르침을 준수하는 데에 있음에, 만일 이것이 잘 지켜지지 않는다면 군주와 신하들 사이에 존재하는 도리를 인정하지 못하는 것과 같으며, 잘 지켰을 때에는 군주와 신하, 부모와 자식, 남편과 아내 사이에 있어야 할 화합이 완벽해지는 것입니다. 이러한 이유로 백성들의 통치나 왕국들의 내적 및 외적 통치는 이러한 예의 바름의 준수에 있는 것입니다. 신부들은 이 나라 사람들을 구원하기 위하여 우리와는 매우 상이한 교리를 가르치기 위해 왔는데, 우리들은 이미 "가미"의 교리와 가르침으로 생활하고 있으니 더 이상 다른 새로운 교리가 무엇을 위해 필요하겠습니까?

이미 주지한 바와 같이, 세스뻬데스는 전적으로 승려들을 경멸하였으며, 가미는 일본 사람들이 속세의 일을 주관한다고 믿고 있는 가짜 신으로 생각했다. 이러한 점에서 볼 때, 세스뻬데스를 포함한 유럽 선교사들은 특히 종교에 관하여 동 · 서양에서 존재하는 사고방식의 차이점을 극복하지 못했다고 말할 수 있다. 세스뻬데스와 히데요시 사이에 있었던 충돌은 서로 다른 동 · 서양의 두 세계의 생활과 사고방식의 차이점을 아주 잘 나타내주고 있다.

한편, 루이스 · 데 · 구스만은 선교사들의 동양문화에 대한 충돌에 관하여 세스뻬데스 신부와 같은 의견을 가지고 있었으며, 그가 쓴 『선교사들의 이야기』에서 다음과 같이 기술하고 있다.

> "유럽 선교사들은 일본 지역의 사람들을 구원하기 위하여 목숨을 걸고 자발적으로 이 땅에 건너왔으며, 일본인들은 하느님의 말씀에 확신을 가진 후에 그 말씀을 받아들이게 되었다. 일본인들은 그들의 우상이 거짓에 가득 찬 것이라는 것을 느끼게 되면서 사원들을 파괴하게 되었고, 진정한 하느님을 위하여 교회를 세웠다. 그들은 결코 말과 쇠고기를 먹지 않았으며, 단지 가끔 포르투갈인들과 같이 있을 때에만 먹었다. 그러나 그들의 군주가 이러한 것을 좋아하지 않았기 때문에 더 이상은 먹지 않았다."

동 · 서양은 전통적으로 그들 고유의 문화와 풍습을 가졌으며, 무엇보다도 종교의 차이점이 뚜렷하였다. 세스뻬데스를 포함한 유럽인들은 그들의 문화 및 복음전파 사업에 장애라고 여겼던 불교를 이해하지도 못했으며, 이해하려고 노력하는데 미흡한 듯하다. 그리하여 이러한 여러 가지 문화적 충돌로 인해 이 두 세계는 서구 선교사들의 부단하고 호의적인 문화 활동에도 불구하고 결국은 높게 가로막힌 장벽을 넘어서지 못하였다.

3. 세스뻬데스의 눈에 비친 일본 군주들의 모습

그레고리오 · 데 · 세스뻬데스 신부가 1577년 나가사키(長崎) 항구에 도착했을 당시 일본 내에서는 오랫동안 계속되었던 내전이 종식되고 정치적 통일이 이루어지기 시작한 때로 노부나가(職田信長)는 전쟁을 통하여 패권을 잡았다. 그와 함께 일본 역사에서 천하통일 달성자라는 칭호를 가지고 있는 도요토미 히데요시(豊臣秀吉)와 쇼군 시대의 개막을 이룩한 군주 도꾸가와 이에야스(德川家康)까지 세스뻬데스는 그의 글에서 기술하고 있어 흥미롭다.

세스뻬데스는 34년 동안 극동의 문화 · 풍습에 접하면서 개인적으로 일본 역사에서 가장 중요시되는 세 군주의 시대를 직접 경험하였다. 그는 유럽 동료들에게 서한을 통하여 세 군주에 대한 그의 인상을 알렸다. 이 세 군주에 대한 세스뻬데스 자신의 독특한 기술은 역사적으로 기록되어 내려오는 여러 다른 자료와 비교해 볼 때 매우 흥미롭다고 볼 수 있다.

1) 오다 노부나가(職田信長)

그레고리오 · 데 · 세스뻬데스는 일본에 처음 도착하여 상당수의 천주교도들이 살고 있던 오무라(大村) 지방의 천주교 대명 바르똘로메의 땅에서 지냈다. 왜냐하면, 바르똘로메 대명의 통치 하에 있는 오무라(大村) 지역에서는 천주교에 대한 호의적인 정책으로 인하여 단 한 명의 이교도도 없을 정도였기 때문이다.

세스뻬데스는 일본에서 쓴 그의 첫 편지에서, 오다 노부나가의 천주교에 대한 호의적인 정책으로 인하여 메아꼬에서 많은 결실을 거두었다고 말했다. 1577년의 선교활동에 관하여 그는, 만 명 이상이 세례를 받았으며 그중 오천여 명은 메아꼬에서 받았다고 밝혔다. 그때까지 세스뻬데스는 노부나가를 직접 알지는 못하였고 단지 예수회 동료를 통하여 그에 대한 인상과 의견을 편지에 적어 놓았다.

"그곳에 있던 신부들이 편지를 보낸 바에 따르면 그토록 많은 신자들을 일일이 찾아다닐 수가 없으며, 그들을 도울 뿐이라고 했습니다. 왜냐하면, 50,000명 이상의 개종을 위한 활동이 그들에게 주어져 있기 때문입니다. 그러한 지역들에서 하느님이 그들에게 제공한 커다란 조처와 도움들이란 일본의 황제인 노부나가의 호의인 것입니다. 그는 모든 신부들을 잘 비호해 주며 새로이 개종한 사람들을 비호해 주었는데, 이러한 것은 그의 신하들을 놀라게 하였습니다. 그의 신하들은 그가 천주교도가 될 의사를 갖고 있으며 머지않아 세례를 받을 것이라고 말합니다."

세스뻬데스 신부는 그의 동료들의 노부나가에 대한 이야기에 영향을 받아 노부나가를 "일본의 황제"라고 칭하면서 그에 대해 경의를 표시하고 있다. 세스뻬데스는 노부나가 군주에게 황제라는 명칭을 사용하였을 만큼 호의적인 태도와 마음으로 그를 염두에 두었던 것이다.

1579년 세스뻬데스는 메아꼬에 머물면서 그 자신이 가까이에서 직접 노부나가를 볼 수 있었다. 그리고 1579년 그의 경험에 비추어서 쓴 편지에서 노부나가에 대하여 다음과 같이 언급했다.

"이곳과 기타 30여개 왕국들의 군주인 노부나가(職田信長) 자신이 날이 갈수록 우리의 신성한 신앙의 일들에 큰 관심을 가지므로, 이 때문에 우리는 그의 개종에 큰 희망을 갖고 있습니다. 만일 노부나가 군주가 후에 어려움 없이 개종한다면, 그의 왕국의 모든 국민들도 그에 대해 갖고 있는 큰 존경심과 두려움으로 인하여 개종할 것입니다."

또한, 노부나가가 불교와 승려들에 대하여 부정적 태도를 갖고 있었다는 것을 세스뻬데스의 서간문을 통하여 알 수 있다.

"가미와 포또께에 대한 반감과 경멸이 아주 컸으며, 일본에 있는 호화로운 절들이 매일 파괴되고 있습니다. 그들 중들에 대한 천 가지 악을 말하며 우리의 신성한 믿음의 진실성과 순수하고 훌륭한 선들에 관해 말합니다. 그는 자신의 구원에 관한 일들과 강론과 교리를 듣고서는 무척이나 기뻐합니다."

노부나가는 일본 내의 모든 사람들이 천주교도가 되기를 희망한다고 말하면서 그는 일본의 전 지역에서 하느님의 말씀을 자유롭게 전파하도록 허가하였으며, 교회를 세우기 위한 좋은 땅을 제공하기도 하였다.

세스뻬데스는 오다 노부나가를 천주교 선교에 기여한 사람으로 지칭하면서 1579년의 편지에서 다음과 같이 기술하고 있다.

"노부나가가 개종할 시각에 도달했음을 우리에게 알려줍니다. 왜냐하면, 우리 선교사들이 그를 방문할 때마다 설교 듣기를 원하며 항상 만족해하였기 때문입니다. 얼마 전에 노부나가는 오르간띠노 신부에게 그의 모든 왕국들이 천주교화 되기를 희망한다고 말한 적이 있으며 그도 이미 반 천주교도가 되었다고 하였습니다. 그러한 표시로 그의 모든 왕국에서 우리의 신성한 믿음을 자유롭게 설교하도록 허락을 하였으며, 원하는 자는 누구나 천주교도가 될 수 있는 허락을 하였습니다. 또한, 그의 도시에 매우 훌륭한 장소를 제공하여 그곳에 교회를 세우도록 하였습니다."

이 편지에서 세스뻬데스는 오르간띠노 신부와 로렌소 수사가 노부나가를 방문한 사실에 대해서 상세히 설명하면서, 노부나가의 행동과 천주교에 대한 호의적 태도를 기술하려고 애썼다. 계속해서 세스뻬데스의 편지를 살펴보도록 하겠다.

"며칠 전에 오르간띠노 신부는 로렌소 수사와 함께 노부나가를 방문하였습니다. 많은 대명들이 그를 알현하기 위하여 기다리고 있었는데, 노부나가는 그곳에 신부가 왔다는 것을 알고서는 곧 들어오도록 명령을 내렸으며, 그의 자리에서 벌떡 일어나 신부와 수사 옆으로 가서 함께 앉았습니다. 그리고서 밖에서 기다리고 있던 다른 사람들이 어떻게 그가 신부들과 이야기하는지를 보도록 접견실의 문을 열라고 명령했으며, 매우 다정하게 세 시간 가까이 훌륭한 대화를 가졌습니다. 그때에 노부나가는 하느님의 계명에 관하여 그와 토론하기를 원하는 로렌소 수사에게 말했습니다. 비록 노부나가는 마치 성난 사람처럼 큰 소리로 말하였으나 로렌소는 두려움 없이 그에게 답변하였습니다. 대화에서 그는 의문을 제기했는데 이에 대하여 수사는 만족한 답변을 주었으며 그리하여 노부나가는 진실에 거의 승복하게 되었습니다. 밖에서 지켜보고 있던 사람들을 향하여 큰 소리로 말하기를, 나는 이미 설득되었다고 했습니다. 그리고 신하들에게 이르기를 그들의 부인, 아들 그리고 모든 가족들도 천주교도가 되기 위해 준비를 하라고 했습니다. 이 분부에 모두는 큰 소리로 그들도 만족하고 있다고 대답하였습니다."

세스뻬데스 신부의 눈에 비친 오다 노부나가 군주는 천주교에 아주 호의적인 사람이었으며, 1582년 노부나가가 죽을 때까지 그레고리오 · 데 · 세스뻬데스는 메아꼬 부근의 전 지역을 돌면서 선교활동에 전념하였고, 천주교는 규슈(九州) 지방과 메아꼬에서 최고조의 상태로 확장되었다.

이러한 면에서 볼 때, 그레고리오 · 데 · 세스뻬데스가 일본에 도착했던 시기는 오다 노부나가의 호의적인 태도에 힘입어 일본에서 천주교가 절정에 달했던 시기와 일치한다. 세스뻬데스의 편지 내용으로 판단하건대, 모든 서구의 선교사들이 어느 누구보다도 오다 노부나가에게 더 큰 호감과 친근감을 느꼈던 것을 알 수 있다.

2)도요토미 히데요시(豊臣秀吉)

감바꾸도노, 또는 다이꼬사마라 불리던 도요토미 히데요시(豊臣秀吉)는 1582년 오다 노부나가의 갑작스러운 죽음으로 일본의 정권을 장악하였는데 처음 얼마간의 기간 동안에는 천주교와 선교사들을 우호적으로 대하였다. 그의 전임자와 마찬가지로 히데요시는 집권 초기에 승려들을 경계하였으며, 천주교도들에게는 도움을 주려고 하였다. 그는 예수회 선교사들과 협력함으로써 포르투갈인들과의 무역을 순탄하게 지속시키고자 하였다. 그러나 일본 내에 가톨릭 신자 수가 늘고, 개종한 사람들 가운데 군사적, 정치적 세력 있는 영주들이 많아지자 히데요시는 이를 그의 권력에 대한 위협으로 간주하기 시작했다.

1584년에 히데요시가 감바꾸(關白)의 칭호를 받으려고 했을 때 그의 권력에 저항할 수 있는 모든 적대자들에 대하여 단호하게 대처하였다. 그 후 천주교 대명들은 히데요시에게 있어서 귀찮고 경계대상인 존재가 되었다. 1587년 히데요시는 갑자기 일본 땅에서 선교사 추방령을 선포하였다. 그러나 히데요시는 그의 포고령을 철저하게 실천에 옮기지는 않았기 때문에, 1587년 이후 서구 선교사들은 규슈 지방에서 그곳 천주교 대명들의 비호 속에서 조심스럽게 선교 사업을 수행했던 것이다.

오다 노부나가가 천주교의 선교사들에게 우호적이었던 반면에, 히데요시는 이에 적대적인 군주로 간주되었다. 1587년까지 히데요시는 서구 선교사들에게 호의를 보이면서 어느 정도 노부나가의 노선을 따랐다. 세스뻬데스는 1585년 오사카(大阪)에서 서인도 고아(Goa)에 있는 예수회 관구장에게 보내는 그의 편지에서 노부나가의 죽음과 히데요시의 등장을 알리면서 새롭게 부상한 인물 히데요시에 대해서 처음으로 다음과 같이 언급하였다.

"덴까(日本)의 군주인 지꾸젠도노는 단시일 내에 노부나가 군주와 비교할 수 있을 정도로 지금까지 일본에 존재했던 가장 강력하고 두려운 실력자가 되었습니다. 그는 자신의 노력으로 전 일본을 수중에 넣었으며 그에게 대항할 적이 아무도 없게 되었습니다. 왜냐하면, 그에게 대항해 일어난 모든 자들은 죽음을 당했거나 그에게 복종을 하게 되었습니다. "예치렌"(越前), "캉가"(加賀), "노토"(能登) 왕국의 영주인 시나따(Xinata)도 최후를 맞았습니다."

세스뻬데스는 지꾸젠도노 즉 히데요시가 그에 대항하는 반대파 대명들에게 계속적인 승리를 거두면서 짧은 시일 내에 정치적으로나 군사적으로 세력을 팽창해 가는 데 대해 우려와 두려움을 나타냈다.

"그는 오직 무력과 힘에 의하여 아주 손쉽게 매 차례 100,000명의 군사를 배치하여서 일본의 모든 왕국을 손아귀에 넣었습니다. 이번 달에는 그가 아무런 할 일이 없자 전 일본을 그의 의도대로 개혁하고자 하였습니다. 그리하여 며칠 내에 20개 왕국 이상의 영주들을 이동 교체하였는데 "고끼나이"(五幾內) 지방에서는 옛날 영주들을 한 명도 남겨 두지 않고 바꾸어 버렸습니다."

세스뻬데스는 히데요시가 1585년 10월 일본의 전 지역을 완전히 장악했다는 것을 편지를 써서 알렸다. 세스뻬데스는 커다란 권력의 변화에 걱정하면서 인도지역의 관구장에게 일본의 새로운 상황과 새로운 실력자 히데요시에 대한 소식을 전해주었다.

세스뻬데스는 1585년, 히데요시와 개인적으로 직접 만났던 선교사 중의 하나였다. 그 당시 오사카(大阪)의 수도원장이었던 세스뻬데스는 그의 수도원에서 히데요시의 갑작스러운 방문을 받았다. 그때까지만 해도 히데요시는 천주교에 대하여 적대감을 보이지 않았다. 루이스 · 데 · 구스만은 그의 저서 『선교사들의 이야기』에서 이 만남의 사건을 다음과 같이 기술하고 있다.

"관구장이 오사카에 오기 며칠 전, 감바꾸도노는 어느 날 갑자기 몇 명의 영주들과 함께 신부들이 기거하던 곳을 방문하였다. 그때 거기에 머물던 그레고리오 · 데 · 세스뻬데스가 그를 영접하기 위하여 나갔으며, 대화에서 히데요시에게 교회에 대한 인상을 물어보자 그는 매우 만족스럽다고 말하면서, 깨끗한 생활방식과 습관을 지니고 있는 신부들이 오사카의 불교 승려보다 더 훌륭하고, 하느님의 말씀에 흡족하며, 한 명 이상의 부인을 갖지 못하는 제한만 없다면 그 자신이 천주교로 개종하는 데 어떠한 어려움도 없다고 말하였다."

천주교에 대한 히데요시의 태도는 진실하지 못했던 것 같다. 왜냐하면, "부인을 한 명 이상 갖지 말라는 제한이 없으면 천주교로 개종하는 데 어려움이 없다"고 말하면서 천주교에 대하여 부정적인 면을 암시했기 때문이다. 앞에서 언급했듯이 히데요시는 서구의 선교사들을 미끼로 하여 포르투갈 상인들과의 무역거래에 큰 관심을 가진 것을 볼 수 있다. 세스뻬데스는 1587년 내린 갑작스러운 추방령 때문에 고끼나이(五幾內) 지방을 떠나야만 했고 히데요시에 대하여 거부감을 느끼기 시작하였다. 그때부터 세스뻬데스는 히데요시를 폭군으로 간주하면서, 그에 대하여 아주 격렬하고 경멸적인 언어를 구사하기 시작했다.

"전 일본 땅에서 우리에게 떠날 것을 명령한 폭군에 순종하지 않고, 예수 그리스도의 진정한 사도로서 그리고 어린 양들을 저버리지 않는 훌륭한 목자로서 이 모든 영혼들의 사랑을 위하여 우리의 목숨을 위태롭게 하면서도 폭군의 분노 속에 우리를 남겨두었습니다."

세스뻬데스는 천민 출신의 히데요시를 경멸하였으며, 또한, 일본의 우상으로 사람들에게 숭배받기를 원하고 있다고 폭로했다. 그가 1589년에 쓴 편지에는 다음과 같은 것이 나타난다.

"우리를 박해하는 감바꾸도노는 하류계급 출신으로 나무를 하러 산으로 다니기도 하였고 농부의 일을 거들기도 하였으나, 자신의 운명에 만족하지 않고 군대에 입대하여 대단한 노력과 영리함과 신중함으로써 차츰차츰 일어서기 시작하여 거의 전 일본의 영주가 되기에 이른 사람입니다. 그러나 이에 만족하지 않고 악마의 오만함으로 가미로서 숭배받고자 합니다."

세스뻬데스는 1589년 히데요시가 선포한 추방령의 이유를 다음과 같이 해석했다.

"인간들은 숭배 받을 수가 없으며 단지 진정한 창조자이신 하느님만이 이 세상에서 숭배 받을 수 있다는 것을 가르친다는 사실을 알고서는, 일본 내에서 그의 사악한 의도에 반대하는 자를 용서하지 않았습니다. 그리하여 우리 모두를 일본에서 추방하도록 명령하였습니다."

세스뻬데스는 폭군 히데요시에 대하여 그의 거부감과 분노를 분명히 나타냈으며 1597년에 있었던 나가사키(長崎) 대순교 사건을 직접 목격한 사람으로서 그의 서간문에서 히데요시의 탐욕과 잔인함을 폭로했다. 그는 1597년 26명의 순교자들의 죽음을 상세히 기록하면서 폭군을 강렬히 비난했던 것이다. 다음과 같은 기술에서 잘 살펴볼 수 있다.

"폭군 감바꾸는 날이 갈수록 더욱더 마음에 독기를 품으며 우리의 성스러운 교리에 증오심을 나타내고 있습니다."

그레고리오 · 데 · 세스뻬데스는 "산 · 펠리뻬"라 불리는 스페인 선박의 난파 사건을 계기로 아주 가까이에서 히데요시의 탐욕을 관찰하였으며, 그것에 대하여 다음과 같이 쓰고 있다.

"필리핀으로부터 거의 반쯤 부서진 채로 많은 재물을 실은 서반아인들의 난파선 한 척이 일본에 도착한 일이 발생하였습니다. 탐욕에 빠져있는 폭군에게 그 소식을 전하자 그는 말하기를 자신의 서찰이 없이 일본 바다를 항해하였다고 하면서 그 배의 재물을 빼앗을 구실을 모색하였습니다. 폭군은 말하기를 서반아인들은 멕시코에서 행한 것처럼 일본 왕국을 정복하기 위하여 다니는 사람들이라는 것을 들은 바 있다고 하면서 교역을 구실로 염탐을 하여 정복하기 위해 일본에 오는 것 같다고 하였습니다.……(中略)

그러나 서반아인들은 스파이임이 확실하며 방문을 위장하여 이곳에 왔다고 하였습니다. 들리는 바로는 천주교도들이 그의 명령을 위반하고 있으니 이 때문에 선박의 모든 재산들을 손해배상으로 압수할 작정이라는 것입니다."

세스뻬데스는 이와 같이 히데요시를 탐욕스러운 인간으로 간주하면서, "탐욕에 찬 히데요시가 그 배를 탈취하려고 했다"라고 말하였다. 그의 잔인함은 순교자들의 처형에서도 잘 드러나며, 이러한 일은 유럽 선교사들에게 큰 충격을 주었다. 세스뻬데스는 1597년 그가 쓴 편지에서 이 사건을 기술하였었다.

일반적으로 일본에 있던 유럽 선교사들은 히데요시를 분별력이 없고 탐욕에 찬 인간으로 보았으며, 따라서 선교사들이 그를 만날 때마다 호의를 얻기 위하여 상당량의 선물을 항상 가지고 갔으며 히데요시는 이러한 것에 매우 흡족해하였다.

천주교에 대한 그의 호의를 얻기 위하여 선교사들은 히데요시가 원하는 선물들을 가져갔던 것이다. 히데요시는 천주교를 거부했지만, 포르투갈 상인들에게는 호의를 베풀었다. 1591년 히데요시는 인도의 부왕에게 보내는 편지에서 다음과 같이 말한 바 있었음을 기억한다.

"이곳 왕국은 바다나 육지에서 도둑이 없는 곳이며 무역을 위하여 내왕하는 자들에게는 아무런 불편함이 없이 자유롭게 활동할 수 있도록 허락하는 바입니다."

이미 "싼 · 펠리뻬" 사건에서 히데요시의 탐욕스러움이 드러났는데, 이와 관련하여 우선 1591년 순찰사 신부 발리그나노가 유럽방문을 마친 일본 소년사절단을 이끌고 히데요시를 방문하였을 때의 상황을 살펴보겠다.

"신부는 인도지역의 부왕이 감바꾸도노에게 보내는 선물을 가져왔는데, 거기에는 매우 찬란한 밀라노제의 갑옷 두 벌, 금제장식을 가진 큰 칼 두 자루, 매우 새롭고 훌륭한 화승총 두 정, 화승총과 함께 쓰이는 단검, 그리고 치장이 잘 된 매우 아름다운 아라비아 말 두 필이 있었다. 한 마리는 검붉은 빛깔의 윤이 나는 말이고 또 다른 한 마리는 검은색의 윤기 있는 말로서 은제 장식품과 금빛의 등자를 가지고 있었다. 그러나 한 마리는 일본에 도착하기 전에 해상에서 죽었다. 또한, 두 벌의 금빛 모로코제의 가죽과 매우 아름다운 텐트 한 개도 이 선물에 들어 있었다."

히데요시는 인도의 부왕이 보내는 이 진기하고 값진 물건을 받고 나자, 1587년 서구 선교사들에게 내렸던 추방령에도 불구하고 천주교도들의 활동을 묵인하는 태도를 보였다. 이렇게 하여 발리그나노는 천주교도를 위기에서 구해냈고, "싼 · 펠리뻬" 사건이 있던 1597년까지 히데요시는 천주교에 대한 노골적인 적대감을 공개적으로 나타내지는 않았다.

루이스 · 데 · 구스만은 히데요시가 선물을 받았을 때의 반응에 대하여 그가 쓴 『선교사들의 이야기』에서 다음과 같이 쓰고 있다.

"참석해 있던 모든 영주와 귀족들은 진기한 물건을 보고 매우 감탄하였으며, 감바꾸도노를 피로하게 하지 않기 위하여 세 번이나 그 자리를 떠나려고 하였지만, 감바꾸도노는 계속 함께 남아 있도록 청하였다."

한편, 1593년 필리핀의 총독을 프란시스코 수도회 소속의 4명의 스페인 신부를 일본에 파견하였는데, 이들은 히데요시에게 다음과 같은 선물을 가져갔다.

"누에바 · 에스빠냐(멕시코)의 훌륭한 말 한 필, 가스띠야의 옷 한 벌, 큰 거울, 금빛 나는 사무용 책상,…"

히데요시는 이러한 선물을 흡족히 받았으며 큰 기쁨을 표시하였다.

1594년 3명의 또 다른 프란시스코회 소속의 신부들이 일본에 오면서 히데요시를 위하여 다음과 같은 선물을 가져왔다.

"암 · 수 들소 한 쌍, 사향고양이 두 마리, 송아지 한 마리, 그리고 일본인들이 좋아하는 장식 구슬이 달린 가스띠야 옷 한 벌…"

1597년 여름에, 필리핀에서 온 사절단은 히데요시를 위하여 은제품 갑옷과, 코끼리 한 마리를 선물로 가져왔다.

선교사들은 히데요시에게 무기부터 시작하여 들소, 고양이, 말 그리고 코끼리까지 선물하였던 것이다. 이러한 점에서 그레고리오 · 데 · 세스뻬데스나 동료 신부들의 기록에서나 루이스 · 데 · 구스만의 기록에서처럼 히데요시가 탐욕적인 인물이라는 점에서 모두가 일치하고 있다. 결론적으로, 그레고리오 · 데 · 세스뻬데스의 눈에 비친도요토미 히데요시의 인상은 "잔인한 폭군", "이성을 잃은 인간", "탐욕적인 인간", "비천한 인간", "가미(神)와 같이 되기를 원하는 인간", "악마와 같은 인간", "천주교의 적" 등으로 요약된다.

세스뻬데스가 히데요시에 대해서 가졌던 인상은 그 당시 유럽 선교사들의 히데요시에 대한 기술과 거의 일치한다. 히데요시를 가까이에서 관찰했던 세스뻬데스는 매우 상세히 히데요시의 성격과 태도를 묘사했다. 히데요시가 16세기 일본역사에 있어서 매우 중요한 인물이었으며 또한, 한국침략의 장본인이었던 고로 세스뻬데스가 그의 편지를 통해서 기술했던 사항은 그 당시의 히데요시와 정치, 사회판도 및 상황을 판단하는데 중요하다.

3) 도꾸가와 이에야스(德川家康)

1597년 나가사키 순교가 있은지 일 년 반 만에, 히데요시가 병으로 죽었으며, 그 후 일본에는 권력쟁취를 위한 치열한 싸움이 벌어졌다. 히데요시가 죽을 당시 모든 권력을 그의 어린 아들에게 넘겨주었는데 히데요시가 죽자 천주교도에 대한 탄압은 일시적으로 중단되었으나, 새로운 통치자인 이에야스(德川家康)라는 인물에 대하여 잘 알지 못하였기 때문에 천주교 복음전파 사업에 관한 그의 태도에 대하여 의구심과 두려움을 가졌다.

그 당시, 그레고리오 · 데 · 세스뻬데스 신부는 메아꼬(京都)에서 아주 멀리 떨어진 비젠(備前)에 머물러 있었다. 비록 새로운 군주를 직접 목격은 못했지만 1601년에 쓴 편지에서 전쟁과 다이푸사마(도꾸가와 이에야스가 군주에 오르기 전의 호칭)의 출현에 대하여 언급했다.

"천주교는 매우 위태로웠으며 거의 멸망할 위기에 처했었습니다. 그 까닭은 일본이 두 편으로 갈라져서 전쟁을 계속했기 때문입니다. 한 편은 다이꼬사마(豊臣秀吉)의 아들을 옹립하는 대명들로서, 이들은 "다이푸사마"라 불리는 그들 중의 가장 우두머리인 자를 제거하려 하였습니다. 왜냐하면, 다이푸사마는 그가 원하는 바대로 통치하고자 했으며, 일본을 그가 통치하는 듯하였기 때문입니다. 다이푸사마에게 많은 추종자들이 모여들었습니다. 그리하여 두 패 사이에는 일본에서 있었던 가장 치열한 전쟁이 일어났습니다. 정부지지파(豊臣秀吉) 편으로는 여러 편지에 수없이 쓴 바 있는, 매우 이름 높은 장군이며 훌륭한 영주인 쓰노가미 아우구스티누스(小西行長)가 속해 있었습니다. 지난해에도 그의 영지에서 60,000명 이상이 세례를 받은 바 있습니다. 최강의 군대인 정부군 측은 몇 번의 승리를 했었지만, 종래에는 다이푸사마가 승리자가 되었습니다."

세스뻬데스 전투에서 다이푸사마가 승리를 했으며 일본에서 가장 충실한 천주교 대명 중의 하나인 아우구스티누스가 패배하였음을 알리고 있다. 세스뻬데스는 아우구스티누스의 비극적인 죽음에 대하여 말하면서, 새로운 통치자인 다이푸사마가 천주교에 대하여 호의적인 태도를 가지고 있다고 적었다.

"승리자들은 처음에는 승리의 신성한 믿음에 호의적이지 않았기 때문입니다. 그러나 하느님의 이 작은 배에 폭풍과 수많은 시련을 겪은 후에 다시 항해가 허락되었습니다. 적들의 손에서 하느님의 신성한 자비로움이 해방되어 나왔습니다. 그리하여 지금은 전 일본의 군주 다이푸사마의 통치 하에 있는데 그는 우리들의 친구이며, 우리의 신성한 교리의 옹호자로 보입니다. 그의 편에 있던 대명들도 역시 그러하므로 천주교는 다시금 발판을 만들었으며 짧은 기간 내에 일본의 많은 왕국들에서 가장 큰 전교를 이룩할 희망에 차있습니다."

다이푸사마(德川家康)는 그의 집권 초기에 선교사들에게 매우 우호적인 인상을 남겨 주었던 것으로 짐작할 수 있다. 따라서 그레고리오 · 데 · 세스뻬데스는 아우구스티누스와 그 외 여러 천주교 대명들의 죽음에도 불구하고 새로운 통치자의 출현을 긍정적으로 보았던 것이다. 그는 1602년에서 1611년까지 부젠(豊前) 지방에 있는 고꾸라(小倉)에 머물러 있었으며, 이에야스(德川家康)의 우호적인 천주교 정책 덕분으로 고꾸라(小倉)의 수도원장으로서 조용한 말년을 보냈다. 그러나 도꾸가와 이에야스는 1612년 천주교에 대한 그의 우호적인 태도를 갑자기 바꾸어 1614~1615년에 대대적인 천주교 탄압과 순교가 발생하였다. 세스뻬데스의 편지를 통해서 볼 때 1600년 당시의 혼란한 정치적 상황을 이해할 수 있다.

당시 일본의 정치적 상황과 다이푸사마에 대하여 자세하게 기술한 미간행 자료를 하나 찾았는데 이 글을 통해서 도꾸가와 이에야스가 어떻게 일본을 손아귀에 넣었는지를 이해하는 데 도움이 될까하여 이곳에 소개한다.

“세계 어디에서나 불안요소가 있지만, 1600년도의 일본은 그 어느 곳보다 더 소요가 많았고 마침내 다이푸사마가 이를 평정했다. 그 과정은 다음과 같다.

일본의 최고 통치자였던 다이꼬사마는 죽으면서 모든 권력을 그의 어린 아들에게 넘겨주었으나, 나이가 어린 관계로 직접 통치할 수 없었기에, 4명으로 구성된 평의회로 하여금 대리 통치케 했다. 그 중에서 가장 강력한 권력을 가졌던 다이푸사마에 대해서 동료 평의회 의원들이 두려움을 가졌기 때문에 그들은 다이푸사마를 메아꼬(京都)에서 쫓아버렸다. 이에 화가 난 다이푸사마는 그의 권위를 되찾기 위하여 전쟁을 일으키면서 메아꼬로 쳐들어갔다. 우선 4만 명의 병력을 가지고 그는 내륙 쪽으로 진군하기 시작하였다. 하지만 그를 쫓아냈던 통치자들은 그들의 요새를 강화할 계책을 꾸밀 줄 몰랐으며, 마침내 다이푸사마는 오아리(尾張) 왕국에 있는 중요한 요새에 당도했다. 그는 2만 명의 병력을 매복시켜 놓고 계곡에서 약 5백 명의 병사로 하여금 그 요새를 살펴보라고 앞으로 보냈다. 그 요새의 성주는 상대방의 병력이 얼마 안 되는 줄 알고 그들을 추격하러 나섰다. 5백 명의 병사들은 따라오는 적들을 놀리면서 조금씩 후퇴하기 시작하여 마침내 그들을 매복 장소까지 유인하였다. 매복하고 있던 병사들이 나오자 구이푸이(성주의 이름)의 병사들은 그들의 성으로 다시 도망쳤으며, 그들을 쫓아왔던 매복 병사도 거의 동시에 성으로 함께 따라 들어가서 적들을 죽이고 성을 점령하였다. 다이푸사마는 일단의 병력을 그 성의 경비를 위해 남겨둔 후에 8만의 적들이 주둔하고 있던 미노(美濃)로 다시 진군하였다. 이때 상대방 편을 돕는 것으로 보이는 한 영주가 5만의 병력을 이끌고 왔다. 그러나 전쟁이 시작될 무렵, 갑자기(이미 꾸며진 계획이었지만) 그 5만의 병사들은 다이푸사마의 적들을 향하여 칼을 돌렸으며, 그러한 배반을 알지 못했던 적들의 군대는 순식간에 무너졌고, 마침내 다이푸사마는 승리를 거두었다. 그리고 다이꼬사마의 어린 아들과 함께 일본의 모든 재산과 부를 맡고 있던, 통치자들의 우두머리격인 모리도노가 있는 오사카성을 점령했다. 이 성은 모리도노의 본거지로서 그는 당시 수년 동안을 버틸 수 있는 양식과 무기, 약 4만 명의 병사, 그리고 다이푸사마 편에 있는 영주들의 인질들을 가지고 있었으나 싸울 마음의 자세가 되어 있지 않았다. 그래서 싸우지도 않았고, 성에서 버티지도 않았으며, 또한, 평화조약을 맺지도 않았다. 단지 그의 병사와 함께 황급히 성을 뛰쳐나와 다이푸사마에게 항복하였고, 며칠도 안 돼서 칸구에사쿠를 제외한 모든 지역이 다이푸사마의 손아귀에 들어갔다. 변경에 있던 칸구에사쿠에서는 사람들이 손에 무기를 들고 저항하였으나, 사쑤마(隆摩)의 왕은 몇 차례의 작은 충돌 후에 더 이상 다이푸사마에게 저항할 만한 세력이 남아 있지 않게 되었으며 다이푸사마는 일본의 절대 통치자가 되었다."

8 16세기 서구인이 본 꼬라이

1. 문헌적 의의

극동에서 한국의 문명은 오랜 전통을 지니면서 발전되어 왔지만, 외부 세계와의 접촉에서는 다분히 폐쇄적이었다. 16세기 후반까지 유럽인들에게는 그 이름조차도 잘 알려지지 않았지만, 그보다 훨씬 오래 전 중세기에 한국의 위치는 아라비아의 사람들에 의하여 기술되고 있었다. 중국인을 제외하고는, 한국인에 대하여 관심을 갖고 기록한 사람은 바로 아라비아인들이었는데 A.D 9세기 지리학 기술서에서 슐레이만은 신라라고 불리는 왕국이 중국의 건너편에 있다고 했다. 그러나 슐레이만은 신라를 섬으로 이루어진 나라로 기술하고 있음이 흥미롭다.

"바다를 접하면서 중국은 신라라는 섬들과 경계를 하였는데 그곳 사람들은 중국의 군주와 평화롭게 살았으며, 중국 왕에게 예물을 바치지 않으면 하늘에서 그들의 영토 위에 비를 내려 주지 않는다고 믿었다. 그 외에 우리들 중 어느 누구도 소식을 얻기 위하여 그곳을 방문한 적이 없었다. 이 나라에는 하얀색의 매들이 살고 있다."

이로 미루어 보건대 신라 왕국은 매년 중국에 조공을 보내었고 왕래를 하는 동안 중국 땅에서 아라비아의 사신들과 얼굴을 마주친 사실을 뒷받침 해준다. 그럼에도 불구하고 한국은 임진왜란이 일어난 해인 1592년까지는 유럽세계에 정확하게 알려지지도 못했으며, 정확한 위치조차 기술되지 못한 실정이었다.

즉 16세기에 들어와서까지도 서구인들에 의하여 당시 한국의 모습과 지리적 위치 등이 왜곡되어 소개되었다. 중국이나 일본을 제외한 외부세계와는 거의 문호를 굳게 닫은 채 지내온 한국은 1592년 히데요시(豊臣秀吉)의 침략에 의하여 강압적으로 문호를 개방하게 되었다. 그리하여 일본 병사들이 한국 땅에 들어옴에 따라 구체적인 여러 가지 상황과 정보들이 일본에 상세히 알려졌으며 이에 따라 일본에 머물고 있던 예수회 선교사들은 한국에 대해 본격적인 관심을 갖기 시작했다.

이러한 점에서 볼 때 그레고리오 · 데 · 세스뻬데스 신부의 1593년 12월의 한국 방문은 전쟁의 상황에서 처음으로 이루어졌으며 그의 당시 임진왜란의 참상을 직접 목격한 첫 서구인이 되었다. 물론, 일본에서 활동 중인 여러 예수회 선교사들이 전쟁의 상황에 관한 보고서나 정보를 토대로 하여 많은 기술을 남겼으니, 비록 그들은 그레고리오 · 데 · 세스뻬데스와 같이 직접 그들의 눈으로 전쟁을 목격하지는 못했지만 전쟁과 관련한 기록이나 혹은 그때까지 입수된 한국에 대한 여러 정보를 알리는 많은 기술들을 남겼다. 스페인 왕립 역사학 한림원 도서관에서 발견한 스페인어로 쓰여 진 「1592년 일본 예수회 연례보고서 부록편」에서 예수회 선교사들은 당시 조선의 위치, 종교 그리고 한국인의 특성에 대하여 처음으로 자세히 기술하고 있음을 볼 수 있다. 선교사들은 1592년 임진왜란이 발발하자 그들이 접할 수 있는 정보와 기록들을 이용하여 전쟁의 발발 동기와 도요토미 히데요시(豊臣秀吉)의 인물됨과 전쟁 상황 및 한국에 대한 여러 가지 정보를 보고서로 작성하여 유럽으로 급송하였던 것이다. 한편, 당시 포르투갈 출신의 선교사인 루이스 · 프로이스(Luis Frois) 신부도 임진왜란의 발발을 계기로 전쟁의 상황과 함께 한국에 대하여 상세하게 기술하였는데, 그 기록은 리스본의 아쥬다 도서관에 보관된 「1588년에서 1593년까지의 일본 주교회의 역사」(보통 "일본의 역사"로 불리고 있음) 속에 포함되어 있다.

이 같은 두 가지 자료는 매우 값진 것으로서 16세기에 유럽인의 눈에 처음으로 비친 중세 한국에 대한 첫 기술로 평가된다. 이러한 점에서 볼 때, 동 자료는 우리에게 중요한 문학 및 역사적 의의를 가지고 있다고 볼 수 있다.

이러한 자료 이외에도, 스페인 출신의 예수회 신부 루이스 · 데 · 구스만(Luis de Guzman)은 알깔라 · 데 · 에나레스(Alcalá de Henares) 시에서 1601년 『선교사들의 이야기』라는 책을 저술하였는데, 여기에서는 선교사들의 이야기나 여러 자료를 근거로 한국과 임진왜란 및 세스뻬데스의 방한에 대하여 자세히 언급하고 있다. 루이스 · 데 · 구스만은 동양을 직접 알지도 못하면서도 『선교사들의 이야기』라는 총 13권에 이르는 방대한 양의 저서를 썼는데, 이 책은 인쇄되어 유럽에 보급되었으며 이를 통하여 그 당시 서구인들은 극동에 관한 지식과 정보를 얻었다고 할 수 있다.

이와 같이 서구인들은 임진왜란을 계기로 하여 베일에 가려졌던 당시 한국의 모습에 접근하였으며 그들이 쓴 기록들은 16세기 이후 다른 여러 기록들에 커다란 영향을 끼쳤다.

그러면 지금부터 위에서 언급한 세 가지 예수회 선교사들의 문학적 증언을 토대로 하여 그레고리오 · 데 · 세스뻬데스 신부를 포함한 서구 선교사들의 눈에 비친 16세기 조선의 모습에 대하여 정리해 보기로 하겠다.

2. 섬나라 꼬라이 왕국

기이하게도 조선은 16세기 후반까지는 유럽의 선교사들이나 선원들에게는 야만인의 땅으로 생각되었다. 일찍이 아라비아인이나 유럽인들도 조선을 섬나라로 묘사하거나, 일본에서 아주 멀리 떨어져 있는 왕국으로 생각했다.

1592년 임진왜란을 계기로 서구인들은 조선에 관한 많은 문학적 기록들을 남겼다.

우선, 루이스 · 데 · 구스만이 쓴 『선교사들의 이야기』에서 조선은 섬나라로 묘사되어 있음을 발견할 수 있다.

> "중국의 왕이 살고있는 뻬이징주(북경) 옆에 있는 꼬리아(Coria) 또는 꼬라이(Coray)라고 불리는 섬은 감바꾸도노(豊臣秀吉)는 정복하기 시작했다. 중국과 꼬라이는 넓이가 3레구아인 수량이 풍부한 강을 경계로 하여 나누어져 있으며 이 강을 건너면 꼬라이에서 중국으로 쉽게 갈 수 있다."

루이스 · 데 · 구스만은, "꼬라이는 섬나라"라고 기술하고 있으면서, "중국과 꼬라이는 넓이 3레구아의 수량이 풍부한 강(江)으로 나누어져 있다"고

1697년 Marco V. Coronelli가 제작한 극동지역의 지도로 윗부분에 한국 모습이 보인다.

모순된 기술을 하고 있다. 아마 이러한 실수는 루이스 · 데 · 구스만이 동양에 한 번도 가지 않은 채, 단지 예수회 선교사들이 보내오는 기록과 정보를 근거로 책을 썼기 때문에 나온 것 같다.

한편, 안또니오 · 프레네스띠노(Antonio Prenestino)라는 나폴리 출신의 신부가 1578년 일본을 향해 임지로 가는 항해 중에 일어난 경험을 편지에 기술하였다.

다음은 프레네스띠노 신부의 서간문 내용의 일부분이다.

"일본에서 아주 멀리 떨어져 있는 야만인의 섬인 꼬리아에 가서 복음을 전하고 싶다."

프레네스띠노 신부는 극동을 처음 방문하면서 그때까지 잘 알려져 있지 않던 한국에 대해서 여러 사실을 임의대로 기술하였다. 그렇다면, 프레네스띠노 신부는 유럽 땅에서, 또는 포르투갈 배를 타고 가는 동안 포르투갈 선원들로부터 얻은 사전 지식에다가 그 자신의 상상력을 동원하여 한국에 대한 기술을 하였을까?

1578년의 동 편지에서 프레네스띠노 신부는 한국에 대하여 다음과 같이 기술하였다.

"월요일에 우리들이 육지 가까이 도달했을 때, 우리는 생각했던 대로 일본 땅이 아니라 우리가 이전에 지나친 적이 있었던 꼬리아 땅임을 알게 되었습니다. 꼬리아 땅에는 야만적이고 난폭한 사람들이 살고 있으므로, 어떤 나라와도 교역을 갖기 원하지 않습니다. 들리는 바로는 과거에도 포르투갈의 한 쟝크선이 그곳에 갔었는데, 그 배는 그 나쁜 사람들에게 빼앗겼고 그 배에 탔던 사람들은 죽었으며, 살아서 나온 사람은 하나도 없었다고 합니다."

바다에서 폭풍우 때문에 그 사람들은 무서운 악몽과 같은 일을 겪었으며, 바다에서부터 한 미지의 땅을 멀리서 보았다. 처음으로 동양에 발을 딛는 프레네스띠노 신부임을 생각할 때, 그가 쓴 편지의 내용은 포르투갈 선원이 말했던 것을 그대로 기술한 것으로 보인다. 그의 기술은 자신의 직접 경험에서 나온 것이 아니라는 것을 글의 화법과 문체에서 찾아볼 수 있다. 왜냐하면, "과거에" 또는 "이전에 지나친 적이 있었던" 등과 같은 말로 기술하고 있기 때문이다. 이러한 것으로 판단하건대 포르투갈 선원과 상인들은 이미 조선의 존재에 대하여 알고 있었던 것 같이 보이지만 그때까지 조선의 지리적 위치는 유럽인들에게 명확하게 알려지지 않고 있었다.

3. 복음전파의 첫 시도

사실상, 1571년까지 조선이 일본에서 멀리 떨어져 있는 나라로 간주되었으며, 메아꼬의 초대 예수회수도원장이었던 가스빠르 · 비렐라(Gaspar Vilela) 신부가 유럽 선교사로서는 처음으로 한국 땅에 복음을 전하려고 시도했었다. 비렐라 신부는 1571년 그의 편지에서 처음으로 한국에 대한 기술을 하였지만, 사실과는 거리가 멀었다.

일본에서 동인도의 꼬친(Cochin) 시로 돌아온 후 쓴 1571년 2월 4일 자 편지에서 가스빠르 · 비렐라 신부는 한국에 대하여 다음과 같이 기술하였다.

"일본으로부터 꼬리아라는 왕국에 가기 위해서는 10일간이 걸리는데 꼬리아는 大 타르타리아가 시작되는 곳으로서 계속 가면 알레마니아(독일을 지칭)에까지 당도하게 된다. 꼬리아인은 피부가 희며, 내가 그곳을 방문하고자 했었는데, 길목에서 전쟁을 하기 때문에 가지 못하였다. 꼬리아를 경유하여 중국의 왕이 살고 있는 페킹(북경)에 까지 갈 수 있다."

일본 땅에 약 16년(1554~1570) 이상 살았던 가스빠르 · 비렐라 신부는 그곳에서 한국에 가기 위해서는 바닷길로 약 10일이 소요된다고 말하면서 한국이 대 타르타리아가 시작되는 부분으로서 아마도 오늘날 몽고 지방에 위치하고 있는 정도로 생각한 듯 보인다. 여기서 의심스러운 점은 일본에서 16년 이상 살았던 가스빠르 · 비렐라 신부 같은 사람이 어떻게 인근에 있는 나라인 한국에 대하여 그런 식으로 말할 수 있느냐 하는 것이다. 아마도 당시 일본에서는 조선의 지리에 대한 정확한 정보를 얻을 수가 없었고 따라서 한국 방문의 계획을 실행에 옮기지 못한 것으로 추정할 수 있다.

안또니오 · 프레네스띠노 신부와 가스빠르 · 비렐라 신부의 기술을 통하여 추측하건대, 당시 일본인들이 유럽인들과의 무역과 문화적 접촉을 다른 국가에게 빼앗기지 않기 위하여 가장 인접해 있는 조선에 대하여 나쁜 이미지를 퍼뜨렸고 지리적으로도 매우 멀어서 방문하기조차 어려운 듯이 서구의 선교사들에게 인식시켰다고 볼 수 있다.

동인도에서 몇 달을 보낸 후에 가스빠르 · 비렐라 신부는 또 다른 편지에서 한국에 대해 기술하였는데, 몇 달 사이에 한국에 대한 기술이 발전 된 것을 찾아 볼 수 있다. 다음은 그가 동인도 고아(Goa)시에서 1571년 10월 6일에 쓴 편지의 일부분이다.

"일본에서 배를 타고 삼 일 거리에 있는 땅에 꼬라이라고 부르는 큰 왕국이 있는데, 우리들이 옛날부터 부르던 타르타리아(Tartaria)입니다. 이 나라는 매우 큰 중국 땅이 아래쪽으로 내려뻗어 있는데, 소문에 의하면 대알레마니아(독일)라고 불리는 땅의 반대편 지역까지 이 왕국의 한쪽 끝이 도달하고 있다고 말합니다. 사람들은 피부가 희며, 싸움을 잘하고, 훌륭한 기마족들입니다. 왜냐하면, 말을 타고 달리면서 활, 화살, 창, 칼 등을 갖고 싸움을 합니다. 이들은 보기 좋게 수염을 기르는데, 사자 호랑이들의 사냥에 매우 능숙하고, 또한, 우리들이 사슴과 토끼를 사냥하듯이 이들은 맹수 사냥을 합니다. 나는 꼬라이 왕국에 관하여 얘기를 들어 왔으나 그 나라로 가는 길목에서 전쟁이 벌어지고 있다 하여 나의 시도가 이루어지지 못했습니다. 아마도 아직 소명의 시간이 도달하지 않은 듯하니 우리의 주 하느님께서 이를 용인하시어 이들에게 광명을 내려 주시기를 빕니다. 아멘"

이 두 번째 편지에서 비렐라 신부는 일본에서 조선에 가는데 걸리는 기간을 약 3일로 기술했지만, 정확하게 조선의 위치를 기술하지 못하였고 한국이 탈탈족에 속한다고 생각하였다. 또한, 조선의 국경이 독일까지 이른다는 기술로 보아서 지리적 위치에 대한 어두운 면모를 알 수 있다.

가스빠르 · 비렐라 신부가 쓴 두 편지 사이에는 중세의 조선에 대한 묘사가 두드러지게 차이 난다. 조선이 유럽의 독일에까지 이르는 타르타리아의 일부분이라고 기술하고 있는 비렐라 신부는 한국인을 용맹스러운 전사이며 사냥을 잘하고 몽고인들처럼 말을 잘 타는 사람으로 묘사하였다. 또한, 흥미로운 사실은 한국인들이 사자와 호랑이를 사냥했다는 것인데, 사자는 사실 열대 지방의 동물이며 한국에는 사자가 없음이 확실할뿐더러, 이로 미루어 볼 때 한국에 대한 정보가 매우 어두웠다는 증거가 된다.

비렐라 신부의 편지에 따르면 자신이 한국인들에게 복음을 전하기 위하여 한국을 방문하고 싶었지만, 중도에서 벌어지고 있는 전쟁 때문에 그의 의도를 이루지 못하였음을 알 수 있다. 이러한 기술을 근거로 하여 볼 때 일본인들은 그 당시 선교사들이 한국에 가지 못하도록 하기 위하여 전쟁이 벌어지고 있다는 거짓 정보를 그에게 제공했을 가능성을 생각해 볼 수 있다. 그래서 가스빠르 · 비렐라 신부는 왜곡되고 한정된 정보로 인하여, 1593년 한국을 방문한 그레고리오 · 데 · 세스뻬데스 신부보다도 훨씬 이전이 1570년대에는 한국 땅을 밟을 수가 없었다고 보겠다.

한편, 조선의 지리적 위치를 숨겨온 것으로 보이는 일본인들은 1592년 서구 선교사들에게 마침내 조선의 존재를 더 이상 숨길 수가 없었다. 히데요시는 중국 정복을 위해 통로를 열어 달라는 구실로 1592년 4월 조선을 침략하였다.「1592년 일본 예수회 연례보고서 부록편」에 따르면 일본 가까이에 꼬라이라는 나라가 있으며 꼬라이는 중국과 연결되어 있다고 나와 있다. 일본은 1592년에 이르러서는 그때까지 서구 선교사들에게 숨겨왔던 한국의 존재를 전쟁 수행으로 인하여 더 이상 숨길 수 없게 되었다고 본다.

모든 문헌적 증언을 종합해 보건대 일본인들은 포르투갈 상선들이나 서구의 선교사들이 한국에 갈 수 없도록 하기 위하여 한국의 이미지를 왜곡시켰으며 이러한 이유는 일본인들이 유럽인들과의 독점 무역과 접촉을 원했기 때문이라고 추정할 수 있다.

4. 임진왜란과 꼬라이 왕국

1592년 전쟁으로 인하여 침범한 일본 병사들이 조선 땅 내륙으로 점차 들어감에 따라 조선에 대한 여러 사실들이 외부세계에 정확히 알려지기 시작하였다. 특히 마드리드 출신의 스페인 신부인 그레고리오 · 데 · 세스뻬데스가 유럽인으로서는 처음으로 1593년 12월 27일 한국을 방문하여, 전쟁으로 황폐화 된 땅에서 그가 느끼고 보고 들었던 것을 숨김없이 편지에 썼다. 한국 땅에서 쓴 서간문에서 세스뻬데스 신부는 나가사키를 출발해서 쓰시마섬을 거쳐 배를 타고 단숨에 한국의 남해안에 도착다고 적고 있다. 이런 점에서 볼 때 1571년 비렐라 신부가 그의 서간문에서 기술한 바 있던 조선의 위치가 일본에서 10일 혹은 3일이 걸린다고 했던 것은 당시 조선의 위치에 대하여 거의 무지했던 사실을 증명해준다. 이런 면에서 1592년 4월 히데요시의 침략으로 인해 그동안 가려있던 베일이 벗어지기 시작했다고 보겠다.

한편, 유럽 선교사들은 일본의 조선 침략이 시작됐을 때 전쟁에서 일어난 모든 사실과 조선에 관한 새로운 정보들에 대하여 기술하였고 특히 그들은 로마의 예수회 본부에 보내는 1592년 정기 연례보고서 외에 별도로 「1592년 일본 예수회 연례보고서 부록편」을 만들어서 임진왜란의 발발 배경과 전쟁의 상황을 상세히 기술하여 서구에 알렸다. 또한, 루이스 · 프로이스는 『일본의 역사』에서 한국과의 전쟁 상황에 대하여 기술하였으며 이러한 기술들을 통하여 서구인들은 동양의 이국적 모습과 신비나 동양에 관한 새로운 사실들에 올바르게 접근하였다고 볼 수 있다.

다음은 「1592년 일본 예수회 연례 보고서 부록」에 나오는 조선의 위치에 관한 기술이다.

"꼬라이 왕국은 일본의 피란도섬(平戶島)으로부터 북쪽 80레구아(1레구아는 5,572m) 가량 떨어져 있으며, 35도 선에 위치하고 있다. 일본식 계산에 따르면 꼬라이의 길이는 250 레구아에 달한다. 이 왕국은 세 나라와 교역을 하며 국경을 맞대고 있는데, 서쪽으로는 그들이 매년 조공을 바치는 중국인들, 북쪽과 북동쪽으로는 각각 "탈탈"족(Tartaros)과 오랑캐(Orancay)들과 접하고 있다. 이 오랑캐들은 일본 북쪽으로 일부분의 땅을 차지하고 있으며, 그들의 영토는 일본열도 북쪽 방면을 막고 있으면서 바다의 커다란 어귀를 이루고 있다."

이 기록의 후반부에서 한국의 위치에 대해 다음과 같이 좀 더 상세히 기록하고 있다.

"내륙의 강들은 수량이 풍부하며 특히 그들 중 하나가 꼬라이와 중국 땅을 가로지르고 있는데 그 강의 폭이 3레구아에 달한다."

조선 · 중국 · 일본에 대한 지리적 위치가 숫자로 정확히 묘사되어 있으며 한국의 북쪽에 위치한 탈탈족과 오랑캐 족들과의 무력적 충돌에 대해서도 기술되어 있다. 동「예수회 연례 보고서 부록편」에 따르면 예수회 선교사들은 감바꾸도노(豊臣秀吉)의 궁정에서 얻은 정보와 일본에 산재해 있던 자료를 통하여 한국에 대한 정보를 입수하여 기술했음을 알 수 있다. 한편, 루이스(Luis Frois) 신부는 일본인들이 한국의 지방을 고유 명칭으로 부르는 대신에 색깔로써 구분함을 지적하면서 흥미 있는 묘사를 하였다. 다음은 그가 쓴 기록의 일부분이다.

"꼬라이의 지방은 8개의 상이한 왕국으로 나누어져 있는데 그 왕국들은 색깔의 이름으로써 불리고 있다. 다시 말해서 적국, 백국, 초록색국, 보라색국 등…. 일본인들은 색깔로써 왕국이나 지방의 이름을 말하는데, 이로써 그들은 지방의 이름들을 쓰지 않고, 그들의 지도 속에 이러한 색깔들로써 지방들을 색칠하여 구분하고 있다. 일본의 피란도 섬에서 북쪽으로 80레구아 떨어져 위치한 꼬라이는 위도 35도에 위치해 있으며 일본식 거리 계산에 의하면 북쪽에서 남쪽까지의 길이는 250레구아가 된다. 또한, 동쪽에서 서쪽까지 길이는 우리들의 계산에 의하면 90레구아 이상이 된다. 꼬라이는 3~4개의 나라들과 국경을 접하고 있는데 서쪽으로는 중국과 접하고 있어 그들에게 매년 조공을 바친다. 북쪽과 북동쪽으로는 탈탈족과 오랑캐족과 국경을 맞대고 있는데 이들은 일본의 북쪽으로 매우 큰 강어귀를 만드는 구역의 땅에 있으며 또한, 에조섬(北海道) 위쪽의 북쪽에 위치하고 있는데 이들과도 교역을 하고 있다. 꼬라이 인들은 탈탈족과 오랑캐족들과 수많은 싸움을 가졌으며 이를 잘 방어하였다. 몇 년 전에는 오랑캐족이 탈탈족 및 또 다른 국가와 동맹을 맺기도 하였는데, 또 다른 국가는 꼬라이인들이 이시모꾸(Yximogu)라고 부르는 곳으로 그 뜻은 달도 해도 없는 곳의 사람들이라는 의미이며 이들은 북구인으로 보인다. 이들 세 개의 국가들이 꼬라이인들과의 전쟁에서 승리를 거둔 적은 있으나 아직도 꼬라이인들을 정복할 수가 없었다. 왜냐하면, 그들에게는 매우 힘든 일이기 때문이다."

루이스 · 프로이스 신부의 기술에서 우리는 새로운 사실을 찾아볼 수 있고 「일본 연례보고서 부록편」의 기록과는 얼마간 상이한 점이 있으며 내용에 있어서도 서로 다른 점들을 찾아볼 수 있다. 이와 같은 사실로 미루어 보아 서구 선교사들의 유사한 기록에서도 한국에 관한 당시 기술이 여러 각도로 해석되고 있었음을 알 수 있다.

루이스 · 프로이스는 중국과의 국경에 관하여 다음과 같이 말한다.

> "강하류의 길이가 10레구아나 되는 수량이 풍부한 강을 중심으로 꼬라이와 중국이 나누어져 있으며, 전하는 바에 의하면 꼬라이에는 지나가기 매우 어려운 거대한 사막이 있다고 한다."

포르투갈 신부 루이스 · 프로이스는 1549년부터 1593년 임진왜란의 상황까지 44년 동안 동양에서 벌인 예수회 선교사들의 활동과 역사적 사실을 광범위하게 적어 놓은 『일본의 역사』를 썼는데 이 책은 16세기의 유럽인이 동양을 기술한 중요한 기록으로서 역사문학으로서도 기념비적인 작품이라고 볼 수 있다. 루이스 · 프로이스 신부는 일본 땅에서 임진왜란을 목격하면서 한국에 대한 많은 기록을 남겼고, 특히 임진왜란에 관한 증언은 우리들에게 역사적으로 매우 가치가 큰 자료라 하겠다. 그의 기록은 오늘날 매우 훌륭한 역사 및 문학적 가치를 지니고 있음에 앞으로 많은 연구가 필요하다 하겠다.

한편, 스페인 신부 루이스 · 데 · 구스만(Luis de Guzmán)은 이러한 자료에 근거하여서 1601년 『선교사들의 이야기』를 써서 당시 스페인 문화 중심지인 알깔라 · 데 · 에나레스(Alcalá de Henares)에서 발간하여 당시 동양 소개에 중요한 자료가 되었다. 다음은 한국에 관한 기술의 첫 부분이다.

> "꼬라이는 피란도 북쪽 80레구아에 위치해 있으며 세 나라와 접하고

있다. 서쪽에는 그들이 매년 조공을 바치는 중국이 있으며 중국과는 3레구아의 강을 중심으로 나누어져 있다. 북쪽과 북서쪽으로는 탈탈족 및 오랑캐들과 접하고 있으며 그들과는 자주 싸움을 벌인다. 일본이 꼬라이에 오기 몇 해 전에 오랑캐는 탈탈족과 연합하여 꼬라이와 전쟁을 벌였지만 용감히 싸우는 꼬라이 사람들에게 탈탈족과 오랑캐들은 패배하였다."

루이스 · 데 · 구스만 신부는 「일본 예수회 연례 보고서 부록」과 루이스 · 프로이스의 기록을 요약하여 『선교사들의 이야기』를 썼기 때문에, 그 내용에 있어서 많은 유사성을 발견할 수 있다.

"꼬라이는 중국과 연결되어 있으며 단지 폭 3레구아의 강을 중심으로 나누어져 있고 쓰시마(對馬島)섬에서 쉽게 꼬라이로 건너갈 수 있으며 항해시간은 짧다. 따라서 일본인들은 꼬라이로 가는데 어려운 점이 없다."

"이 길을 통하여 중국의 복음 사업을 위한 문이 쉽게 열려질 것 같다. 왜냐하면, 중국인은 꼬라이 사람들과 상업 및 많은 거래를 하는데 단지 강 하나를 중심으로 중국과 꼬라이가 나누어져 있기 때문이다."

"섬나라 꼬라이", "일본에서 아주 멀리 떨어진 꼬라이"라는 잘못된 생각과 기술들은 임진왜란을 계기로 예수회 선교사들에 의하여 올바르게 기술되기 시작하였다고 본다. 루이스 · 데 · 구스만은 『선교사들의 이야기』에서 일본의 한국 침략에 대해 언급하고 있는데, 물론 그의 기술은 자신의 실제 경험이 아닌, 일본에 있던 예수회 동료들의 기록에 기반을 둔 것이다. 그럼에도 구스만 신부는 그 당시 한국의 모습을 비교적 정확히 묘사함으로써 그 때까지 왜곡된 한국의 정보는 이러한 예수회 선교사들의 노력으로 많이 수정되었다.

5. 한국인에 대한 기술

가스빠르 · 비렐라 신부는 1571년경에 한국을 방문하려는 그의 희망을 이루지 못했지만, 그의 편지에서 "한국인은 하얀 피부를 갖고 있고, 전투적이고, 또한, 훌륭한 기마족으로서 말을 타고 달리면서 활과 화살 그리고 창과 칼을 사용하여 싸움을 하며, 우리가 사슴과 토끼를 잡듯이 그들은 사자와 호랑이를 사냥한다."라고 마치 그가 한국을 방문해 본 것처럼 기술하였다. 탈탈족은 16세기 당시 이미 유럽인들에게 훌륭한 전사인 기마족으로 알려져 있었다. 비렐라는 일본에서 선교활동을 하며 많은 기간을 보냈지만 일본 이외의 다른 나라에 대해서는 정보가 어두웠다. 비렐라 신부는 여러 가지 풍문과 정보를 통하여 그가 생각하는 바대로 한국 땅을 그렸다. 그러나 1571년 그가 묘사한 16세기 한국의 이미지는 안또니오 · 프레네스띠노 신부가 1578년에 묘사한 것보다는 정확했다.

1578년 11월 8일에 쓴 편지에서 프레네스띠노 신부는 한국을 "야만인 탈탈족의 섬나라"로 불렀으며 동 편지에서 "야만적이고 난폭한 사람들"이라고 말하였다. 한국 땅을 밟지 않은 유럽 선교사들이나 포르투갈의 선원들은 한국 사람들을 "탈탈족", "야만인", "난폭한 사람" 등으로 불렀다. 그러나 한국을 정확히 모르고 직접 방문해 보지도 않고서 한국인의 특성에 대하여 막

연한 언급을 해 왔다고 볼 수 있다.

1592년 임진왜란을 계기로 한국의 모습이 서구 선교사들을 통해 올바르게 알려지기 시작하였다. 다음은 『1592년 일본 예수회 연례 보고서 부록』편에 나온 것이다.

> "사람들은 매우 온순하고, 그곳에서 가져온 우수한 물건들에서 볼 수 있듯이, 훌륭한 재능을 지니고 있다. 그들은 피부가 희고, 식사를 많이 하며, 힘이 아주 세고 화살을 쏘는 데 재능을 가졌다."

1592년 일본 예수회 연례 보고서 부록에 나와 있는 것은 비렐라 신부와 프레네스띠노 신부가 쓴 것과는 완전히 다르다. 다시 말해서 앞의 기술들이 상상으로 미루어 썼던 것인데 비해 1592년에 와서는 실제 경험을 토대로 하여 기록되었다. 예를 들어 "야만인 대 온순한 사람", "난폭한 사람 대 훌륭한 창의력을 지닌 사람"의 완전히 상반된 기술에서 보듯이 완전히 대조되는 기술이다. 또한, 한국인은 매우 훌륭한 공예기술을 가지고 있다고 적었는데, 한 가지 흥미로운 사실은 한국인이 "대식가"라고 기록한 것이다.

루이스 · 프로이스 신부는 한국인에 대하여 다음과 같이 기술하고 있다.

> "그들은 대식가이며 매우 힘이 좋고 활과 화살을 아주 잘 사용하며 그들의 활은 터키 활과 같이 조그마하다."

루이스 · 데 · 구스만은 한국인이 활과 화살을 아주 잘 사용한다고 말하면서 「선교사들의 이야기」에서 다음과 같이 묘사하였다.

> "사람들은 온순하며 재주가 좋고 피부는 희며 힘이 세고 화살을 잘 쏜다."

임진왜란을 계기로 일본에 있던 예수회 선교사들은 한국인 포로와 접촉하여 그들에게 설교를 하고 세례를 주기까지 하였다. 다음은 루이스 · 데 · 구스만의 기술에서 나온 부분이다.

> "아리마(有馬)나 오무라(大村)에는 꼬라이에서 보내온 많은 포로가 있는데 그들은 온순하고 재주가 많아서 신부들은 중국문자와 똑같은 그들의 글자를 쓰고 읽을 줄 아는 몇 명의 젊은이들을 뽑아 신앙교육을 시켰다."

한국포로와의 접촉을 통하여 서구의 선교사들은 그들이 착하고 창의력이 많다는 것을 알았다. 한편, 도미니꼬 수도회의 수사인 디에고 · 데 · 아두아르떼가 1640년 한국에 대하여 언급하였는데 이것은 예수회 선교사들이 쓴 것과 비교하면 아주 흥미롭다.

> "한국 땅에 복음을 전하기 위한 훌륭한 계획이 수립되었다. 한국인

은 온순하며 결코 거짓말을 하지 않는 착한 사람들이다. 한국은 중국과 일본의 가운데에 위치하며 큰 바다와 같은 강의 물줄기를 중심으로 서로 나누어져 있다. 한국인은 중국인과 같이 훌륭한 이해력과 예리함을 가지고 있으며, 대부분 농부로서 거짓말을 할 줄 모른다. 또한, 난폭하지 않으면서도 일본인들에게 있는 용기를 가지고 있어 하느님의 말씀을 받아들이고 간직하기에 알맞은 사람들이다."

1640년에 도미니꼬 수도회의 디에고 수사는 예수회 선교사들이 기술한 것처럼 한국인을 높이 평가하여 묘사한 것으로 미루어 볼 때 한국인의 모습은 1592년 이후로는 정확하고 사실적으로 기술되었다고 말할 수 있다. 서구 선교사들이 기술한 한국인은 온순하고 재능이 많으며 또한, 활과 화살을 잘 사용하는 훌륭한 무사들이었다고 결론지을 수 있다.

예수회 선교사들은 기록에서 한국의 왕과 수도에서의 생활 방식에 대하여 언급하였는데 유럽인의 눈에 비친 한국왕의 모습은 어떠했는가 보기로 하겠다.

우선 「1592년 일본 예수회 연례 보고서 부록」에 나와 있는 부분을 보겠다.

"꼬라이에는 모든 사람들이 받들고 존경하는 왕이 있는데, 그는 수도에 위치한 궁궐에 거쳐하였으며, 그곳은 화려하고 풍요로운 곳이다. 도시의 일반 서민 가옥은 짚으로 지붕을 덮은 것들이며, 신분이 높은 사람들은 집 안에 훌륭하고 아름답게 정성들여 만든 돗자리를 깔아 놓고 있는데 이 돗자리는 일본과 포르투갈 사람들도 상당히 높게 평가를 하고 있다. 꼬라이는 지방에 따라서 무척 춥기 때문에 겨울철에는 화로를 사용한다. 겨울에는 또한, 커다란 고드름이 주렁주렁 매달리며 여름에 사용하기 위해 짚 속에 넣어 보관하는 것이 흥미롭다.(석빙고 지칭) 왕은 토지의 모든 농산물을 거두어들인 후 그중에서 경작을 한 농부들에게 필요한 양을 지급한다."

한편, 루이스 · 프로이스는 『일본의 역사』에서 위의 기술과 거의 같은 식으로 썼음을 발견할 수 있는데 그다음은 그 일부분이다.

"왕과 그의 신하들은 많은 백성들이 살고 있는 수도에 거주한다. 집들의 지붕은 기와로 되어 있으며 또한, 초가집도 있다. 이 집들은 매우 깨끗하며, 귀족들은 아주 아름다운 화문석으로 내부가 꾸며진 집들을 소유하고 있는데 일본인과 포르투갈인의 감탄을 자아낼 만큼 훌륭하다. 부분적으로 아주 추운 지역에서는 추위를 막기 위하여 난로를 사용하며 아주 두껍고 큰 고드름을 많이 볼 수 있다. 왕은 땅에서 수확하는 모든 생산물을 거두어들인 다음에 농부들에게 필요한 만큼의 양을 나누어 준다."

이러한 자료를 통해서 볼 때 한국의 왕은 백성으로부터 매우 존경을 받는 것으로 기술되었으며 조선의 수도는 아주 높은 문화생활 수준을 가지고 있다는 것을 알 수 있다.

루이스 · 데 · 구스만은 「1592년 일본 예수회 연례 보고서 부록」에 나온 대로 인용하면서 그의 책 『선교사들의 이야기』에서 다음과 같이 요약했다.

"꼬라이에는 모든 사람들이 받들고 존경하는 왕이 있는데, 그는 수도에 위치한 궁궐에 거쳐 하였으며, 그곳은 화려하고 풍요로운 곳이다. 도시의 일반 서민 가옥은 짚으로 지붕을 덮은 것들이며, 신분이 높은 사람들은 집 안에 훌륭하고 아름답게 정성들여 만든 돗자리를 깔아 놓고 있다."

예수회 선교사들 덕분으로 비로소 한국은 서구에 정확하게 알려지게 되었으며 이러한 기술은 이전에 비렐라 신부와 프레네스띠노 신부의 기술과는 완전히 다른 것이다. 이로써 한국은 16세기 말부터는 수준 높은 문화를 가진 나라로서 알려지기 시작했다.

6. 한국의 특산물

서구의 선교사들은 한국의 지리적 위치에 관심을 보이면서 이와 함께 농산물, 지하자원 그리고 한국 땅에 서식하는 동물까지 상세히 기술하고 있다. 다음은 「1592년 일본 예수회 연례 보고서 부록」에 나온 부분이다.

"꼬라이 왕국의 내륙에는 많은 양의 쌀과 밀들이 나오고 또한, 배, 사과, 무화과 열매, 밤, 호두, 잣들이 생산되고 풍부한 양의 꿀도 생산된다. 비단도 생산을 하지만 그보다는 목화와 아마를 더 많이 생산한다. 전하는 바로는 내륙에는 커다란 금 · 은 광산이 있다고 한다.

그리고 많은 수의 말들과 소 그리고 아름다운 조랑말과 나귀들, 호랑이와 기타 여러 종류의 맹수들이 있다."

한국은 농산물이 풍부한 국가라는 것과 한국에 있는 말 · 소 · 조랑말 · 나귀 · 호랑이 등과 같은 여러 동물에 대해 언급했으며 또한, 많은 금 · 은광이 있다고 기술하고 있는 것이 흥미롭다.

이러한 점에서 루이스 · 프로이스의 기록은 위의 기록과 거의 일치하지만, 부분적으로 다른 점도 있음을 발견할 수 있다.

"꼬라이에는 쌀, 밀, 배, 호두, 무화과 열매, 밤, 사과, 잣, 꿀 등이 생산되며 또한, 비단, 면, 마 등의 제품도 나온다. 그러나 금 · 은광은 많지 않다. 말, 소, 조랑말, 나귀, 호랑이, 그 외에 여러 동물들이 있다."

위에 나온 두 기록을 비교해 볼 때 기술에 있어서 어휘의 순서까지도 일치한다는 것을 알 수 있다. (쌀, 밀, 배, 호두, 잣, 꿀, 비단, 면, 마 등) 그러나 금 · 은광에 대한 기술은 서로 일치하지 않고 상반됨을 볼 수 있는데 이러한 차이점은 한국에 대한 자료를 다루는 과정에서 생긴 것 같다.

그러면 루이스 · 데 · 구스만이 『선교사들의 이야기』에서 기술한 부분을 살펴보기로 하겠다.

"광활한 꼬라이의 땅에서는 쌀 · 밀 · 배 · 사과 · 무화과열매 · 밤과 꿀이 나온다. 꼬라이 사람들은 비단제품, 마 · 면제품을 일반적으로 생산한다. 내륙에는 많은 금 · 은광이 있으며, 말 · 소 · 호랑이 그 외에 여러 동물들이 있다."

많은 금 · 은광이 있다는 루이스 · 데 · 구스만의 기록을 볼 때, 그는 한국에 관한 기술을 하기 위하여 『1592년 예수회 연례 보고서』를 참조했다고 추정할 수 있다. 한편, 유럽 선교사들은 한국에서 많이 생산되는 호랑이 가죽에 큰 흥미가 있었었다. 「연례 보고서 부록」편이나 『일본의 역사』에서는 특히 한국에서 많이 생산되는 호랑이 가죽이 강조되어 있다.

다음은 이에 관한 각각의 기록이다.

"꼬라이에는 횡단하기가 몹시 힘든 모래로 이루어진 큰 사막이 하나 있다. 쓰시마(對馬島)를 통하여 꼬라이로부터 일본에 도착하는 가장 많은 상품들 중의 하나는 호랑이 가죽인데, 이것은 창과 활로써 사냥을 한다고 전한다."

"쓰시마 섬을 통하여 꼬라이에서 일본으로 오는 많은 물건 중에 특히 아주 크고 아름다운 호랑이 가죽이 있다. 이 호랑이들은 말을 탄 채 창이나 활을 가지고 사냥한 것들이다."

여기서 우리는 1571년 가스빠르 · 비렐라 신부의 기록과 이것을 비교해 볼 때 위의 기술들이 훨씬 사실에 가까운 것이며 상세함을 볼 수 있다. 비렐라 신부는 그의 기술에서 한국인이 사자를 사냥한다고 말하는 실수를 범하였지만 한국 사람들이 훌륭한 사냥꾼이라고 기록한 점은 공통된 기술이다.

7. 거북선과 무기

유럽의 무기 특히 조총으로 장비를 갖춘 일본 병사들은 히데요시의 야심으로 중국을 정복한다는 구실 아래 한국을 침략했다. 그때까지 조총이라는 신병기를 몰랐던 조선 병사들은 활과 화살만을 가지고 조총에 대항하였다. 한편, 조선의 수군은 이순신 장군이 독창적으로 제작한 철갑선을 가지고 바다에서 일본군을 괴멸시켰다. 이러한 역사적 사실의 증명을 유럽 선교사들의 문헌적 기록에서 찾아볼 수 있으니 그 가치는 실로 크다고 본다. 유일하게 예수회 선교사들은 당시 조선 철갑선에 대한 기록을 하면서 한국의 수준 높은 선박제조 기술을 찬양하였으며 한국인들의 창의적 재능을 높이 평가하였다.

다음은 『1592년 예수회 연례 보고서』 부록에 기술된 일부분이다.

> "그들의 배는 매우 견고하고 거대하며 윗부분을 덮은 배(거북선을 지칭하는 것임)들을 갖고 있는데 이 배들은 접전 시에는 불을 내뿜는 장치를 하고 있었다. 그들은 또한, 일종의 철포를 사용하고 있는데 이는 포탄을 쏘는 것이 아니라, 그 대신에 물고기의 꼬리 부분과 똑같은 형태인 끝이 뾰족하고 어른의 다리만큼 굵은 화살을 발사했다."

다음은 한국인들이 사용한 무기에 관한 기록이다.

"보통 꼬라이인이 사용하는 무기는 매우 빈약했으며 특히 칼의 경우는 길이도 매우 짧고 가늘었다. 그러나 그들은 미늘창(창과 도끼를 합한 무기)를 매우 능숙하게 사용했으며 전쟁에서 중국인들도 겁을 먹고 있다."

이 기록에 따르면 일본인들이 조선의 수군과 병사들의 용맹성에 두려움을 가졌다는 것이 증명된다고 하겠다.

여기에 언급된 배는 확실히 그 내용으로 보아 "거북선"이라는 것이 틀림없으며 이러한 철갑선의 덕택으로 육지에서 계속되는 참패에도 불구하고 조선 수군은 바다에서 일본군을 완전히 괴멸시켜 국가를 수호하였다는 역사적 사실을 서구 예수회 선교사들이 증언해 주고 있다.

다음은 루이스 · 프로이스가 쓴 거북선에 관한 기록이다.

"배의 상단은 덮개로 덮여 있는데, 매우 크고 튼튼한 선박이며 화력이 좋은 무기들을 장비하고 있다. 적과 조우할 때에는 고기의 꼬리 부분같이 끝이 뾰족하며 사람의 다리 두께만 한 화살을 쏜다."

무기에 관한 프로이스의 기록은 다음에서 보는 바와 같이「1592년 일본 예수회 연례 보고서 부록」에 있는 것과 일치한다.

“흔히 다루는 무기들은 매우 빈약했으며 특히 칼의 경우는 길이도 매우 짧고 가늘었다. 그러나 그들은 미늘창을 매우 능숙하게 사용하였으며 전쟁에서 중국인들도 겁을 먹고 있다.”

루이스 · 데 · 구스만은 「1592년 일본 예수회 연례 보고서 부록」에 나와 있는 많은 기록을 참조하고 있다.

“배들은 매우 강력하며 적과 조우할 때 사용하기 위한 화력이 좋은 무기들을 적재하고 있다. 끝이 뾰족한 쇠로 되어 있는, 사람의 다리 두께만 한 화살을 쏘는 방식을 사용한다. 그 외에, 꼬라이 병사는 일반적으로 짧고 두께가 얇은 칼을 사용하며 미늘창도 아주 능숙하게 사용한다. 그래서 중국인들도 그들에게 두려움을 가지고 있다.”

결국 「1592년 일본 예수회 연례 보고서 부록」이나 그 외 여러 자료에 나와 있는 기술들 “적들에게 발사하기 위한 화력 좋은 무기”, “윗부분이 덮개로 덮여있는 강력하고 큰 배”에서는 한국 사람들이 독창적으로 제작한 전함의 우수성에 대한 찬양을 볼 수 있다. 이러한 기록들은 이순신 장군의 거북선, 이를 갖고서 바다에서 거둔 훌륭한 승리들을 확실하게 증명해 주는 좋은 자료들이다.

유럽의 예수회 선교사들은 한국인들이 16세기에 독창적이고 우수한 거북선을 제작했다는 것을 처음으로 기록한 사람들이며, 그 당시 한국인의 높은 수준의 기술과 문명을 아주 잘 증언하고 있다.

8. 외부와의 접촉

주지의 사실로서 조선은 역사적으로 중국과 계속 관계를 유지하고 있었으며 정기적으로 그들에게 조공을 바쳤다. 그러나 북쪽에 있는 탈탈족과는 어떠한 접촉도 하지 않았다. 1592년 임진왜란이 일어나기 전에 조선은 대마도의 상인들에게 문호를 개방하였으며 이들은 후에 히데요시가 조선을 침략하였을 때에 일본군의 안내자가 되었다.

이 점에 관하여, 「1592년 일본 예수회 연례 보고서 부록」에는 다음과 같이 쓰여 있다.

> "내륙에는 그다지 잘 방비 되지 못한 요새들이 몇 개가 있다. 그러나 일본과 국경을 대하고 있는 요새들은 왕국으로의 진입을 막기 위하여 그곳에는 매우 신경을 쓰고 있다. 꼬라이는 기타 다른 외국과 교역을 하지 않지만, 예외로 쓰시마 섬에서 매년 200~300여 명의 상인들이 왕래하고 있으며, 선교사들이 간혹 일본으로 오는 도중에 풍랑이라도 만나서 꼬라이 항구에 들어가게 되면, 많은 배들을 배치하여 여하한 경우에도 그들을 돕지 않은 채 내쫓아 버린다."

이러한 기록으로 보건대, 조선은 일본 해적들이 항상 조선 남해안의 주민들을 못살게 굴었기 때문에 일본과 가까운 해안가에 견고한 성들을 구축해 놓았다는 것을 알 수 있다. 대마도의 상인들은 조선의 높은 문화와 기술을 배우기 위하여 항상 조선과의 무역을 갈구했다.

다음은 루이스 · 프로이스의 기록이다.

"꼬라이의 내륙에는 아주 빈약한 성들이 있으나 일본과의 사이에 바다를 두고 마주 대하고 있는 요새들은 매우 견고하다. 꼬라이는 매년 300명의 일본 상인을 제외하고는 어느 국가와도 접촉을 하지 않았다. 가끔 일본에 오는 배가 악천후 등의 관계로 도중에 길을 잃어 꼬라이 땅에 접근하면 꼬라이 사람들은 무장한 배를 타고 그들을 내쫓기 위하여 싸움을 벌인다."

한편, 루이스 · 데 · 구스만은 그의 책에서 다음과 같이 위의 사실을 기술하고 있다.

"일본과 마주 대하고 있는 요새들을 제외한 다른 성들은 병사의 수와 무기에서 아주 빈약하다. 그들은 자신의 왕국을 지키는 데 아주 신경을 쓰고 있으며 쓰시마 섬의 상인을 제외하고는 어느 누구와도 거래를 하지 않는다."

외국 선교사들의 눈에 한국은 외부 세계와 차단된 국가로서 대마도 섬의 상인들에게만 문호를 열어 놓은 나라로 인식되어 있었다. 그리고 그들의 기록에 따르면 일본과 국경을 접하는 해안에 있는 조선의 요새는 아주 견고하다고 기술하였다.

9. 공예기술

한국은 전통적으로 문화 예술에 있어 뛰어난 나라였으며 일본에 많은 영향을 끼쳤다. 역사적으로 일본은 한국에서 많은 것을 배워 갔으며 때로는 한국 사람들이 자발적으로 일본인들을 가르치기도 하였다. 1592년 일본이 조선을 침략하였을 때에 많은 한국 사람들이 포로로서 일본에 끌려갔으며, 특히 포로로 잡혀간 도공들은 17세기 일본의 도자기 문화를 꽃피우게 하는 원동력이 되었다. 또한, 일본인들은 전쟁 동안 조선의 인쇄활자를 약탈해 가서 17세기부터 찬란한 인쇄문화를 형성하고 학문의 발전에 크게 활용하였다. 선교사들의 기록에 따르면 한국의 공예기술은 일본인과 포르투갈인의 감탄을 자아냈다고 한다. 다음은 루이스 · 프로이스가 한국의 훌륭한 공예 기술에 대하여 기록한 것이다.

> "꼬라이의 귀족들의 집은 아주 아름다운 화문석으로 꾸며져 있으며 그것은 너무나 정교하고 세련되게 만들어져 일본인과 포르투갈인의 감탄을 자아내게 한다."

계속하여 루이스 · 프로이스는 한국의 아름다운 의복과 훌륭한 바느질 솜씨에 대하여 다음과 같이 기록하고 있다.

> "그들이 입는 옷은 중국식 스타일로 길게 늘어진 주름진 소매가 달려 있으며 하얀 색깔의 천으로 만든 옷들도 있다. 나가사키(長崎)에서 우리가 본 꼬라이에서 온 옷은 너무나 정교하게 만들어져서 바느질한 부분을 찾기 어려울 정도로 되어 있었다."

이 기록에 따르면 조선의 화문석이나 의복과 같은 공예품이 포르투갈 상인들에 의하여 유럽까지 알려졌음을 알 수 있다.

조선 공예품의 우수성은 「1592년 일본 예수회 연례 보고서」에도 다음과 같이 나와 있다.

> "꼬라이 사람들이 입고 있는 평상복들은 중국옷의 형태와 비슷한데 소매와 품이 넓으며 땅에까지 닿을 정도로 긴 것들이다. 그곳에서 이곳 나가사키로 보내진 아마로 만든 의복들(註 ; 삼베옷을 말하는 듯함)은 그 재단의 정교함에 우리 모두가 탄복하였다. 왜냐하면, 의복이 모두 한 옷감으로 만들어진 듯 세밀히 관찰해 보아도 옷감을 이은 자리를 발견할 수가 없을 정도였다."

유럽 선교사들은 "조선 의복의 정교한 바느질에 감탄하였다", "나가사키에서 우리는 아주 섬세하게 바느질이 된 옷을 보았다" 등으로 말하면서 한국 공예의 우수성을 찬양했다. 「1592년 일본 예수회 연례 보고서」의 기록은 프로이스가 기록한 것보다 훨씬 더 상세하다.

루이스 · 데 · 구스만은 한국 공예의 훌륭한 솜씨에 대하여 그렇게 큰 관심을 갖지 않고, 오히려 한국의 추위에 대해서만 초점을 맞췄다.

> "귀족들의 집 내부는 아주 훌륭한 화문석으로 되어 있는데, 그 이유는 꼬라이가 매우 추운 나라이기 때문이다."

10. 언어와 종교

유럽 선교사들은 한국 사람들이 그들 고유의 문자를 가지고 있다는 것을 크게 부각시키고 있다. 그리고 서구 선교사들은 이러한 한국 사람들의 고유 문자를 찬양했다. 그러나 루이스 · 프로이스는 한국 문자가 중국 문자와 동일하다고 말하는 실수를 범했는데 이는 아마 한자를 언급한 것으로 생각된다. 다음은 「1592년 일본 예수회 연례 보고서 부록」에 나와 있는 기록이다.

> "언어는 중국어보다 발음하고 쓰기도 쉬우며 동사 활용에 있어서 꼬라이인들은 매우 훌륭한 또 다른 언어를 갖고 있는데, 이는 중국의 식자층들에서만 쓰이는 "만다린어"와 비교할 수 있다."

일반적으로 한국어는 중국어보다 발음하기 쉽고 또한, 쓰기도 쉽다고 하였으며, 문화적인 면에 있어서 선교사들은 항상 문화 국가로 알려진 중국과 모든 것을 비교하려 하였다. 위의 기록에 따르면 한국인은 일반 평민과 식자층을 위하여 각각 두 개의 상이한 언어를 가지고 있었다고 말하고 있는데 이것을 로마시대의 라틴어와 비교하면서 그 당시에 평민들이 사용하던 라틴어와 귀족계급들이 사용한 고전 라틴어와 같은 양상에 비겼다.

유럽인들의 눈에 한국인은 아주 교양이 있는 사람으로 비쳤으며 루이스 · 프로이스는 다음과 같이 쓰고 있다.

> "언어는 중국어보다 쉽게 발음하고 쓰기도 쉬우며 동사 활용에 있어

서도 꼬라이인들은 매우 훌륭하였으며 일반 평민과 식자층은 각각 두 개의 상이한 언어를 가지고 있었다."

루이스 · 프로이스는 「1592년 일본 예수회 연례 보고서 부록」에서 기술된 것처럼 한국어가 쉽다고 하였지만, 한국의 글자가 중국의 글자와 같다고 말하고 있어 흥미롭다. 이는 한국인들이 한문을 사용한 사실을 지적하는 듯하다.

끝으로 한국의 종교에 관하여 보면, 한국은 전통적으로 불교국가였으며 기원 후 5세기 일본인들에게 불교를 전해 준 바가 있다. 다음은 불교에 관하여 언급한 두 가지 문학적 기술을 적은 것이다.

"꼬라이의 종교는 일본의 종교와 동일하며 사카(석가모니)와 아미타(아미타불 · 무량불)를 숭배한다."
"종교는 일본과 동일하며 "포또께", "사카"와 "아미타"를 신으로 숭배하고 있다."

종교에 관한 기술이 다른 것과 비교해 간단명료한 점을 보건대, 선교사들은 극동에서의 복음 사업에 장애가 되는 불교에 관하여 상세히 기술하는 것을 의도적으로 회피하였던 것 같다.

루이스 · 데 · 구스만은 『선교사들의 이야기』에서 한국의 언어와 종교에 관해 어떤 기록도 남기지 않았다.

9 서구인이 본 임진왜란

1. 임진왜란의 역사적 배경

1) 한국과 일본의 관계

역사적으로 한반도는 중국대륙과 섬나라 일본 사이에서 교량 역할을 하는 중요한 지점으로 고려되어 왔다. 따라서 한국은 평화시에 중국과 일본 사이에서 문화적 교량 역할을 하곤 했다. 한국은 일본인들이 중국과 직접 교류하기 훨씬 전부터 접촉을 했던 국가였으며 고대 한국에 있던 삼국 중의 하나인 백제 왕국은 일본 섬사람들의 문화와 문명에 상당한 기여를 했다. 사실, 일본인들은 한국을 통하여 한자와 불교를 받아들였다. 현재의 일본어는 한국어의 문법과 언어 요소에 있어서 상당한 유사점이 있다. 역사가들에 따르면, 고대에 일본의 서부 해안 지방들이 중국과 한국에 의하여 통치되었다는 사실이 있는데, 일본 규슈의 아마꾸사는 고려인들에 의해 지배 통치되었다고 전한다.

한국은 일본에 상당히 가깝게 있기 때문에, 순풍이 불 때면 단지 몇 시간만에 배를 타고 일본에 도착할 수 있었다. 역사가들에게 따르면, 야마구치(山口)시의 귀족들은 하쿠사이 · 코쿠(Hakusaikoku)라 불렸던 고대 한국의 한 왕국에서부터 왔다고 하며, 1550년에 프란시스코 · 사베리오 신부가 그 도시에 왔을 때 당시 야마구치(山口)를 다스리던 영주인 요시타카 · 오우치(大內義隆)도 한국인의 후손이었는데 그의 가문은 그를 끝으로 종말을 맞았다고 한다. 또한, 사베리오 신부와 함께 1549년 일본 땅에 왔던 동료 꼬스메 · 데 · 또레스(Cosme de Torres) 신부의 기술에 따르면 1551~1556년 사이에 야마구치(山口)에는 약 2,000여 명의 한국 및 중국 상인들이 정착을 하고 살았다는 것을 보아도 한반도를 향한 해안지역의 일본 도시에는 당시 한국인들이 상당수 거주했음을 알 수 있다.

여하튼 1592년 당시 한국은 모든 면에서 일본보다 높은 문화수준에 도달해 있었다고 외국학자들도 말하고 있다. 예를 들어서 인쇄활자가 1324년 한국에서 발명되었는데, 이것은 유럽의 구텐베르그보다 126년이나 앞선 것이었으며, 공예기술에 있어서도 한국인들은 매우 뛰어나서 한국의 도공들은 매우 큰 명성을 얻어 그들의 작품은 일본에서 상당한 인기를 누렸다. 한편, 일본에서는 그러한 훌륭한 작품을 얻기 위하여 많은 돈을 지불해야만 하였다.

한국은 조선왕조 건국 이래 중국과는 전통적으로 매우 우호적인 관계를 유지해 왔다. 매년 중국으로 조공을 바치는 사절단을 보냈으며, 그 대신 중국의 새로운 문화와 지식들을 한국으로 가져오곤 했다. 한편, 한반도의 북쪽에는 오랑캐들이 있었는데 한국은 그들과는 통상이나 교류가 없이 주로 싸움을 많이 하였다.

일본 남쪽에는 한국과 통상관계를 유지하고 있었던 레끼오(流球諸島)라 불리는 섬나라가 있었다. 그들은 1392년부터 조선에 자발적으로 공물을 보내왔다.

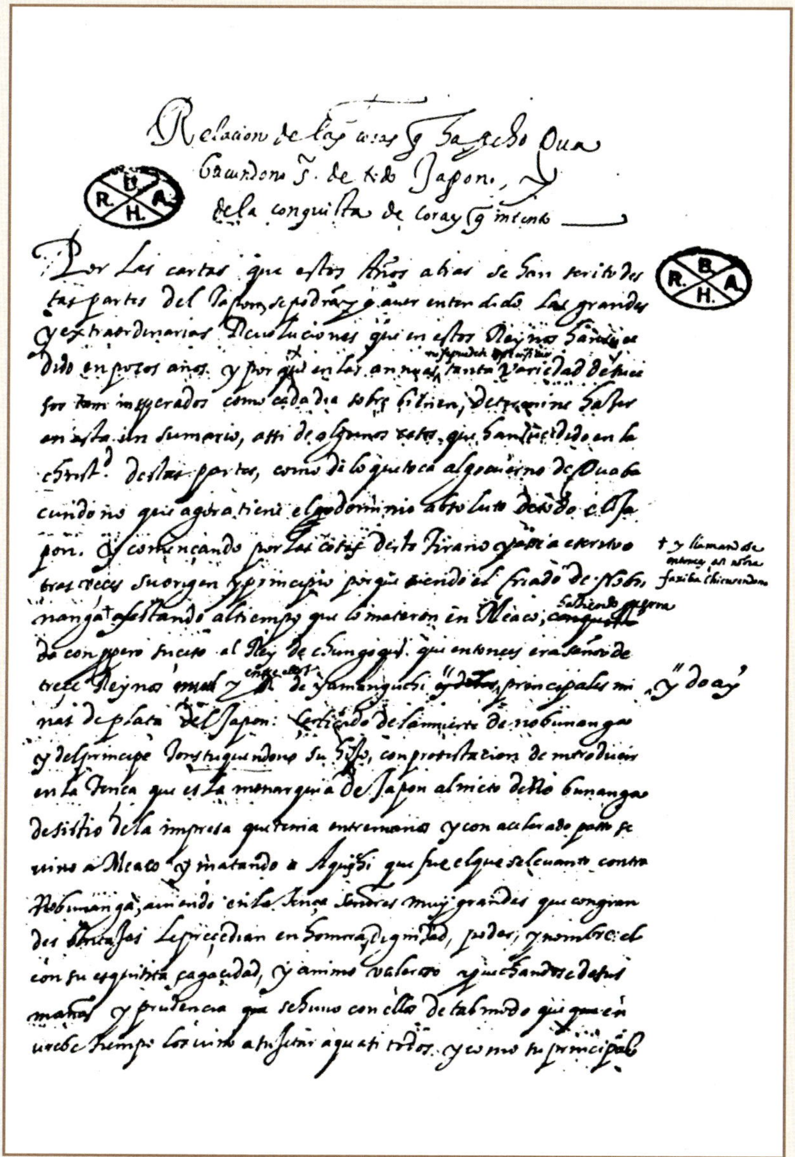

Relacion de las cosas q̃ ha hecho Qua
bacundono S. de todo Japon,
dela conquista de Coray q̃ intento

1592년 일본 연례 보고서 부록편에서 스페인 선교사들이 기록한 임진왜란사
(스페인 왕립 역사학 한림원 도서관 소장)

역사적으로 한국은 수백 년에 걸쳐서 계속 일본의 해적질로 피해를 겪었기 때문에 1392년 조선이 건국된 이래, 일본과는 공식관계를 맺지 않았다. 한국을 통해서 새로운 문화와 문명을 얻고 싶어 했던 일본인들은 통상을 위하여 1426년 한국의 3개 항구(제포, 부산, 염포)에 들어왔다. 그러나 1510년 일본인들이 이곳에서 난동을 일으켰기 때문에 남해안의 3개 항구는 폐쇄되었고 어떠한 접촉이나 통상도 허가되지 않았다. 으레 그러하였듯이, 일본인들은 다시 용서를 빌면서 개항을 청원하였다. 일본의 계속적인 요청에도 불구하고 오직 제포항구만이 개항되었다. 1544년 일본인들은 남해안에서 다시 해적질을 하였기 때문에 한국 조정은 모든 일본인들을 추방하였다. 조선이 일본의 해적행위를 근절하기 위한 여러 가지 방안을 강구하는 동안에 일본 내의 정치적 상황은 16세기 후반에 급격하게 변모하였다. 일본의 전 지역에서 거의 100여년에 걸쳐 계속된 내란으로 인한 격렬한 전쟁이 종식되면서 1573년 오다 노부나가(織田信長)라는 대명이 일본 통일을 위한 기반을 세웠고, 1590년에는 그의 신하였던도요토미 히데요시(豊臣秀吉)가 완전한 일본 통일의 업적을 이룩하였다.

1543년 포르투갈인 선원 멘데스 · 삔또(Mendez Pinto) 일행이 유럽 사람으로는 처음으로 일본을 방문하였고, 이를 계기로 하여 차츰 서양 문명과 접촉하게 되었다. 그때부터 일본은 서구인들과 통상을 하였으며 예수회 선교사들은 1549년 프란시스꼬 · 사베리오(Francisco Javier) 신부의 첫 일본 방문을 계기로 복음을 전파하기 시작하였다.

이렇게 하여 일본에서 특히 규슈 지방에 제일 먼저 천주교가 전파되었으며, 유럽 문물이 전해지기 시작하였다. 일본인들은 특히 포르투갈 상인을 통해 조총을 비롯한 근대 무기를 도입하였으며, 이를 제작하는 법도 배우게 되었다.

2) 히데요시의 야망

서방세계와 접촉으로 인하여, 일본의 모든 생활에는 갑자기 큰 변화가 이루어졌다. 명성을 떨치고 싶었던 히데요시(豊臣秀吉)는 전 일본을 석권하였으며 그의 부하들은 조총이라는 근대화된 무기를 가지게 되었다. 전 일본을 통일하는 과정에서, 일본인들은 무기와 전쟁 술을 개발하였다. 정치 · 사회적 안정을 이룩함에 따라, 야망에 차있던 히데요시는 무력으로 중국을 정복하여 자신의 명성을 세계에 떨치고자 하였다.

1586년 5월 4일에 히데요시는 새로이 지은 오사카 성에서 일본의 준관구장인 가스빠르 · 꼬엘요(Gaspar Coello) 신부의 방문을 받았다. 루이스 · 프로이스(Luis Frois) 신부는 통역자로서 준관구장과 동행하였고, 후에 히데요시가 가스빠르 · 꼬엘료 신부에게 털어놓은 그의 전쟁계획을 1586년 10월 17일자 편지에서 유럽에 알렸다.

이 면담에서 히데요시는 막강한 수군의 창설 의사를 표시하며, 중국 정복을 위하여 상당수의 병사를 동원하려 한다는 것을 처음으로 발설했다. 그 자리에서 히데요시는 두 척의 거대한 포르투갈 선박을 얻도록 도와달라고 가스빠르 · 꼬엘요 신부에게 요청하였고, 그리하여 그가 이 배들을 가지고 중국 정복에 성공한다면 그 대가로 선교사들이 중국에 교회를 설립하고 모든 사람들이 천주교를 따르도록 하겠다고 말했다. 가스빠르 · 꼬엘요 신부는 히데요시가 원하는 것에 협력하겠다고 하였으나, 그 후 그 약속을 지키지는 못하였다. 당시 일본은 튼튼하고 규모가 큰 배들을 소유하지 못하여 이를 보강하고자 일본은 정기적으로 드나드는 포르투갈의 크고 훌륭한 선박에 관심을 갖고 이러한 제의를 한 것이라 볼 수 있다. 이와 같은 측면에서 볼 때, 히데요시의 군사적 모험은 결코 순간적으로 이루어진 것이 아니라 6년 전부터 계획된 것이었다. 루이스 · 데 · 구스만(Luis de Guzman)은 『선교사들의 이야기』에서 1586년 면담에 대해서 다음과 같이 기술하였다.

> "히데요시는 신부들이 일본에서 벌이는 선교활동을 칭찬하기 시작했으며, 또한, 중국대륙 정복에 대한 그의 의도와, 그것을 위해서 1,000척의 배를 건조하고 또한, 인도로부터 두 척의 큰 배를 얻기를 원하며 그 대가로 배 소유주에게 충분한 사례를 치르겠다고 말했다. 그리고 정복사업이 끝나면 모든 지역에 교회를 설립하도록 하고 일본과 중국에서 모든 사람들이 천주교도가 될 수 있도록 허가를 하겠으며 이것은 그들이 새로운 교리를 갖게 하도록 하기 위한 것이라고 했다."

히데요시의 오만함은 1591년 극도에 달하여 일본 및 해외에서 그의 명성을 떨치기 위한 여러 조치를 취하였다. 히데요시는 당시 동인도의 부왕에게 그가 일본에서 갖고 있던 절대 권력을 자랑하면서 중국 정복에 대한 그의 생각을 편지를 통하여 아주 거만스럽게 나타냈다.

히데요시의 편지를 통하여, 우리는 그의 음흉한 생각과 조선을 침략하기 전의 일본의 상황을 알 수 있다. 스페인 역사학 한림원 도서실에서 발견한 스페인어로 번역된도요토미 히데요시의 전문 편지 내용은 다음과 같다.

> 제목 : "알레한드로 · 발리그나노 순찰사 신부가 일본 사절단을 데리고 유럽 순방을 마치고 돌아가는 길에 인도부왕의 편지와 선물을 전달한 것에 대한 회답으로 감바꾸도노(豊臣秀吉)가 인도부왕에게 보낸 서한의 내용"

"멀리서부터 본인에게 보내 준 전하의 서한을 받아 읽고 나니 우리의 사이가 바다와 땅을 넘어 수천 레구아나 떨어져 있음을 느낄 수가 없습니다. 서한에서 전하가 말씀하신 바대로 이곳 일본 제국은 60개 이상의 왕국과 영지를 갖고 있으며, 과거에는 영지들 사이에 매우 큰 소요와 전쟁이 벌어졌었고 평화와 안정이 없었습니다. 왜냐하면, 악한 자들이 반란을 획책하는 데에 회동하였으며 그들 영주의 명령에 복종하지 않았습니다. 그리하여 본인은 젊은 시절에 이를 슬퍼하며 비탄해 하였습니다. 오래전부터 본인은 사람들을 예속시켜서 세 가지의 덕행을 기본에 두고 왕국들을 훌륭히 통치할 방안을 생각해 왔습니다. 이러한 덕행들이란 사랑으로 돌볼 것과 사물을 판단하기 위하여 사람들을 신중한 분별력으로 다룰 것과, 용기와 활기찬 노력입니다. 이 덕행들에 힘입어 모든 영주들을 예속시켰고 지금은 전 일본 왕국을 통치합니다. 농토를 경작하는 농부들을 격려하면서, 악한 자들을 체포하여 벌주고 하여 모든 곳에서 평화와 안정을 회복하였습니다. 짧은 기일에 일본의 통일을 이룩했고 이제는 거대한 바위와 같이 요지부동 강인한 국가가 되었습니다. 그동안 우리와 아무 연관이 없던 왕국들과 멀리 떨어져 있는 왕국들까지도 본인에게 복종을 표시하기 위해 모여들었으며 그런 방식으로 지금은 커다란 번영을 누리고 있습니다. 본인은 중국 왕국을 정벌할 결심을 하였으며 본인의 뜻대로 그들을 예속시킬 것을 의심치 않는 바, 그렇게 되는 날에는 우리들이 더 자주, 편하게 왕래할 수 있을 것입니다.

신부들에 관하여서는, 일본은 가미(신도에서 숭배하는 우상을 일컬음)의 나라로서 가미란 모든 사물의 원리인 신과 동일한 것입니다. 일본의 예의와 통치는 이러한 "가미"의 가르침을 준수하는 데에 있음에, 만일에 이것이 잘 지켜지지 않는다면 군주와 신하들 사이에 존재하는 도리를 인정하지 못하는 것과 같으며, 잘 지켰을 때에는 군주와 신하, 부모와 자식, 남편과 아내 사이에 있어야 할 화합이 완벽해지는 것입니다. 이러한 이유로서 백성들의 통치나 왕국들의 내적 및 외적인 통치는 그와 같은 예의 바름의 준수에 있는 것입니다. 신부들은 사람들을 구원하기 위하여 우리와는 매우 상이한 교리를 가지고 이 나라에 왔는데, 우리들은 이미 "가미"의 교리와 가르침으로 생활하고 있으니 더 이상 다른 새로운 교리가 무엇 때문에 필요하겠습니까? 사람들에게 상이한 교리들을 퍼뜨리는 것은 일본 왕국에 해로운 일이며, 이러한 이유로써 신부들이 일본 땅에서 떠나줄 것을 명령하였으며 더 이상 그러한 교리가 확산되는 것을 금지시켰습니다. 또한, 어느 누구도 앞으로 더 이상 이 땅에 새로운 교리들을 퍼뜨리기 위하여 오는 것을 금하였습니다. 이로써 본인은 우리가 서로 교신하기를 희망하고, 그곳에서 이곳의 소식을 알기 바랍니다. 이곳 왕국은 바다나 육지에 도둑들이 없으므로 무역을 위하여 내왕하는 사람들에게는 아무런 불편함이 없을 것이며, 자유롭게 활동할 수 있도록 허락하여 주는 바입니다. 전하께서 본인에게 보내준 그곳 동인도의 선물들과 또한, 전하의 나라의 선물들도 받았습니다. 그에 대한 보답으로 본인은 이곳 왕국의 선물들을 보내드리면서 선물의 목록과 그것들을 선물한 사람들의 목록을 함께 보냅니다. 그 외 일들은 사절에게 참조하기 바랍니다.

텐죠(Tenjo) 20년, 음력 7월 25일."

당시 포르투갈령에 있던 동인도의 부왕에게 보낸 이 편지에서 히데요시는 우선 그의 절대적 권력과 힘을 과시하였으며, 동인도까지 그의 군사력이 미칠 것을 암시하면서 은근히 위협하였다. 이 편지에서 그는 중국을 정복하기로 결정하였으며, 빠른 시일 안에 원정을 하여서 자신의 뜻대로 정복을 이

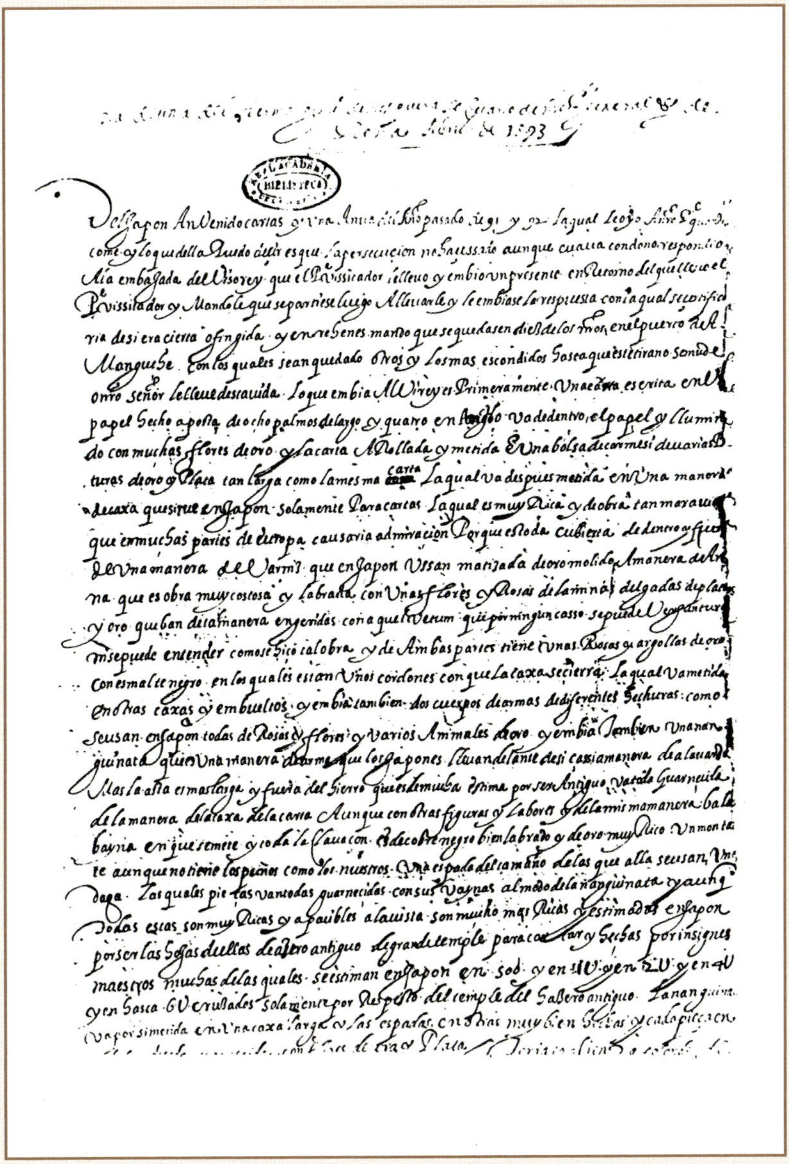

히데요시가 인도 부왕에게 쓴 서간문
(스페인 왕립 역사학 한림원 도서관 소장)

록하여 좀 더 빈번한 통상이 동인도까지 이루어지게 하는데 확신을 가지고 있다고 말했다. 사실상 일본의 대동아 공영권이라는 망상이 바로 16세기 이 때부터 히데요시에 의해 처음으로 구상된 것임을 알아야 하겠다.

그리고 천주교도들을 추방하려는 그의 정책을 합리화하고, 다시는 그의 땅에서 선교사들의 활동이 증가하지 않도록 요청했다. 그럼에도 불구하고, 히데요시는 특별히 상인들에게는 문호를 개방하여 통상을 계속하도록 청하였다. 이로 미루어 볼 때 히데요시에게는 애초부터 천주교에는 흥미가 없었으며 단지 포르투갈인과의 무역만이 관심거리였다. 여기에서 히데요시의 교활함과 탐욕을 볼 수 있다.

3) 스페인 총독에 대한 위협

한편, 1592년 3월에 히데요시의 사신이 필리핀의 스페인 총독에게 공물과 복종을 요구하기 위하여 마닐라항에 갔다. 즉 히데요시는 거만스럽게 복종과 공물을 요구하며 필리핀 총독에게 사신을 보낸 것이다. 히데요시는 루손섬의 스페인 정복자들을 완전히 무시했다. 동시에 필리핀의 스페인 총독에게 무력으로 중국을 정복하겠다는 그의 의도를 알리면서 직접적으로 필리핀의 총독에게도 노골적인 위협을 가하였다.

동인도 부왕에게 보낸 편지와 비교해 볼 때 필리핀 총독에게 대한 히데요시의 태도는 훨씬 더 호전적이고 경멸적이었다. 이러한 히데요시의 위협에 놀라서 당시 스페인 신부인 후안 · 꼬보(Juan Cobo)가 스페인 총독 고메스 · 뻬레스 · 다스마리냐의 사신으로서 일본에 급히 파견되어 갔고, 그는 아주 훌륭하고 능숙하게 히데요시를 회유하여서 평화적인 관계유지를 이룩하는데 성공하였다. 도미니꼬회 신부 후안 · 꼬보는 최초로 동양의 서적 "명심보감"을 스페인어로 번역하여 유럽에 소개한 장본인이기도 하다. 한편, 구스만이 쓴 『선교사들의 이야기』에서 발췌한 스페인 총독에게 보낸 히데요시의 편지 내용은 다음과 같다.

"우리 일본은 100년 이상을 계속 전쟁에 시달려 왔으며, 일본의 모든 법은 서로 다르고 의견이 분분하였다. 이러한 상황에 있던 일본에서 드디어 내가 세계로 진출하여 이 왕국의 주인이 될 시간이 도래하였도다. 이러한 것은 내가 이 세상에 태어날 때부터 이미 예상되었던 확고한 하나의 표시였다. 10년 동안의 정복사업에 어느 누구도 나를 거역한 사람이 없었으며, 이제는 드디어 중국을 정복할 계획을 하고 있도다. 이것은 나 자신의 뜻이 아니라 하늘의 뜻인 것이다. 중국 땅의 사람들은 나에게 복종을 하지 않았으며, 따라서 나는 중국을 섬멸하기 위하여 나의 군대를 보내기로 하였다. 한편, 교역 때문에 여기에 자주 들리는 파란다(Faranda)가 나의 총신인 피우지가리아(Fiujigaria)에게 말하기를, 일본의 배를 그곳에 보내는 것이 필요하다고 했으며 그리하여 그 자신이 그곳 섬들로(필리핀을 지칭) 가면, 틀림없이 그곳 사람들이 나에게 복종과 공물을 바칠 것이라고 말하였다. 아직 자신의 영토를 갖지 못한 이곳 일본의 영주들은 새로운 왕국과 땅을 얻고자 한다. 비록 확실히 믿을만한 신빙성은 없지만, 신하로부터 그러한 소식을 들은 이유 때문에 나의 병사들을 당장 보내고 싶지 않으니, 우선 프리헨(Frigen)의 왕국으로 와서 그곳에서 내게 문안을 아뢰기를 바라는 바이다.

그러므로 조금도 지체하지 말고 당신들은 깃발을 내리고 나의 통수권을 인정하기 바라는 바이다. 만일 나에게 복종과 경의를 표시하기 위해 오지 않고 땅에 엎드려 굴복하지 않으면, 당신들을 모두 괴멸하여 쑥대밭으로 만들어 버릴 것인 즉, 나중에 후회해도 소용없을 것이다. 더 이상 길게 얘기하지 않겠다. 텐조 19년."

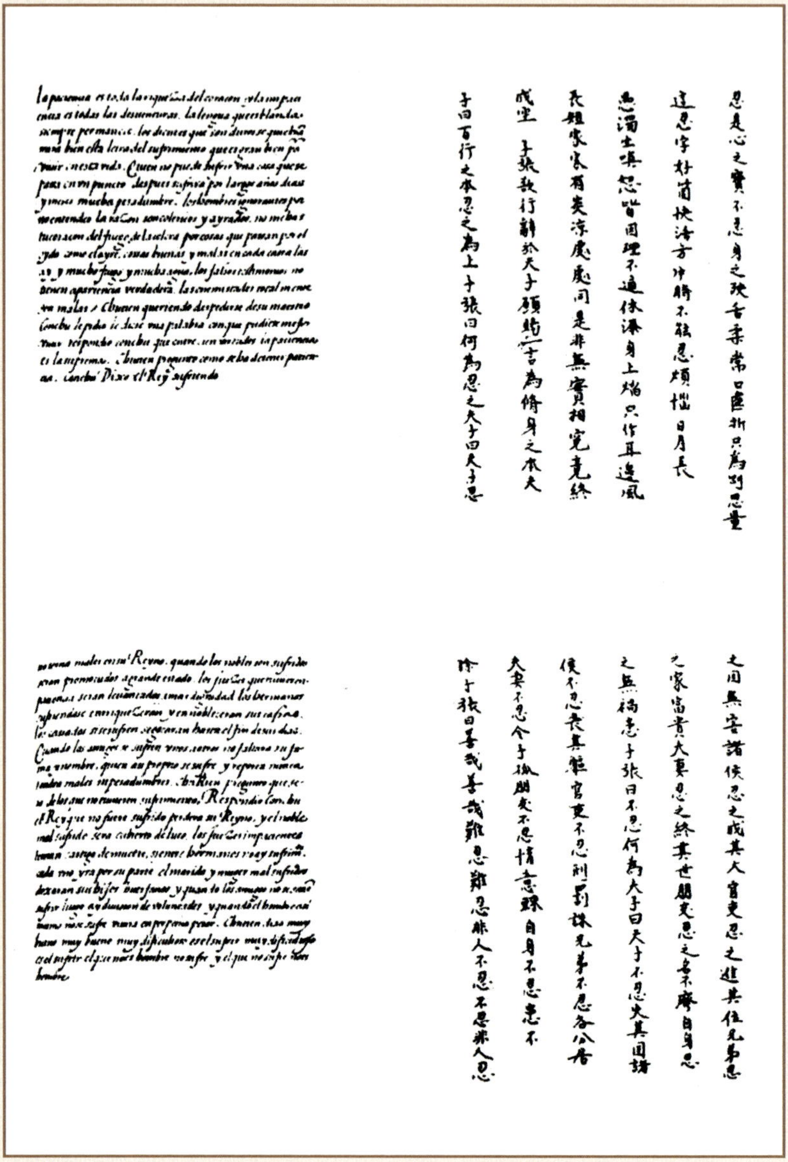

스페인 후안 · 꼬보 신부가 1590년 번역한 동양 최초 서적인 "명심보감"의 고본(稿本) 내용
(스페인의 "엘 · 에스꼬리알" 왕궁도서관 소장)

히데요시의 경멸적이고 위협적인 편지에서 볼 수 있듯이, 당시 세계를 제패하면서 주름잡던 스페인 왕국에 대한 엄청난 도전장으로서 매우 흥미로운 자료라고 생각된다. 이 같은 당시 정치 판도를 볼 때 히데요시의 포부는 아시아를 모두 자신의 손아귀에 넣고자 하는 큰 야심을 가졌음에 놀랍다.

4) 정명가도(征明假道)

1586년부터 중국 정복의 야망을 품고 그 구실을 찾고 있던 히데요시는 1591년 조선 국왕의 사신들의 방문을 받았다. 히데요시는 조선의 사신들에게 조선 왕에게 보내는 편지를 전해주었으며, 편지에서 중국을 정복하기 위하여 일본 군대에게 길을 열어 줄 것을 요청했다.

다음은 히데요시의 편지의 한 부분이다.

"수년 동안 우리 일본은 내부 분쟁 때문에 거의 황폐 지경에 이르렀었고, 무기와 함께 계속 살아왔다. 이러한 상황은 나를 분노케 만들었으며, 나는 몇 년 내에 일본 전체에 평화를 이룩하였다. 나는 천민 집안의 출신이지만, 나의 어머니는 가슴에 태양이 떠오르는 꿈을 꾸고 나를 잉태하였는데, 그때 점쟁이는 말하기를 태양이 떠오르는 곳에서 어느 누구도 나를 거역하지 못할 것이며, 그 힘이 세계를 지배할 것이라고 말하였다. 그러므로 지금까지 어떠한 호기회도 놓치지 않았다. 용과 같이 날개를 달고 동쪽을 정복했으며, 서쪽을 치고, 남쪽을 정벌하였으며 북쪽을 공격했다. 나는 아주 빠르고 훌륭하게 이러한 위업을 이룩하였으며, 이러한 것은 마치 전 세계를 비추어 주는 떠오르는 태양과 같은 것이었다. 인간의 수명이 일백 년도 안 된다는 것을 고려해 볼 때, 왜 나는 단 하나의 목적을 위해서 슬픔 속에 나의 일생을 보내야만 하는가? 나는 강력한 군대를 모아서 대명국을 정복하면서 서리에 찬 나의 칼로 400여 주를 휩쓸 작정이다. 이러한 목적을 실행하는 데 조선이 앞장서 주기를 나는 희망한다. 조선이 꼭 그렇게 하기를 나는 바란다. 왜냐하면, 조선과의 우의는 내가 중국을 공격하기 위하여 군대를 동원할 때 귀국이 취할 행동에 전적으로 달려 있기 때문이다."

거만과 경솔함으로 가득 찬 히데요시의 편지에 대한 답장에서 조선 왕국은 조선과 중국의 전통적인 우호관계를 보건대, 명나라를 치는데 앞장서 달라는 히데요시의 제안을 받아들일 수 없다고 거절해 버렸다.

조선 왕의 편지 내용은 대략 다음과 같다.

"우리들 사이에 이미 두 차례 편지가 오고 갔다. 그리고 그 문제를 우리는 충분히 토론했다. 우리가 중국에 등을 돌리고 당신들에게 협조하라는 것이 도대체 무슨 말이냐? 옛날부터 우리는 법과 정의를 따라왔으며 내 · 외적으로 모든 영토는 중국에 종속하고 있는 것이다. 당신이 중국으로 사신을 보내기를 원한다면, 우리가 무엇을 더 해야 하는가? 우리가 곤경에 빠졌을 때 중국은 우리를 도와주었고, 중국과 우리의 관계는 부모와 자식의 관계이다. 당신도 이것을 잘 알 것이다. 그러함에 우리가 당신과 협력을 하여, 제왕이며 동시에 부모 같은 중국을 버릴 수 있을까? 중국 조정으로 당신이 들어가는 데에 우리는 동조할 수 없기 때문에 틀림없이 당신은 이러한 것에 화를 낼 것이다. 당신은 왜 중국에 대해서 적대심을 가지며, 그리고 중국황제의 종주권을 인정하지 않는가? 도저히 우리들은 당신을 이해할 수 없는 바이다."

히데요시의 조선 침략은 근본적으로 일본과 중국의 분쟁에 기인하며 조선은 이 분쟁에 휩싸인 것이라 볼 수 있다. 자료에 따르면 히데요시는 그들의 빈약한 해군력 때문에 바다를 통해서 직접 중국을 공격할 생각을 감히 하지 못했다. 중국과 전통적으로 우호관계를 맺었던 한국은 단호하게 일본의 제안을 거절하였다. 그러자 마침내 히데요시는 1592년 4월 12일(스페인 선교사 기록의 자료에 따른 것임) 15만의 군사를 거느리고 조선 땅을 침략하였다. 규슈 지역의 천주교 대명들을 거느리고 고니시 유키나가(小西行長)는 침략의 선봉에 섰다. 단지 활과 화살로 장비를 갖춘, 방비가 빈약했던 조선 병사들은 조총으로 무장된 일본인들에게 적수가 되지 못하였다. 침략을 시작한지 며칠 만에 조선의 수도가 일본의 손에 들어갔다. 조선의 선조 임금은 수도를 버리고 북쪽으로 몽진을 했으며, 중국 황제에게 도움을 요청했다. 아우구스티누스(小西行長의 천주교 세례명)의 군사들은 큰 저항 없이 조선의 주요 도시 중의 하나인 평양성까지 도착했다. 선조왕의 요청에 따라 제1진의 중국 군대가 한국에 들어와서 1592년 7월 15일 평양성에서 일본인들과 싸웠다. 그 후 치열했던 전쟁이 중단되며, 동시에 1592년 8월 중국과 일본인들 사이에서 평화협상이 시작되었다. 그러나 이 협상에서 실현가능한 결과는 나오지 못했다.

비록 조선의 병사가 육지에서는 일본에 패하였지만, 수군은 완전히 일본을 제압하면서 해전에서 계속적인 승리를 거두었다. 이순신 장군의 철갑선은 바다에서 일본 해군을 놀라게 하였으며 바다에서의 우위 때문에 조선 수군은 일본의 보급노선을 차단할 수 있었다. 이 때문에 히데요시의 음흉한 야심은 꺾여야만 했다. 조선 수군의 승전 소식과 거북선에 대하여서도 당시 스페인 및 서구의 선교사들은 매우 훌륭하다고 기술하였음에 우리의 역사연구에 큰 자료가 될 것이다.

자료에 따르면 육지에서의 승리에도 불구하고 일본인들은 기아, 추위, 질병으로 인하여 군대의 3분의 1의 병력 손실을 보았다. 조선과 중국의 연합군은 1593년 초 평양성을 수복하였고, 동년 4월 18일에는 수도를 탈환하였다. 일본 군대는 조선의 남해안으로 철수하여 그곳에 매우 견고한 12개의 요새를 지었다. 조선 병사들은 남해안을 제외한 거의 모든 국토를 수복하였으며 전쟁은 소강상태에 빠졌다. 일본인들은 남해안의 요새 주위에 있는 마을들을 공격하며 노략질을 하였다.

한편, 1593년 5월 아우구스티누스를 따라서 예께끼(沈惟敬)라는 중국 장수가 히데요시를 만나 평화협상을 구체화하기 위하여 일본에 갔다. 그리하여 히데요시의 평화 조건을 가지고 예께끼는 후안 · 나이또도노라는 일본인을 데리고 한국 땅으로 돌아왔는데 동행한 일본인은 히데요시의 사신으로서 북경에 있는 중국 황제를 만나기 위해 따라온 것이었다.

세스뻬데스 신부가 바로 이 시기에 한국에 왔으며, 당시 남해안 일대에 세워진 일본군 요새에 머물면서 선교활동에 매진하였다. 양측의 평화 협상은 큰 진전 없이 4년간 지속되었다. 마침내 1596년 9월, 평화협상이 실패로 끝났을 때 히데요시는 두 번째로 대규모 공격을 감행하였으며, 1597년 1월 15일 일본 군대가 조선의 남해안에 도착했다. 약14만의 병사가 여러 갈래로 조선의 중부지역까지 공격했으며 전쟁은 전보다 더 격렬했다. 협상으로 종결짓지 못했던 전쟁은 히데요시가 죽음으로써 비로소 끝났다.

1598년 9월 18일 히데요시가 죽었기 때문에 일본군대는 더 이상 조선에서 싸울 이유가 없어졌다. 그들은 철수하기 시작했고, 전쟁은 남해안에서 조선 수군의 마지막 승리와 함께 11월에 끝났다.

7년 이상에 걸친 전쟁동안, 조선의 국토는 완전히 초토화되었다. 특히 일본인들은 5만 명 이상의 한국인을 포로로 데려갔다. 그중에는 많은 도공들과 학자들이 포함되어 있었다. 그때까지 인쇄술을 갖지 못했던 일본인들은 전쟁 중 조선에서 인쇄활자를 가져가서 후일(京都) 지방에서 일본 문화의 꽃을 피우는 계기가 되었으며 1590년 예수회 선교사들에 의하여 규슈 지방에 도입된 활자와 함께 일본의 문화를 급속하게 발전시켰다. 일본인들이 데리고 간 도공들에 의하여 17세기 일본의 도예는 꽃을 피웠고, 한국에서 가져간 의학, 수학 그 외의 여러 가지 학문의 덕택으로 일본 문명은 상당한 발전을 이루었다.

2. 서구인이 기술한 임진왜란

1592년 4월(음력) 히데요시(豊臣秀吉)가 중국 대륙을 정복한다는 구실 아래 조선을 침공하자 그 당시 일본 땅에서 선교활동을 하던 예수회 신부들은 극동에서 발생한 대사건을 상세히 기록하여 황급히 유럽에 알렸다. 당시 전쟁 상황을 1592년 「일본 예수회 연례 보고서」의 부록 편으로 만들어서 전쟁 발발 배경에서부터 일본군이 조선의 수도를 점령할 때까지의 상황을 적어서 보고하였다. 이 보고서의 원제목은 "전 일본의 군주 감바꾸도노(豊臣秀吉의 호칭)가 이룩한 일들과 그가 시도했던 조선정복에 관한 이야기"라고 명명되었는데, 신부들은 우선 히데요시(豊臣秀吉)의 일본 내 통일 달성과 함께 새로운 군주로 부상한 경위를 상세히 기술한 후에 조선침략을 위한 일본의 준비상황을 설명하였으며 신부들은 히데요시의 전쟁발발 의도를 비난하면서 그의 무력적 행위를 부정적으로 기술하였다. 신부들은 비록 내륙에서는 조선 병사들이 패배를 거듭하지만 바다에서는 조선수군이 훌륭한 전함을 갖고 월등한 전력으로 일본수군을 격멸시키고 있다고 적고 있다. 당시 서구 선교사의 임진왜란에 대한 기술은 일본이나 조선 어느 한쪽 편에 기울여 편파적으로 기술하지 않고, 중도적 입장에서 사실을 기반으로 하여 공정하게 기술하고 있어, 이 자료의 역사적 가치를 높이 평가할 수 있다. 당시 일본 땅에 있던 예수회 선교사들은 제3국인으로서는 유일하게 임진왜란을 목격하고 기록으로 남긴 주인공들이며 이러한 보고서는 한국과 일본 양국에 중요한 역사적 자료가 될 것이다. 지금까지 임진왜란에 관한 기록들은 우리나라를 비롯하여 일본에도 많지만 그 내용들이 각기 자국에게 약간씩은 유리하게 기록된 점을 고려할 때, 여기에 소개하는 서구인이 본 임진왜란의 기술은 비교적 공정한 객관성을 띄우고 있다고 보겠다. 특히 임진왜란을 일으킨 히데요시의 오만함과 간교성을 잘 기술하고 있으며 한국 여인들의 강한 정조 관념과 명예정신, 바다에서 거둔 조선수군의 백전백승의 이야기들은 오늘날 우리들에게 매우 긍정적인 역사의 흔적을 되찾게 해주는 것이라 확신한다. 『일본 예수회 연례 보고서』의 기록에서는 일본군의 조선 수도 함락까지만을 기술하고 있어서, 그 이후부터 평양전투와 중국군의 참전 및 평화를 위한 협상노력의 기술은 루이스 · 데 · 구스만(Luis de Guzman) 신부의 『선교사들의 이야기』부분에서 발췌하여서 소개하기로 하겠다. 이러한 자료의 발굴을 통하여 우리는 임진왜란에 대한 서구인의 평가와 태도에 접근할 수 있으며 16세기 당시 조선 왕조의 위치와 그러한 불행한 사건이 발발하게 된 시대적 배경과 동기를 알 수 있다고 본다. 그럼으로써 우리의 역사를 올바르게 판단하는데 큰 도움이 된다고 믿는 바이다.

1) 히데요시의 일본통일

최근 수년 동안에 이곳 일본 땅에서 보낸 편지들을 통하여 여러 지방에서 일어난 크고 작은 싸움들에 대하여 이미 알고 있을 것으로 안다. 왜냐하면, 정기적인 연례 보고서에는 매일 일어나고 있는 예기치 못할 사건들이 너무도 많아 일일이 명기할 수 없기 때문에 본인이 추가로 여기에 사건들을 요약했으며, 이 지방에서 일어난 그동안의 선교활동 이야기와 아울러 지금 일본 전체의 절대적 통치권을 갖고 있는 감바꾸도노(關白殿下의 관명으로 豊臣秀吉의 호칭)의 활동에 관한 것을 적는 바이다. 우선 여러 차례 그의 출신 성분에 관하여 이미 앞서 편지에 적어 보낸 바 있었던 이 폭군에 관한 얘기부터 시작하기로 한다.

메아꼬(京都)에서 노부나가가 살해될 당시에 그의 신하로서 "파시마·지꾸젠도노"(豊臣秀吉의 권력 장악 이전의 호칭)라고 불리던 "감바꾸도노"는 일본의 주요 은광산들이 있던 야마구치(山口)를 포함해 모두 13개의 성의 영주(대명을 일컬음)였던 춘고꾸 왕을 상대로 전쟁을 유리하게 이끌고 있었다. 그때에 노부나가(職田信長)와 그의 아들 "혼수껜도노"의 죽음 소식을 듣고서, 일본 군주 자리에 노부나가의 손자를 앉힐 의도로써 감바꾸도노는 원정을 중단한 채 재빨리 메아꼬(京都)로 돌아와서는 노부나가에게 반기를 들었던 주모자 "아께치"(明智光秀)를 살해하였다. 감바꾸도노는 자신보다 더 큰 명예와 위엄, 권력 및 명성을 가지고 있던 일본 내의 위대한 영주들을 상대로 그의 절묘한 기민성과 용맹, 그리고 책략과 신중함을 갖추고 단시간 내에 그들의 대부분을 자신의 휘하에 예속시켰다. 감바꾸도노의 주된 의도는 일본 왕국 모두를 그의 수중에 넣어 일본의 절대적 군주가 되는 것이었을 뿐만 아니라 "노부나가"를 모든 면에서 능가하는 것이었다. 그리하여 그는 매우 세심한 작전으로 일부 영주들을 전쟁에서 살해했고, 또 나머지들을 추방하기도 하였다. 그리고서 그 자리에 그에 대하여 반기를 들 염려가 없는 그의 측근 신하들을 임명하여 그들에게 재산을 나누어 주었다.

수많은 절을 갖고 무술을 연마했던 "넨거여"(일본 불교의 중요 종파) 승려들의 집들을 파괴하였으며 다른 사람들의 재산과 수입을 가로챘다. 노부나가의 아들들을 자신의 신하로 삼았으며 그들 중에서 용맹성이 뛰어나 위험하게 생각된 아들 한 명을 살해하였다. 일본 내에서 화려함과 재산에 있어서 손꼽을 수 있었던 사람들 중의 하나인 오사카(大阪)의 승려로부터 그의 대부분의 권력과 토지를 빼앗았으며, 이 자가 추종자들로부터 대단한 존경과 숭배를 받고 있음에 그가 살았던 오사카시로부터 내쫓아버렸다. 오사카는 사까이(堺)시에서 3레구아(1레구아는 약 3마일에 해당함) 떨어져 있었다. 감바꾸도노는 일본 내의 여러 지방의 영주들과 그 가신들이 그에게 대하여 더욱 확고한 신임을 갖도록 오사카(大阪)에 거대하고 화려한 궁들을 짓게 하였는데, 감바꾸도노에게 반기를 드는 어떤 음모도 꾸밀 수 없도록 그들을 항상 계속되는 공사에 동원하도록 하였다.

오사카에 이러한 건물들을 세운 후에, 그때까지 사까이(堺) 지방은 모든 면에서 매우 자유로워서 영주들이나, 왕자들, 추방된 귀족들 혹은 전쟁에서 패배한 자들을 평상적으로 받아들이고 있었음에, 감바꾸도노는 그들로 하여금 곡식을 베거나, 도시의 방어나 성곽을 위해 필요로 하는 도랑을 파게하고 주변의 나무들을 베도록 명령하는 등 아주 비참한 지경으로 몰아넣는 방법으로 복종시켰다. 그것을 어기는 자들에게는 많은 양의 금이나 은을 벌금으로 바쳐야 한다는 가혹한 법력을 적용하였다. 그리하여 사까이시의 풍류와 번영은 빈곤과 끊이지 않는 강제 노동으로 변모되었으며 지금까지도 사람들이 머리를 들 수 없는 지경이 되었다. 메아꼬시는 일본의 수도이며 모든 종파의 근원지고, 또한, 일본이 진정한 통치자이며 진정한 국왕인 "다이리"(일본 명칭의 국왕이라는 뜻)가 항상 거주하는 궁전이 있는 곳이다.

감바꾸도노는 특출한 방법으로 그의 명성을 더욱 크게 알리고, 영토를 더 많이 넓히기로 결심하였다. 그리고 다이리에게 공물과 많은 양의 보물을 주면서 그의 환심을 사기 위하여 그가 살 화려한 궁들을 건축하도록 명령하였는데, 이것은 다이리의 업무를 일부로 떠맡는 것을 보게 하여 모든 국민의 환심을 사기 위함이었다. 메아꼬 도시 내에 그는 자신을 위한 또 다른 궁과 성을 짓도록 명령했는데 이는 노부나가가 "안꾸치야마"에 만들었던 것보다도 모든 면에서 더욱 훌륭한 것이며 그 자신이 몇 년 전에 오사까에다 지은 것보다도 웅장한 것이었다. 아울러 감바꾸도노는 여러 지방의 영주들에게 그 이전에 오사카에서 지었던 것보다도 더욱 훌륭한 궁전과 집들을 짓는 데에 그들 자신이 메아꼬에서 일할 것을 명령했다. 그 일들을 최단 시일 내에 그의 기대에 하나도 부족함이 없이 이룩되었는데, 그의 지시에 따른 기동성이 하도 놀라워서 마치 그의 말과 뜻이 절대적인 것 같이 보였다.

메아꼬 근방의 거만한 영주들과 남쪽의 "사이께꾸"(오늘날 시꼬꾸〈四國〉을 말함) 전 지역을 그의 휘하에 장악하고 나서는 북쪽에 있는 "반도우" 지방의 영주들을 손아귀에 넣을 것을 결심하였다. 비록 그 지역 모든 땅들이 연결되어 있으나 그 주민들이 매우 호전적이며 메아꼬에서 매우 멀리 떨어져 있으므로 그의 휘하로 자진해서 항복하여 들어오지 않으면 그들을 무력으로써 장악하기는 거의 불가능하게 보였다. 그럼에도 불구하고 감바꾸도노는 바다와 육지로 많은 수의 군대를 보내어 3년 동안 전쟁을 치렀고, 그리하여 그들의 영토와 왕국의 파괴와 실상을 보고서는 다른 사람들과 마찬가지로 항복을 하였다. 그들이 모반할 수 없게 하기 위하여 감바꾸도노의 의도에 따라 몇 가지 책략을 썼다. 즉 그 지방과 도시의 원주민들을 쫓아내고 다른 지역의 주민들을 그곳에 살도록 하였으며 영주들과 태자들은 그의 부인들과 아들 및 그 가족들과 함께 메아꼬에 와서 강제로 살도록 명령하였다.

2) 화려한 궁전과 요새

감바꾸도노가 어느 누구도 결코 꿈꾸지 못했던 일본 전체 66개주의 절대적 군주가 되자 자신의 위대함을 더욱 뽐내기 위하여, 또한, 자신의 권력과 명성을 남기기 위하여, 메아꼬시의 장대하고 화려한 몇 가지 사업을 벌일 결심을 했는데, 이는 터무니없는 것으로서 자신에 대한 위대한 기억을 남기고자 함이었다. 첫 번째로는 "쾌락의 전당"이라는 뜻을 지는 「후라끼」(Juraqui)라는 이름을 붙인 궁전과 성곽을 짓는 것이었는데 이는 궁전의 주위에 반 레구아에 달하는 요새를 세우며 이를 따라 매우 깊으면서도 둥근 형태의 도랑을 파고서 돌 성벽을 쌓았다. 이 성벽은 석회를 사용하지 않았으니 대단한 기교와 동일한 형태로 해서 멀리서 볼 때에는 매우 정교하게 다듬은 돌로 쌓은 듯 보이며 이 거대한 돌들을 매우 먼 곳에서부터 사람들이 어깨로 메고 날라 온 것들이었다. 궁을 건축하는데 있어서 방과 거실들은 삼나무 향기가 나는 최고급 목재를 사용했으며 내부는 금박 칠을 했고 모든 사람의 감탄을 자아낼 만큼 정교하고 깨끗한 수많은 그림으로 장식되었다.

1591년, 일본 전국의 중심인 메아꼬(京都) 시에는 건물이 계속 늘어났으며 수많은 지방으로부터 이곳에 살기 위해 모여든 사람들로 인해 가옥도 증가하였다. 왜냐하면, 이전에는 약 일천여 가구밖에 안되던 것이, 메아꼬(京都)의 시장이 우리 동료 신부에게 얘기한 바에 따르면 지금은 가옥이 30,000여 채가 넘어섰으며 매일같이 증가되고 있다고 하였다. 다이리(일본의 왕)의 궁전과 위에서 기술한 감바꾸도노의 궁과 요새들의 주변에서 멀리 떨어진 곳에 일반 시민들과 관리들 그리고 건축에 종사하는 기술자들이 거주하게 했다. 그리고 감바꾸도노에 의해 강제적으로 메아꼬에 살게 되었던 여러 지방의 왕국의 영주들과 가신들의 궁들이 크고 작은 형태로 400여 개에 달했다.

성곽문의 안팎으로 펼쳐진 거리를 보면 매우 아름답고 웅장한 모습으로써 일본 건축 양식에 대하여 감탄하지 않을 수가 없다. 왜냐하면, 외부에는 금색과 은색 칠을 한 나무로 장식되어져 있으며 금색 칠을 한 천정과 지붕은 매우 정교한 세공으로 새, 물고기, 동물들의 다양한 모양을 장식했고, 방과 거실들의 내부는 금색 칠을 했으며 향기 나는 나무로 만든 여러 가지 형태들로 장식되었다. 집들은 수많은 나무와 화초들이 심어진 정원을 지녔고 자연을 흉내 내기 위한 여러 가지 모습들을 만들어 놓았다. 이 모두가 얼마나 정성을 들여서 만들어졌는지 알 수 있으며 정원들은 나무랄 데 없이 완벽했다. 일본인들에게 뿐만 아니라 우리 서구인 신부들에조차도 엄청난 신선감과 장대함으로 돋보였다. 메아꼬(京都)시의 건설은 이렇게 발전해 나갔는데 그곳에서 활동하는 우리들의 동료 신부가 편지에 적은 바에 의하면 그곳에서는 10,000명의 목수들이 일하고 있으며 야마구치(山口)의 왕인 "아끼노몬"을 위해 이곳에 그의 궁을 짓는데 40,000명의 인부를 동원했다고 한다. 거리를 크고 아름답게 하고 새 집을 짓기 위하여 감바꾸도노는 그의 눈에 낡았거나 오래 전에 지은 것으로 보이는 수많은 집들을 헐어버릴 것을 명령하였다. 또한, 감바꾸도노는 메아꼬의 전체 도시를 매우 튼튼하고 높은 성벽과 도랑을 파서 에워싸도록 명령하였다. 그리고 성벽 위로는 도시의 아름다움과 신선함을 위해 주변 6레구아 정도의 지역에 수많은 아름다운 나무를 심도록 하였다.

메아꼬시 여러 군데에는 많은 종파의 사원과 승방들이 300개나 있었는데 그들의 종교의식의 대부분을 행하지 못하게 하였다. 왜냐하면, 승려들은 강제노동에 동원되지 않는 것을 우쭐거렸기 때문이다. 그래서 감바꾸도노는 승려들이 도시 내에 갖고 있는 모든 절과 집 그리고 승방들을 부수어 버리고 메아꼬 시외의 성곽 옆에 새로운 건물을 지을 것을 명령하였다. 그 일을 잘 알고 있는 사람의 해석에 따르면 두 가지 이유로 감바꾸도노의 행동을 풀이할 수 있다. 첫째는 만일 어떤 군대가 메아꼬(京都)로 진격해 올 경우에 그

적들이 첫 번째로 부딪히게 되는 자들이 승려들과 그들의 집과 절들이 되기 때문이며, 둘째 이유로는 승려들이 도시의 거리에서 그들의 신도들과 아주 밀접하게 이웃으로 지내며 살고 있음에 그러한 관계가 독재 군주에게 어떠한 해를 줄지도 모르고 그렇게 자유로이 두는 것이 소란을 일으킬지도 모른다는 염려에서이다. 비록 이러한 이동을 위하여 약간의 세심한 도움을 제공하였지만, 이주를 하는 것이 그들을 탄압하고 무기력하게 하는 것이었으므로 많은 숫자가 절과 승려원을 떠나기를 원했으며 다른 생활을 찾아 나서고자 하였다. 그러나 독재 군주는 그것을 허락하지 않았으며 편지를 통하여 가혹하게 명령하기를 절들을 새로이 건축한 후에 단장을 하고 모든 필요한 것을 갖추도록 했으며, 그들의 신도들과 함께 정주하게 했으며 그들이 애초에 소유했던 재산은 빼앗았다. 그래서 친구나 친지들로부터 동냥으로써 도움을 받았다. 그러나 지금은 이러한 동냥도 받지 못하기 때문에 일을 하러 나간다거나, 혹은 어떤 이들은 그들의 집에 있는 물건들을 내다 팔았고, 어떤 이는 살기 위하여 살그머니 다른 곳으로 옮겨갔으며, 궁핍에 시달린 젊은 승려들은 군대에 들어가서 무술을 가르쳤다.

신도들이 "아미다"(불교의 아미타불)라고 부르는, 모든 종파의 우두머리이며 일본의 중요한 사찰 중의 하나인 곳에 살면서 대단한 존경을 받는 오사카의 승려가 있었다. 그는 오사카 부근에 조그만 도시와 아름다운 절들을 지어 그곳에서 살고 있었는데 감바꾸도노는 그에게 명령하기를 메아꼬에 와서 살도록 했으며 그에게 거대한 땅을 주면서 그가 오사카에서 지었던 것과 같은 집을 짓도록 명령하였다. 그리하여 감바꾸도노가 그의 신하와 사람들을 주었는데 그들의 대부분이 농민과 하류층 사람들로서 그들의 협조에 힘입어 건물을 완공하였다.

감바꾸도노가 몇 가지 이유 때문에 이러한 일을 행하였음을 다음을 보면 알 수 있다. 첫째로 그 승려를 보고자 전국에서 몰려들 엄청난 신도들 때문에 메아꼬시의 인구가 늘고 부와 재산도 늘어갈 것이며 그를 감바꾸도노 자신의 측근에 둠으로써 노부나가 시대에 오랫동안 있었던 "텐까"(Tenca)에서의 소요와 반란들의 원인을 제거하고자 했다. 그리하여 그에게 도시를 둘러싸거나 원형의 고랑을 파는 것을 명하지 않고 단지 메아꼬시의 거리에만 남아 있도록 하였다. 이 승려에 대한 그의 종파의 신도들의 숭배와 사랑 및 복종은 대단했으며 최단 시일 내에 도시와 궁과 절들을 13레구아나 떨어진 메아꼬(京都)시로 옮겼으며 더욱 화려하고 웅장하게 건물을 지었는데, 이는 일본의 전통적인 건축 방식과는 상이한 것이었다. 왜냐하면, 지금까지 일본 사람들은 보통 쉽게 이사할 수 있도록 하기 위하여 집과 기둥을 나무로 만들었기 때문이다.

옛날 "하모토"(오늘날 대지 토방을 지칭하는 듯함) 왕국에 일본의 대도시이며 수도였던 "나라"(奈良)시에 "다붓"(Dabut)이라 불리는 절이 있었다. "다붓"이란 말은 거대한 불상이란 뜻인데 그 속에는 어마어마하게 큰 금색의 우상(부처를 뜻함에 틀림없으나 서구인 신부는 단순히 우상이라고 기술하고 있음)이 있었는데 큰 키의 사람이 이 불상의 어깨 위에 올라가서 서서 손을 뻗어도 불상의 귀에 다다르지 못했다. 옛날 노부나가 시대에 전쟁을 치르는 중에 이 불상의 절이 전소되었음에 그와 유사한 절을 갖는 것이 일본의 명예라고 승려들이 생각하고, 그를 재건하기 위하여 모든 지방으로부터 시주를 얻도록 결정했다. 그리하여 이를 실천에 옮기기 시작했으나 그 액수가 너무 적은 것을 보고서는 감히 그 작업을 시작하지 못하였다.

그런데 감바꾸도노가 승려들 사이에서 그의 위대한 명성을 남기고자 이 절을 재건하기를 원했는데 애초에 있었던 곳인 "나라"(奈良)시가 아닌 메아꼬 시에 전의 것과 같은 모습, 웅대함과 화려함을 갖춘 것으로 세우기로 하였다. 그래서 이 절은 사각형의 양쪽으로 길이가 각각 550빨모(길이의 단위로 손가락을 펴서 엄지손가락 끝부분부터 새끼손가락 끝까지의 길이로 약

21cm를 가리킴)에 이르며, 기둥들은 모두 거대한 나무로 세우는데 어떤 것들은 지름이 11빨모(약 2.3m에 달함)에 이르렀다. 또한, 불상의 크기가 워낙 웅대하여 절을 지어놓은 후에는 들어갈 수가 없으므로 우선 절터의 중심부에 제단과 불상을 만들 것을 명령하였고 그 후에 절을 짓도록 하였다. 이러한 웅대한 건축물보다 안성맞춤으로 세우기 위하여 여러 지방으로부터 많은 사람들을 동원하였고, 이들은 여러 곳으로 흙을 날라서 절을 지을 장소에 높이 쌓아 올리고 그 위에 여러 가지 기계와 나무로 만든 기중기를 설치해서 이들로서 이 작업이 끊임없이 행해지고 빨리 완공되도록 감바꾸도노 자신이 친히 여러 차례 그곳을 방문하여 작업을 지켜보기로 하였다.

옛날에 메아꼬에는 석가(서구인 신부들은 'Saga' 혹은 'Saya'로 표기하고 있음)에게 바치는 나무로 만든 뾰족탑이 있었는데, 석가는 "고히"(Cogi)라고 불리는 매우 큰 수도원에 있는 불상으로서 "가스빠르 · 발예스타" 신부가 메아꼬에 도착한 며칠 후 벼락에 의해 불타버렸고 이 때문에 일본에서 유명해졌다. 감바꾸도노는 전과 똑같은 장소에 아주 높은 탑을 세우게 했는데, 이는 아홉 개의 다락방을 지니고 있으며 각각의 방들은 특이한 지붕을 가지고 있어 밖을 향하여 정면을 이루고 있다. 그리고 탑의 뾰족한 꼭대기에는 동으로 만든 수많은 고리 모양의 장식과 작은 종들이 부착되어 있어 대단한 장관을 이루었다.

감바꾸도노가 비록 이 절과 또 다른 사찰들을 복원하도록 했을지라도 그 자신이 불교에 대한 어떤 공경심을 갖고 있는 것은 아니었다. 왜냐하면, 그는 과거에 불교의 우상들을 비웃고 조롱했으며 그것은 인간이 만들어낸 조각에 불과하다고 말했다. 왜냐하면, 감바꾸도노 자신도 이 세상에 섭리가 없다고 믿는 "젠수스"(Jenxus)의 교파를 따랐는데 이들은 인간이 죽은 후에 선행에 대한 대가나 악행에 대한 처벌이 있다는 것을 신봉하지 않았다. 또한, 죽은 후에 또 다른 세상이 존재하지 않으며 단지 죽어가는 혼란만 있다고 생각한다. 모든 것들이 소멸 되는 이러한 속에서 한데 뒤섞여 동일한 것이 되어버린다고 믿는다. 그들이 말하는 것처럼 감바꾸도노의 눈에도 일본의 종파들에 포함된 모든 것들이 허구이며 위장된 것으로 보였으며 그래서 그들을 믿지 않고 그들에게 어떠한 신앙심도 가질 수 없었다. 그러나 감바꾸도노는 불교를 신봉하는 국민들의 호감을 얻음으로써 자신에게 반기를 들지 못하게 하였다.

이 독재 군주는 모든 사람들의 존경을 받으면서 번영과 발전을 이룩하였다. 그 후에는 어떤 이들의 말에 따르면 자신의 외아들이 친자식이 아니라 양자라고 하는 사실에 걱정했으나 어린아이가 세 살이 채 안되어 죽자 아들의 죽음을 슬퍼하면서 덴까(Tenca: 일본 전 국토를 말함)의 통치를 그의 조카에게 넘겨주고 자신은 중국을 무력으로 점령하기 위하여 그의 군대를 중국으로 보내든지, 아니면 원정에서 죽든지 하여 후손들에게 영원히 자신의 이름을 남기고자 하는 뜻을 품었다.

3) 히데요시의 중국 정복 야욕

감바꾸도노는 여러 번 자신의 신하들과의 친밀한 대화에서 말하기를, 이제 일본 내에서는 더 이상 올라갈 명예가 없으며, 이를 다른 곳에서 찾지 않는다면 현재 누리고 있는 세력에서 자신이 밀려날 것이라 했다. 그리하여 중국 정복을 꾀함으로써 자신의 명예를 높이고자 하였다. 히데요시는 일본인들의 마음이 얼마나 쉽게 변할 수 있는지를 알고 있으며, 앞으로 자신의 왕국 내에서 발생할 폭동이나 전쟁을 방지할 수 없을 것으로 판단하고서, 중국 원정을 실행하기 위하여 이때를 절호의 기회라고 확신하였다. 일본의 영주들은 이 원정이 그들에게 매우 어렵다는 것을 알고 있었으며 일본 영토 밖에서는 외국 사람들과 결코 전쟁을 해본 적이 없으므로 살아서는 그의 고향으로 돌아올 수 없으리라는 두려움에 가득 찼다. 감비꾸도노는 신하들에게 자유로움과 관용을 베풀면서 그들의 환심을 사기 위해 모든 책략을 다 동원하였다. 그리하여 추방자들을 다시 복권시키고 여러 차례에 걸쳐 사람들을 초대했는데 일본에서는 이를 "노찬노이아"(茶를 대접하는 의식)라고 부르는 대단한 호의와 친근함의 표시였다.

옛날 옛적에 일본에 "요리도노"란 이름을 가진 매우 고귀한 인물이 있었는데 보통 "구보사마(公方様)라고 불리었다. 그의 위대함과 명성에 대해서는 여러 책들 속에 기록되어 있는데 그의 위엄으로써 "구보"(Cubo)라고 불리는 도시가 "다이리"(일본의 왕을 지칭)의 수도가 되었으며 그로 인해서 일본 내의 모든 영주들과 귀족들의 존경과 신임을 받았다. 자신의 위대함을 자랑하기 위하여 구보사마는 "푸지노가마"란 이름을 가진 매우 높은 산에서 일본의 군주와 영주들을 동반하여서 사슴과 멧돼지의 장엄한 사냥을 했는데 참가자 모두는 자신의 위엄을 나타내는 훈장 및 표식을 달고 있었다. 사냥에서 일어난 일들로 보아서 매우 장엄한 사냥임에 역사가들은 왕국의 연대기 속에 이 행사를 매우 괄목할 사건으로 기록했다.

그리하여 영예와 명성의 추종자인 감비꾸도노는 두 가지 이유로서 이와 비슷한 사냥을 대단한 화려함과 위엄을 갖춰 "오아리"(尾張) 왕국에서 행하기로 결심했다. 첫 번째 이유는 그의 위대함으로 "요리도노"의 유명한 기억을 덮어버리기 위함이며, 두 번째로는 일본인들이 이러한 축제와 즐거움을 통해 그들에게 닥칠 가장 힘들고 어려운 중국 정복 원정에 대한 두려움과 걱정을 다른 곳으로 돌리기 위함이었다. 그리하여 화려한 차림으로 장관을 이루면서 "오아리"(尾張) 왕국을 향해 출발했는데 "덴까"의 모든 영주들과 귀족들이 동행하였으며 일본에서 매우 소중한 여러 종류의 새매들을 가져갔다. 이 사냥은 "요리도노" 때 행하였던 사냥과는 다른 방식으로 진행되었다. 그때에는 오직 사슴과 멧돼지만을 잡았는데 이번 사냥에서는 자유 의향대로 하도록 했으며 모든 영주들이 감바꾸도노를 기쁘게 하기 위해 정성을 다하였다. 그리하여 이번의 장대한 행사에서는 모두들 자신의 옷들이나 말의 마구 및 장신구에도 찬사를 듣기 위하여 천 가지의 장식을 갖추었다. 이번 사냥은 무난히 거행되어서 매우 큰 새를 30,000마리 이상이나 잡았고 그것이 연회장에서 높이 평가되었다. 메아꼬로 돌아갈 차비를 하면서 감바꾸도노는 어떤 방법으로 승리를 갖고 입성할까 생각하였다.

그러던 중 그는 우연히 "오아리"(尾張) 왕국에 도착하게 되었는데, 그곳에는 최근에 그 지방에서 일어났던 반란과 소요를 진압하기 위하여 파견했던 그의 조카 "다이난간도노"가 임무를 마치고 머물고 있었다. 감바꾸도노는 반란의 주동자인 영주들을 효과적으로 굴복시킬 수 있게 되었으며 그 지방을 평온한 상태로 유지하였다. 히데요시는 이미 "덴까"(天下)의 통치와 감바꾸(關白)의 신분에서 물러나기 위한 날을 기다리고 있었기 때문에 그러한 것을 표명하기 전에 조카를 불러서 별도로 그에게 다음과 같은 주의사항을 주었다.

"첫째로 신하들에게는 상냥하고, 인정 많고, 자비로울 것이며, 둘째로 모든 사람을 진실과 신임으로 대할 것이며 합의 결정에 있어서 정직하고 완전하고 사려 깊을 것이며, 셋째로 주어진 직분이 매우 고귀한 것임에 그의 높고 위대한 품위를 더럽히는 경솔한 짓을 자제할 것이며, 넷째는 전쟁을 함에 있어서는 무술과 지혜를 쓸 것이며 필요한 경우에는 용감한 장군으로서 적군들과의 전쟁에 앞장을 서서 싸워 적들에게 두려움을 주면서, 전쟁에서는 항상 대담하고 무섭고 지독한 사람이 되어야 한다. 다시 한번 얘기하지만 비록 앞서 얘기한 이러한 주의사항들을 되새기면서 가능한 나를 닮도록 해야 할 것이지만 내가 갖고 있는 몇 가지 나쁜 습관과 결점들은 닮지 않기를 바란다. 왜냐하면, 비천한 신분에서부터 현재 누리는 지위에까지 올라왔으니, 나에게는 아직도 버리지 못한 몇 가지의 나쁜 버릇들이 남아있다. 내가 성장하면서 나 스스로를 돌보지 않았으므로 너무나도 지나치게 그러한 생활이 나를 사로잡아 버렸다. 그래서 조카인 네가 똑같은 인상을 주지 않기를 바라는 것이다. 그래서 나를 닮지 않기를 바라는 첫 번째의 것은, 그동안 나를 지나치게 지배하고 있는 경박함이며, 둘째로는 나의 욕구에 따라서 여러 지방을 평정했듯이 내가 많은 여인들을 지배했던 일과, 셋째는 과다하게 몰두하곤 하였던 수많은 일들에 대한 지나친 탐욕과 요구들로서 그들 중에는 품위를 떨어뜨리는 일인 줄을 알면서도 그것의 취득에 너무 몰두하는 것이 있었다."

조카에게 이러한 지시와 함께 충고를 해 준 다음에 감바꾸도노는 최대로 화려한 의식과 행렬을 동반하여 메아꼬(京都)시를 한 바퀴 돌았다. 그래서 사냥에서 잡은 것들 중에서 15,000~20,000 마리의 새를 수많은 사람들이 행렬을 지으면서 금빛의 여러 막대기에 끝에 달고서 뒤따랐고, 화려하고 예쁘게 치장을 한 사람들이 새매 종류들을 가지고 왔으며, 또한, 그 뒤로는 아주 훌륭한 마구로 장식된 20마리의 말들이 뒤따랐다. 이어서 두 대의 가마가 뒤따랐으며 감바꾸도노의 바로 뒤에 두 명의 무사들이 뒤따랐는데 이들은 과거 일본 내에서 가장 위엄 있던 자들로서 그들 중 한 사람은 일본의 기병대 대장으로 "노부나가" 시대에 추방된 "다이리"(일본 왕을 가리킴)의 측근이었으며, 두 번째 기사는 "부이에이"라고 불렀는데 "미노"(美濃)와 "오아리"(尾張) 왕국의 영주였고 노부나가보다 영예와 위엄에 있어 더욱 훌륭한 귀족이었으니 현재는 추방을 당하고 있다. 이들은 감바꾸도노를 따라서 걷고 있었는데 그들은 각각 사냥개들을 쇠사슬로 묶어서 끌고 가고 있었다. 그들은 고명하고 지체 높은 귀족들이 그러한 광경으로 초라한 일거리를 맡아서 가는 것을 보고서 모두들 크게 놀랐다. 행렬 마지막에 감바꾸도노가 수많은 비단과 은으로 도색된 아름다운 가마를 타고 왔는데 위쪽에는 아주 훌륭한 천막으로 덮여 있었다. 수많은 군중들이 이 화려하고 웅대한 행렬의 맨 뒤를 따르고 있었다.

메아꼬에 도착하자마자 그의 조카에게 "감바꾸(關白)"의 직위를 넘겨주면서 그의 권한을 승계시켰다. 그리하여 우선 조카에게 그가 지내던 궁과 성곽을 거처로 넘겨주었으며, 만일에 메아꼬에 짓는 건축이 완공되면 오사카의 궁들은 그에게 넘겨주겠다고 약속했다. 그리고 또한, 이백만 단위의 금과 은을 은급으로 제공하고, 매우 귀중한 보물들 특히 일본 최고의 보물인 "찬나유"(Chanayu)라는 것도 넘겨주고 아울러 아주 오래된 것으로 유명하고 소중한 단검과 비도도 넘겨주었다. 재산 외에도 조카에게 그의 하인들의 처우와 평상적인 봉사에 대한 비용으로써 600,000가마의 쌀을 하사하였다. 비록 겉으로는 그의 조카에게 이런 모든 외부적인 권한과 함께 영토와 재산을 넘겨주는 듯했지만 감바꾸의 실제적인 권한은 아무것도 내놓지 않은 채로 이전과 똑같은 권한을 자신이 지니고 있었다. (註 : 몇 년 후 豊臣秀吉은 조카와 그의 온 가족을 무참히 살해하였음) 단지 감바꾸도노는 이러한 책력을 그가 죽으면 "텐까"에서 그의 조카가 왕위에 앉을 수 있도록 하여서 일본의 절대 군주가 되도록 하기 위함일 뿐이었다. 조카는 아직 젊은 나이로서 매사에 간섭받고 있었으므로 자신의 의사와는 관계없이 단지 그의 삼촌으로부터 주어진 일만을 할 뿐이었다.

4) 히데요시의 위협과 회유

그러나 전 일본을 공포로 몰아넣은 것에 이어 염려스러운 점을 언급한다면 감바꾸도노와 같이 그토록 성미가 급한 사람이 어떻게 앞서 말한 중국 원정과 같은 힘든 전쟁을 수행하도록 신하들을 설득할 수 있었는가 하는 것이다. 일본의 모든 영주들은 처음에 이 전쟁이 매우 어렵고 이제까지 해온 것과는 다르다는 것을 알고서 감바꾸도노에 대해 반기를 들어 대항하려고 했다. 그러나 감바꾸도노는 이를 알아채고서는 일본의 모든 왕들과 영주들에게 그의 가족들을 고향에 내버려 둔 채, 생명이 위태로울 것이 분명하여, 어떠면 두 번 다시 일본으로 돌아갈 수도 없는 낯선 외지로 그들을 강제로 보내기로 했다. 그토록 어렵고 힘든 일이라는 것을 알면서도 모두를 복종시키고자 했다. 그러나 이런 과정에서 적지 않은 어려움들이 발생하는 것은 뻔한 사실이었다.

왜냐하면, 첫째로 국내에 반란의 기회가 주어질 수 있으며, 둘째로 일본인들이 다른 국가들과 전쟁을 해본 경험이 없고, 미지수의 나라를 정복하고자 하는데 있어 적진의 지형, 항해, 언어 등을 몰랐고, 셋째로는 바다에서 해군이 활약을 해야 하는데 일본의 산악 지방의 영주들은 배를 갖고 있지도 않으며, 넷째로 그들이 돈으로 배와 그 외 탄약과 장비들을 사고자 원할지라도 기간이 너무 짧아서 단시일에 해낼 수 없으니, 좌절한 나머지 타국 땅에서 그 같은 일을 하며 목숨을 잃기 위해 가느니 차라리 일본 땅에서 스스로 목숨을 끊는 편이 더 나을 것이라 말했다.

모든 영주들이 감바꾸도노에 대해 갖고 있는 존경심, 지나친 두려움과 경원 때문에, 이러한 원정의 어려움에 대해서 어느 누구도 자기 자신을 위해서나, 아니면 제3자를 대변하여 감히 감바꾸도노에게 반대의 발언을 하지 못했다. 오히려 그의 면전에서 사람들은, 이것은 군주의 현명하고 훌륭한 임무이며 영원히 기억될 것이라고 말하면서 온갖 좋은 말로써 그의 결심을 찬양하였다. 감바꾸도노는 자신에게 호의와 존경심을 갖고 있지 않은 사람이 누구인지를 잘 알고 있었으므로, 계속해서 그들에게 어떤 위협을 가하면서 그의 의견에 반대하는 자들이나 그의 의도에 불쾌감을 표시하는 자는 목숨과 토지를 빼앗겠노라고 말했다.

일본의 무사들은 서로가 서로를 의심하게 되어서 어느 누구도 발각될 것이 두려워 먼저 나서서 감바꾸도노에게 반기를 들 사람이 없었다. 여기에는, 충성과 봉사를 함으로써 다른 사람들의 산과 토지를 얻을 수 있도록 해놓아서 더욱 그러했다. 영주들은 그들이 하고자 하는 반란을 위해 어떤 조치를 취할 수 없었기 때문에 이러한 난관들을 해결하는 것이 불가능 하였으므로 강제로 원정에 동원될 수밖에 없었다. 그리하여 포고문이 공포된 후에 모든 사람들은 준비를 위해서 이리저리 쫓아다니면서 어떤 이는 배를 새로 만들기도 하며, 어떤 이는 만들어진 배를 사들이거나 전쟁에 필요한 장비와 탄환 등을 준비하였고, 또한, 필요로 하는 생필품들을 사기 위하여 자신들의 재산과 도시를 팔거나 저당 잡히기도 하였다. 그들의 부인, 아들 및 가족들은 보살핌을 받지 못한 채 스스로의 처참한 운명을 애통해 하고 눈물을 흘리면서 슬퍼하였다.

감바꾸도노는 이러한 신하들에게 용기를 주기 위하여 그 자신의 처지도 그들과 다를 바가 없음을 보여주었다. 즉, 전 일본 영토 내의 군주로서 자신의 재산과 안락을 저버린 채 이 원정을 떠나는 것이니 그의 생명도 위험하기는 마찬가지임을 설명하였다. 또한, 이 원정에서 영주들이 목숨을 잃는다면, 그와 함께 후세에 영원히 이름을 남길 것이라고 말했다. 그러나 죽지 않고 살아남아 기대하던 대로 일이 이루어진다면, 그로 인해 얻어질 수많은 재산과 땅들을 그들에게 줄 것을 약속하였다. 이런 식으로 모두에게 용기를 불어넣었다. 왜냐하면, 감바꾸도노가 그의 의도를 추진함에 있어서 결심이 단호했기 때문이다. 그러나 영주들의 자식들은 아무리 다시 살아 돌아오게 될지라도 원정을 포기하라고 눈물로 엎드려 청했다. 왜냐하면, 일본인들은 일반적으로 거센 바다의 파도를 견디어 낼 수 있는 튼튼하고 큰 배를 갖고 있지 않았으며, 그들이 제작한 배로써는 중국까지 그렇게 많은 군사를 실어 나르기에는 수효도 부족할 뿐만 아니라 규모도 작았다. 그래서 가능한 최단의 항해를 하여 일을 치러내기로 하였다.

이를 위해서 감바꾸도노는 일본 근처에 중국과 연접해 있는 꼬라이(Coray)라는 이름을 가진 왕국이 있음을 알고 있었으므로 원정길을 만들기 위해 먼저 꼬라이를 정복하고 이를 통하여 중국으로 갈 것을 결심하였다. 규슈의 북쪽으로 피란도(平戶) 항구에 가까이 섬이 하나 있는데, 이 섬은 규슈 지방에서 이는 "피란도" 영주에게 속한 영토로서 "쓰시마"(對馬島)라 불린다. 약 30레구아 떨어져 있다. 일본인들 사이에서는 외따로 떨어져 있는 이 섬의 사람들은 조선 사람들과 무역을 하며 매년 이 섬에서 300여 명의 상인들이 상품의 집결지이며 무역의 중심 도시인 조선의 수도에 가고 있으며, 꼬라이로부터는 매년 쓰시마(對馬島) 도주에게 어떤 조공의 형태로 10,000가마의 쌀을 바치고 있는 것으로 알려져 있다.

쓰시마 도주는 일본인으로서 감바꾸도노에게 예속되어 있는데, 그는 친교와 내왕을 갖기 위하여 아우구스티누스 · 수노가미도노(임진왜란시 선봉대장인 小西行長을 말함)의 딸 마리아(천주교 세례명)와 결혼할 결심을 했다. 그리하여 마리아는 작년에 그의 시중을 들 천주교에 귀의한 남녀를 이끌고 쓰시마로 갔다. 마침 그의 남편이 메아꼬로 감바꾸도노를 알현하기 위해 떠나게 되어 남편에게 작별인사를 하기를, 순회 신부가 메아꼬에서 사절단과 함께한 가운데 그에게 설교할 때에 반드시 천주교로 귀의하도록 하고, 그렇지 않고는 쓰시마로 돌아오지 않도록 아주 간절히 남편에게 청하였다. 그리고서 이러한 일이 감바꾸도노의 귀에 들어가지 않도록 그는 아주 신중하고 비밀스럽게 행하였다.

쓰시마 도주(宗義智)는 그의 장인인 아우구스티누스 · 수노가미도노에게 아주 긴밀한 정보를 제공했는데 이는 일본 군대가 그의 왕국을 통해 꼬라이에 들어가는 쉬운 방법 외에도 이 원정을 위해 필요로 하는 모든 방안들이었다. 또한, 그 자신이 꼬라이에 진입하는데 선두에 설 것을 제의했으며 이를 아우구스티누스는 감바꾸도노에게 모두 상세하게 보고했다. 그러자 그는 이 사실에 매우 기뻐하였으며, 아우구스티누스가 자신의 부하들과 함께 선봉에 서도록 하고 모든 군대의 앞에 설 수 있는 명예를 주기로 결단을 내렸다. 이러한 사실은 다른 사람들 들에게 알려졌으며 일본의 모든 영주와 태수들은 누구나 똑같이 이와 같은 명예를 갖고 싶어 하는 야망이 있었기 때문에 그들은 이것을 시기하게 되었다. 또한, 아우구스티누스가 이와 같은 정보를 감바꾸도노에게 줌으로써 이 원정을 하도록 더욱 부추기는 입장이 되었으므로 모두의 미움을 샀다. 그 후에 감바꾸도노는 꼬라이로 쉽고 편하게 군대를 보낼 수 있는 항구가 "시모" 지방(Ximo란 여기서 九州 북부 지역을 가리킴)에 있는가를 알아보았다. "돈 · 프로따시오"의 형 파따도노의 영토인 비젠(備前) 왕국에 피란도(平戶)에서 13레구아 떨어진 나고야(名護屋)라는 이름을 가진 항구가 있었는데, 이곳은 수천의 선박을 안전하게 정박시킬 수 있고 그곳으로부터 쉽게 꼬라이로 출범할 수 있었다. 그리하여 일본의 모든 영주와 태수들을 나고야 항에 집결하도록 하고 그곳 해안가에 메아꼬에 있는 궁궐과 다름없는 궁과 성곽을 짓도록 명령했다. 놀라운 사실은 그 땅이 거의 사막같이 황폐하고 사람이 살지 않는 곳으로 그러한 작업을 위해 필요한 모든 재료 및 보급품들이 모자랐다는 것이다. 그러나 감바꾸도노의 명령이 얼마나 강했는지 모든 영주들이 이러한 어려움들을 생각하지 않았으며 피로와 허기로 작업 중에 죽어갈 많은 사람들에 대해서는 아랑곳조차 하지 않았다.

40,000~50,000명이 참여하여 각자가 맡아 건설할 부분에 전념함으로써 몇 달 만에 그처럼 큰 건축물을 완공하였는데 하나하나가 다른 궁에 비해 부족함이 없었다. 만일 조금이라도 소홀히 하게 되면 그것이 감바꾸도노의 귀에 들어갈 것이므로 영주들 자신이 몸소 일꾼들과 나무를 구하러 산으로 가는

데 앞장섰고, 성벽을 쌓기 위하여 거대한 크기의 돌들을 가져왔는데, 감바꾸도노가 도착했을 때에는 궁궐과 성곽의 완공뿐만 아니라 직경 1레구아 이상의 새로운 도시가 건설된 것을 보았다. 그곳에서는 거의 모든 영주들 및 태수들이 각자가 데려온 신하들과 함께 거처할 수 있었으며, 놀라운 일은 영주들 자신이 막대한 지출과 노동으로 이 일에 전력했다는 사실이다. 더욱이 한 달 내에 있을 원정을 위해 항해에 필요한 물건을 준비하느라 그들의 재정이 바닥난 후에 이러한 궁의 건축에 그들의 재산을 투입하였다는 것이다. 이 밖에도 감바꾸도노는 꼬라이로 가는 길목에 있는 두 섬들에 물자 공급을 할 수 있도록 숙소 및 거대한 곡물창고를 짓도록 명령했다. 그중 한 섬은 후끼노수미라 하는데 이 섬은 피란도에 예속되어 있으며, 또 하나는 아우구스티누스의 사위가 지배하고 있던 쓰시마 섬이다. 이 섬들은 매우 가난하고 불모지가 많아 나고야에서도 이러한 건축물을 세우는데 문제가 더욱 어려웠다.

5) 신비의 나라 꼬라이

꼬라이 왕국의 정복이 갖는 목적을 더욱 잘 이해하기 위해서는 우선 첫째로 그곳 사람들의 특성들에 대해 얘기할 필요가 있다. 이 자료의 근거는 감바꾸도노가 갖고 있는 가장 확실한 정보와 시중에 나도는 유인물의 원본에 따라 기록한 것이다. 꼬라이 왕국은 일본의 섬인 피란도 섬 - 오늘날 히라도(平戸島)를 지칭함 - 으로부터 북쪽으로 80레구아 가량 떨어져 있으며 35도선에 위치하고 있다. 일본식 계산에 따르면 꼬라이의 길이는 약 250레구아에 달한다. 이 왕국은 세 나라와 교역을 하며 국경을 맞대고 있는데, 서쪽으로는 그들이 매년 조공을 바치는 중국인들, 북쪽과 북동쪽으로는 각각 "탈탈"족(Tártaros)과 "오랑캐"(Orancay)들과 접하고 있다. 이 오랑캐들은 일본 북쪽 방면을 막고 있으면서 바다의 커다란 어귀를 이루고 있다. 꼬라이인들은 중국인들과 무역 접촉을 갖고 있으며 탈탈족과 오랑캐족들과는 수많은 싸움과 접전을 가졌는데 이들에 대해서는 꼬라이가 강력한 저항을 하곤 하여서 최근 몇 년간에는 오랑캐족들이 탈탈족들과 동맹을 맺기도 하였다. 또 이외에도 꼬라이인들이 "씨모꾸"(달도 태양도 없는 곳의 사람들이라는 뜻)라고 부르는 나라가 있는데 6개월은 밤이며 6개월은 낮인 지역의 북극인들로 보이며, 이들과 전쟁을 치를 때마다 꼬라이인들이 승리를 하곤 했다.

이 꼬라이 왕국은 남쪽에 "꼬라이산"이라고 불리는 섬을 하나 갖고 있는데 50레구아 바닷길 거리에 있고 그곳에는 높이에 따라 각각 이름 붙여진 수많은 산맥들이 있으며 이것들이 매우 높아서 구름들까지도 결코 이 산을 덮지 못한다고 했다. 꼬라이 왕국의 내륙에는 많은 양의 쌀과 밀들이 나오고 또한, 배, 사과, 무화과열매, 밤, 호두, 잣들이 생산되고 풍부한 양의 꿀도 생산된다. 비단도 생산을 하지만 그보다는 면화와 아마를 더 많이 생산한다. 전하는 바로는 내륙에는 커다란 금은 광산이 있다고 한다.

많은 수의 말들과 소 그리고 아름다운 조랑말과 나귀들, 호랑이와 기타 여러 종류의 맹수들이 있다.

사람들은 매우 온순하고, 그곳에서 가져온 우수한 물건들에서 볼 수 있듯이, 훌륭한 재능을 지니고 있다. 그들은 피부가 희고 식사를 많이 하며 힘이 아주 세고, 화살을 쏘는데 재능을 가졌다. 그들의 배는 매우 견고하고 거대하며 윗부분을 덮은 배(거북선을 지칭하는 것임)들을 갖고 있는데 이 배들은 접전 시에 불을 내뿜는 장치를 하고 있다. 그들은 또한, 일종의 철포를 사용하고 있는데 이는 포탄을 쏘는 것이 아니라 그 대신에 물고기의 꼬리 부분과 똑같은 형태로 끝이 뾰족하고 어른의 다리만큼 굵은 화살을 발사했다. 그 외에 흔히 다루는 무기들은 매우 빈약했으며 특히 칼의 경우는 길이도 매우 짧고 가늘었다. 그러나 그들은 미늘창(창과 도끼를 합한 무기)을 매우 능숙하게 사용하였으며 전쟁에서 중국인들도 겁을 먹고 있다.

꼬라이에는 모든 사람들이 받들고 존경하는 왕이 있는데 그는 수도에 위치한 궁궐에 거처하며 그곳은 화려하고 풍요로운 곳이다. 도시의 일반 서민 가옥은 짚으로 지붕을 덮은 것들이며, 신분이 높은 사람들은 집안에 훌륭하고 아름답게 정성들여 만든 돗자리를 깔아 놓고 있다. 이 돗자리는 일본과 포르투갈 사람들도 상당히 높게 평가를 하고 있다. 꼬라이는 지방에 따라서 무척 춥기 때문에 겨울철에는 화로를 사용한다. 겨울에는 또한, 커다란 고드름이 주렁주렁 매달리며, 여름에 사용하기 위해 짚 속에 넣어 보관하는 것이 흥미롭다(석빙고를 말함). 왕은 토지의 모든 농산물을 거두어들인 후 그중에서 농작을 한 농부들에게 필요한 양을 지급한다.

내륙에는 그다지 잘 방비되지 못한 요새들이 몇 개가 있다. 그러나 일본과 국경을 대하고 있는 요새들은 왕국으로의 진입을 막기 위하여 매우 신경을 쓰고 있다. 꼬라이는 전혀 다른 외국과 교역을 하지 않지만 예외로 쓰시마 섬에서 매년 200~300여 명의 상인들이 왕래하고 있다. 선교사들이 간혹 일본으로 오는 도중에 풍랑이라도 만나서 꼬라이 항구에 들어가게 되면 많은 배들을 배치하여 여하한 경우에도 그들을 돕지 않은 채 내쫓아버린다.

그 외에 언어, 종교 및 예의에 대하여 크게 평가를 한다. 우선 언어는 중국어보다 발음하고 쓰기도 쉬우며 동사 활용에 있어서 매우 훌륭한 또 다른 언어를 꼬라이인들은 갖고 있는데, 이는 중국의 식자층들에게서만 쓰이는 "만다린어"와 비교할 수 있다. 종교는 일본과 동일하며 "포또께", "석가"와 "아미타"를 신으로 숭배하고 있다.

내륙의 강들은 수량이 풍부하며 특히 그들 중 하나가 꼬라이와 중국의 땅을 가로지르고 있는데 그 강의 폭이 3레구아에 달한다. 꼬라이에는 횡단하기가 몹시 힘든 모래로 이루어진 큰 사막이 하나 있다(조선에는 사막이 없음에 여기서는 혼동한 듯함). 쓰시마를 통하여 꼬라이로부터 일본에 도착하는 가장 많은 상품들 중의 하나는 호랑이 가죽으로, 이것들은 창과 활로써 사냥을 한다고 전한다. 지금까지의 설명이 그곳을 수차례 왕래한 사람들에 의해서 감바꾸도노의 궁내에 알려진 소식들을 요약한 것이다.

그 외에도 꼬라이 사람들이 입고 있는 평상복은 중국옷의 형태와 비슷한데 소매와 품이 넓으며 땅에까지 닿을 정도로 긴 것들이며, 그곳에서 이곳 나가사키로 보내진 아마로 만든 의복들은 그 재단의 정교함에 우리가 모두 탄복하였다. 왜냐하면, 의복이 모두 한 옷감으로 만들어진 듯, 세밀히 관찰해 보아도 옷감을 이은 자리를 발견할 수가 없을 정도였다.

6) 조선 침략과 부산성 싸움

지난해인 1591년 쓰시마 도주의 설득과 요청에 따라 꼬라이 왕은 감바꾸도노에게 두 명의 사절을 보냈는데 이들을 따라온 신하들이 200명 이상에 달했다. 일본인들의 눈에는 꼬라이 사절단들이 낮은 신분의 사람들이 아닌 것으로 보였다. 그러나 꼬라이의 사절단은 인도 부왕의 이름으로 순찰사 신부가 이끌고 온 사절단과는 상이하다고 생각하였다. 이미 「연례보고서」에서 상세히 기록했듯이 우리 예수회 사절단이 꼬라이 사절단보다 훨씬 돋보이고 영예로워 보였다. 감바꾸도노는 큰 영예와 친절로써 사절단을 맞아 들였으며 이 사절을 통하여 꼬라이의 왕에게 그 자신이 중국을 정복할 결심을 하였으니 길을 내주기를 바라는 뜻을 표명하였다. 꼬라이 측에서는 대답하기를 꼬라이가 중국에 조공을 바칠 조공국일 뿐만 아니라 동맹국으로서 어떠한 경우에도 그에 응할 수 없으며 일본의 입국을 저지하겠다고 밝혔다.

이를 듣자 감바꾸도노는 분노하여 이 원정을 단시일 내에 시작할 결심을 한 것이다. 그리하여 빙고(備後) 지방(현 히로시마 지방의 동부쪽)의 군주인 "아우구스티누스 · 수노가미도노"는 이 원정을 위하여 준비를 서두르기 시작했으며, 다행스럽게도 그의 휘하에 있는 시모 지방(九州를 말함)의 모든 천주교 영주들로 편성하게 되었다. 제1대는 아리마(有馬)의 영주인 돈 · 프로따시오가 맡는데 일본의 모든 영주들 중에서 무기나 탄약 장비에 있어 가장 훌륭하고 준비를 갖춘 군대를 보유하고 있으며, 제2대는 돈 · 바르똘로메의 아들인 오무라(大村)의 영주 돈 · 산쵸가 맡으며, 제3대는 히라도(平戶)의 영주인 돈 · 헤로니모와 그의 형제들이, 제4대는 아마꾸사(天草)의 영주 돈 · 후안이 맡고, 제5대는 아마꾸사의 영주인 처남인 돈 · 후안 · 수모또노도노가 맡으며, 제6대는 소하노와 고치누라의 영주인 후안과 함께 빙고에 있는 다른 많은 영주들이 맡는데 그중에는 시끼섬의 영주 페이호모도노와 아우구스티누스(小西行長)의 사위인 쓰시마도주(宗義智)도 포함되어 있다. (註 : 쓰시마 도주와 몇몇을 제외하고는 모두가 가톨릭으로 귀의하여 세례명으로 불리고 있으며 "돈" 이란 스페인어로 호칭으로 존칭임).

아우구스티누스는 20,000명의 병사와 800척의 함대를 이끌었으며 나머지 병사들이 충분히 준비할 수 있도록 그는 제1대로 출발하기를 원했으며 그의 사위의 땅인 쓰시마(對馬島)섬으로 가서 준비를 하였다. 이 원정을 위하여 천주교도 군사들은 자신들의 거주지에 있는 신부들로부터 고백성사를 하고 성체를 받았으며, 여러 차례에 걸쳐서 우리 신부들에게 청하기를 하느님께 자신들을 맡기기를 원하고 다시는 볼 수 없을 지도 모르는 부인과 자식들을 보호해 줄 것을 간청하였다.

그리하여 아우구스티누스(小西行長)는 20,000여 명의 전투원과 함께 총 643척의 크고 작은 배에 편승하여 쓰시마 섬을 출발하였다. 꼬라이인들은 일본인들을 경계하여 그들 왕국의 모든 요새를 철저히 수비했다. 특히 "부산까이(부산성)"라고 불리는 요새는 일본인들이 들이닥칠 첫 관문인 관계로 그곳에는 600여 명의 병사가 있었으며 그 외에도 마을에서 모은 평민들이 있었다. 연도에는 모두 적의 침입을 막기 위해 진지 앞에 끝이 뾰족한 쇠들을 뿌려 놓았으며, 요새 내부에는 구리로 만든 작은 포들이 2,000개나 배치되어, 그중 어떤 것들은 작은 포환을 발사하기도 하고, 또 어떤 것들은 크기가 두 뼘 정도 되는 화살촉들을 발사할 수 있는 것이었다. 꼬라이 병사들은 모두가 매우 견고한 가죽으로 만든 가슴받이를 몸에 두르고 무장을 하고 있으며 머리에는 화살을 막아내기 위해 철모를 쓰고 있었는데 그들 가운데는 궁수들이 많고 또한, 미늘창을 쓰는 병사들도 있었다. 마침내 아우구스티누스는 음력 4월 12일(註 : 한국사에서는 4월 14일로 기록되고 있음에 전쟁 발발 일자가 일치하지 않는다)에 요새 밖의 모든 마을들을 일차적으로 불 지를 것을 명령했다. 그리고서 요새의 대장 앞으로 항복할 것을 권하고 목숨만은 살려 주겠다는 내용의 서찰을 보냈다. 이 서한을 받은 대장은 이를 비웃으며 국왕에게 보고하여 허락을 한다면 항복하겠노라고 회답하였다.

아우구스티누스는 답장을 받고 조용히 있다가 그의 병사들에게 공격준비를 그날 저녁으로 지시하고 동이 트기 전에 첫 공격을 하도록 했다. 그리하여 새벽 4시에 공격을 시작하여 3시간 동안 전투를 벌였다. 꼬라이인들은 강력히 저항했으며 요새 주의에는 쇠못과 쇠갈고리로 둘러 방비하고 주변의 도랑에는 장애물과 물로 가득 차 있었지만, 일본군은 사기가 충전하여 나무토막이나 그 외의 다른 것들을 그 위로 덮고 성으로 접근하여, 깔렸던 쇠못과 쇠갈고리에 발들을 다치지 않고 접근할 수 있었다. 그리하여 성곽의 병사들이 강하게 저항했지만 일본군들은 무력으로 입성하여 그곳에 있던 600명의 병사를 모두 살해하였다. 그중에는 제일 먼저 죽은 수비대장도 끼어 있었다. 성내에는 가옥이 300여 채 있었으며 많은 주민들이 살고 있었는데 그중에는 명예를 더럽히지 않기 위해 여인들은 변장을 하며, 일부로 1,000여 회씩 소리를 질러서 얼굴을 벌겋게 상기시키기도 하였고, 어떤 자는 꼽추로 변장하고 어떤 자는 외팔이로 변장하여 일본 병사들의 동정을 사서 목숨을 부지하려 하였다. 그러나 그것이 거짓임이 발각되지 일본군들은 그들을 용서하거나 혹은 포로로 조차 삼지 않고 모두 살해하였다. 그날과 다음날은 병사들이 성에 머물면서 휴식을 취하고 부상자들을 치료하면서 그 이튿날까지 성내에서 다음 원정을 준비했다.

부산성 싸움에 관한 기록은 포르투갈 신부 루이스 · 프로이스의 기술이 좀 더 상세하고 흥미 있어 소개하고자 한다.

"꼬라이 병사들은 일본군들이 대단한 힘으로 사기가 충만해 성벽을 기어오르기 시작하는 것을 보고, 언덕 위의 참호 속에서 기어오르는 일본군을 저지하면서 화살을 쏘았으며, 성곽에서는 두 차례 전투를 했는데 양측이 모두 강력하게 맞섰다. 꼬라이 병사들은 훌륭한 무사들로서 왕에 대한 충절이 넘쳐흘러 최후의 한 사람까지 용감히 싸웠다. 수비대장이 앞장서서 처음으로 전사하였으며 아무도 살아남은 자가 없었다. 요새 내부에는 300여 채의 집들이 있었는데 기품 있는 양반집의 여인들은 일본 군사들의 손아귀에서 벗어날 방편으로 그들의 아름다운 외모를 감추려고 어떤 사람들은 숯검정을 얼굴에 발라 위장하였고, 어떤 여인들은 남루한 옷을 입기도 했으며, 어떤 이는 눈물을 흘려 얼굴을 얼룩지게 하면서 고함을 질러대니, 성안은 낙망한 사람들과 예기치 못한 고통으로 가득하였다. 가문 있는 꼬라이 여인들은 정결하고, 수절하는 것으로 명성이 나 있었다. 한편, 양반집 남녀 자제들은 용모가 반듯하며 교육도 받은 자들인데, 다리를 저는 병신이나 입을 꼬아 삐뚤어지도록 위장하였다. 그러나 일본군들은 사실을 알아차리고 그들을 포로로도 살려두려 하지 않았다."

7) 동래성 전투

4월 14일 아우구스티누스는 그의 부대를 이끌고 비교도 안 될 만큼 더 큰 요새를 향해 떠났는데, 내륙으로 3레구아 정도 떨어진 그 요새는 "포끼남기"(동래성을 지칭한 듯함)라고 불렀다. 많은 꼬라이군들이 주둔하고 있으며 군비를 훌륭히 갖추고 있었는데 전투 병사의 숫자는 20,000여 명에 달했고, "부산까이" 요새가 일본군의 조총으로 겪은 패배의 소식을 들었기 때문에 수비를 위하여 통나무 방패를 만들었으며 이것으로 길고 두껍게 방어책을 세웠으나 조총에 견디기에는 약했다. 성곽은 돌로 쌓은 것이며 매우 높아서 일본군은 수많은 사닥다리를 만들었다. 아우구스띠누수의 군대에는 10,000여 명의 수병들이 따르고 있었고 그 밖에 시중드는 사람들이 따라왔는데 이들은 전투에서 전리품을 약탈할 목적으로 따라왔으며 병사들의 총인원은 30,000명에 달했다.

이리하여 4월 14일 정오경에 성곽의 곳곳으로 사닥다리를 이용해 기어오르면서 공격이 시작되었다. 성곽 안에서의 저항은 대단하였는데 비가 내리듯이 화살이 쏟아지고 가옥의 기왓장들과 돌들을 던지는 한편, 성곽의 일부에서는 일본군들을 무수히 살상하고 퇴각시켰다. 일본군들은 이를 보고 계략을 짜냈는데 사닥다리로 성곽을 오르는 자들이 한 손에 긴 작대기를 들고 그 끝에 기다란 헝겊으로 만든 깃발들을 매어 성곽에 있는 꼬라이 궁수들이 시야를 볼 수 없게 하였다. 꼬라이군은 계속하여 활을 쏘지 못하였고, 일본군들이 성벽으로 오르는 것을 저지하지 못했다. 이 때문에 마침내 무력으로 요새에 진입하였다.

성내에서도 서로가 2시간 동안이나 치열한 전투를 벌였는데 여기에서 5,000명의 꼬라이 인들이 전사했고 일본군은 100명이 죽고 400명이 부상당했다. 이 전투에서 요새의 수비대장도 전사했는데, 그는 22세로서 꼬라이 국왕의 조카딸과 결혼한 자였다. 포로가 된 그 부인은 전리품으로 모은 수많은 남자의 옷들과 장신구들과 함께 감바꾸도노에게 보내졌다. 이 요새에는 창고가 16개나 있었는데 창고에는 쌀, 보리, 밀, 활, 화살, 창, 갑옷, 많은 양의 화약과 철환들(철포에 쓰는 무기), 6문의 대포, 그 외에도 수많은 말과 소들이 있었으므로 병사들은 이틀이나 쉬면서 부상자들을 치료했다. 여기서부터 진군을 계속하여 수비대가 진을 치고 있는 5개의 다른 요새들로 향했는데 이들은 "유구산"(양산), "밀랑기"(Milangui:밀양을 말함), "세죤디"(Xegiondy?), "대구"(Tayco), "구엔후구"(Cuenjugu?)이다.

그러나 다른 요새들이 적중에 떨어진 소식을 접한 꼬라이 군사는 용기를 잃고서 목숨을 부지하기 위해 성을 버리고 달아났기 때문에 일본군은 쉽사리 점령을 할 수 있었다.

8) 소서행장의 승전 서간문

도합 7개의 요새를 점령함으로써 그곳에서부터 아우구스티누스는 지금까지 일어난 일들을 상세히 적은 서한을 감바꾸도노에게 보냈다. 이를 접한 감바꾸도노는 이루 말할 수 없이 흡족해 했으며 당시 그는 나고야에 새로 건축한 궁전에 머물고 있었는데, 말끝마다 아우구스티누스의 칭찬을 아끼지 않았고 몇 가지를 반복하여 강조하였다. 첫째는 아우구스티누스야 말로 전 일본 내에서 가장 훌륭한 장군이라는 것이며, 둘째는 그의 아들이 되살아난 듯하다고 했는데, 이는 아우구스티누스가 아들과 같은 노릇을 했기 때문인데, 신하들이 승전보에 대하여 별로 기뻐하지 않고 아우구스티누스에 대해 썩 좋지 않은 감정을 갖고 있음을 알아차리고는, 누구든지 아우구스티누스를 나쁘게 말하는 자는 처벌하겠다고 명령하였다. 셋째로는 아우구스티누스나 그의 부하들과 싸움을 하는 자는 이유 불문하고 처벌할 것이며, 넷째는 꼬라이 땅의 절반과 일본 내의 다른 영토를 떼어서 아우구스티누스에게 줄 것이며, 그를 따르고 돕는 자들에 대해서도 많은 보수를 줄 것이라는 등, 이와 유사한 많은 얘기를 하였다.

아우구스티누스(小西行長)가 히데요시에게 쓴 편지글의 내용은 다음과 같다.

《아우구스티누스 · 수노가미도노가 감비꾸도노에게 띄운 서한의 사본》

"황공하옵게도 전하께 이 서한을 바칩니다. 지난 13일과 17일에 꼬라이 도착에 대한 서한을 섰으며 이곳 땅의 지도와 소식도 전하께 보낸 바 있습니다. 또한, 4월 24일, 한 요새 앞에서 꼬라이 수도로부터 내려온 20,000 명의 대군과 조우를 했는데 그들 중에는 30여 명이 장군 급으로서 한동안 전투를 벌인 끝에 어려움 없이 그들의 총대장을 사살하고 2,000명 이상의 병사들을 사살했습니다. 곧 밤이 깊어져 그 나머지들은 인근의 산속으로 도망쳤으며 결국 이들은 잡을 수가 없었습니다. 그렇지만 그들 중에 포로로 잡힌 수가 적지 않으며 그 가운데 한 사람은 일본말을 잘하였는데, 이 자는 꼬라이 왕이 보냈다고 하면서 자신들에게 사태가 불리하게 돌아가면, 왕이 스스로 대군을 이끌고 일본 군사의 중국원정에 앞장서서 길잡이 역할을 맡을 것이라고 하였습니다. 전하께서 허락을 해주시리라는 생각으로 그자에게 서한과 함께 조건을 달아 풀어주었는데, 3일 이내에 돌아오되 2~3명의 고위 관료들과 함께 와야 한다고 했으며 꼬라이 왕의 답신에 따라 협상을 할 수 있다고 했습니다. 그자는 저에게 자기를 기다리라고 했으나 소신은 도성을 향해 조금씩 진군을 계속하고 있습니다.

음력 4월 25일 오늘 "웅권"(문경)이라는 이름의 도시에 도착하였는데 이곳은 너무 살벌하며, 앞으로 "찌구후"(충주)란 이름의 도시로 향하려 하는데 여기에서 7레구아 떨어진 곳입니다. 그곳에서 수도까지는 20레구아로 내일이면 그곳에 도착할 예정이므로 거기서 통역관을 만나기로 했습니다. 수도에 입성하여 파괴하는 것이 저에게는 간단한 일이지만, 꼬라이 왕이 전하에게 사신을 보내서 우리에게 중국으로 가는 길을 내어주고 길 안내자가 되겠다고 한다면 본인은 굳이 그런 불행한 일을 하고 싶진 않습니다. 그러나 전하께서 수도를 파괴하라고 명하신다면 모든 것을 개의치 않고 따르겠습니다. 그래서 조금이라도 마음에 걸리신다면 본인은 이를 수행할 결심이며 5~6일 내에는 수도를 함락시킬 것이며 추후에 전하께 결과를 다시 알리겠습니다. 본인은 요새들에 배치한 수비대와 보초들에 대하여서는 전하의 명령에 따라 철저히 지휘할 것이며 지형과 무기에 대해서는 전하께 상세한 보고를 올리겠습니다. 우리가 거쳐 온 길들은 전하께서 지적하신 대로이며 우리들은 전하께서 주신 지시서에 따라서 움직입니다.

꼬라이의 관리들은 농민들을 매우 가옥하게 다루어 왔기 때문에 지금 전하께서 약속하신 인도주의와 관용을 보고서는 기쁨을 가누지 못하며 제게 말하기를 좀 더 많은 사람이 일본에서 와 주기를 갈망한다고 합니다. 다시 말하자면 시모 지방의 9개 왕국과 시꼬꾸(四國)의 4개 왕국과 모리의 9개 왕국의 병사들이 좋을 듯한데, 본인에게 보내주시면 협의를 할 것이며 그들이 해야 할 일을 지시하겠나이다. 지금은 꼬라이의 왕의 회답을 기다리고 있는 중인데 전하께서 이곳의 정복한 땅에 거주할 사람들을 보내주시기를 바랍니다.

9) 충주 전투

이런 일이 있었던 후부터 꼬라이의 수도를 장학할 때까지의 이야기는 그 때 감바꾸도노가 머물고 있던 나고야(名護屋)에서 "후안 · 루이스"(Juan Ruiz) 수사가 썼는데, 감바꾸도노에게 써 보낸 편지들의 내용과 동일한 것을 기술하고 있으며 그 내용은 다음과 같다.

아우구스티누스 · 수노가미도노(小西行長 :고니시 유키나가)는 무헤르(Muger?)라 불리는 마을을 떠나서 찌구후(Chiguju : 충주)라는 곳으로 떠났으며, 그곳에서 중국으로 가는 길을 비켜달라는 제의를 꼬라이 국왕에게 알리기 위해 떠났던 통역관을 기다리고 있었다. 아우구스티누스는 군사들을 셋으로 분리시켰는데 전위에 섰던 그의 부하들이 도라노수께의 병사들과 마주쳤다. 도라노수께(加藤清正)는 감바꾸도노의 가까운 측근 부하로서 빙고 지방의 반을 차지하고 있었고 아우구스티누스의 적수이자 경쟁 상대였다. 도라노수께의 병사들은 다른 길을 이용하여 진군했는데 아우구스티누스 부대의 선봉대원 가운데 한 사람으로 착실한 천주교인이며 가장 훌륭한 장수 중의 하나인 "사끼예몬"은 도라노수께와 그의 부하들이 선봉을 빼앗으려는 것을 보고서는 그들에 대항하여서 진군을 멈추라고 말하였다. 왜냐하면, 아우구스티누스를 뒤로 두고서 앞장서 가는 것은 이치에 맞지 않을뿐더러, 필요한 때에 도움을 주러 오지도 않으면서 그런 행동을 하는 것은 허용되지 않는 것이기 때문이다.

진군의 선두를 바꾸지 않기 위해서는 감바꾸도노의 명령 한 마디로 충분했으며 도라노수께는 배를 가지고 있지 않았으므로 2,000여 명의 군사만을 수중에 거느리고 있어 감히 앞장을 서지 못했다. 그래서 아우구스티누스의 부대가 앞장을 서게 되었다. 그 후 아우구스티누스가 부하들과 충주에 도착하여 그곳에서 수량이 풍부한 강가에서 통역관을 기다렸지만, 꼬라이 왕으로부터 기다리던 회답이 오는 대신에 수도에서 내려온 70,000명의 군사가 도착하여 전투가 벌어졌다. 가장 강한 기병대이며 왕궁의 가장 훌륭한 군사들로서 이들은 전투태세를 취하고 있었다. 숫적으로 엄청난 것을 본 일본군들은 긴 여로에 매우 지친 데다가 엄격한 규율도 없이 진군해 왔으므로 어찌할 바를 모르고 있었는데, 아우구스티누스처럼 훌륭한 장수가 힘을 북돋우면서 군사들에게 잘 이해될만한 말로써 명령하기를 후퇴하는 자는 비겁자이며 모두가 목숨을 잃을 것이니 명예를 걸고서 꼬라이 군사를 물리쳐야한다고 말했다. 또한, 그들은 수도가 가까이에 있음을 알고서는 모두가 지금까지 싸워온 것처럼 임할 수 있었다. 덕분에 모두가 사기를 얻었으며, 아우구스티누스는 어느 누구도 자신이 신호를 보낼 때까지 깃발을 들지 말고 엎드려 있도록 하였다.

한편, 꼬라이 군사들은 반월진(半月陣)의 포진으로 해서 수가 적은 일본군을 한가운데로 몰아넣을 계획이었다. 차츰 가까이 다가오자 아우구스티누스는 신호를 하여 모든 병사들이 그들의 깃발을 올리면서 공중에 흔들어 대었다. 일본군들은 특히 상대방이 취하고 있는 반월진의 양쪽 끝 부분을 향해 동시에 헤아릴 수 없는 정도로 소총을 쏘아대면서 맹공격을 하였다. 더 이상 견딜 수 없게 된 꼬라이 병사들은 약간 후퇴를 했다가 더욱 강력하게 두 번이나 공격을 해왔지만 일본군들은 조총을 들고서 미늘창과 도끼창으로 무장한 상대방을 여유 있게 압도했으며 적들은 도망치기 시작하였다. 적진 뒤로는 배를 타고 건너야 할 만큼 수량이 많은 강물이 흐르고 있어 수많은 사람이 물에 빠져 익사하고 일본군의 손에 죽기도 하였는데 그 숫자가 가히 8,000명에 달하였다. 전해지는 바로는 하부 계급의 병사들은 강물에 몸을 던지지 않은 자들이 있다고 했으나, 양반 계급 사람들은 죽을 때까지 용맹스럽게 저항을 했다는 것이다.

그들 중에서 한 꼬라이의 지체 높은 양반이며 핵심적인 장수들 주의 한 사람이 잡혔는데, 이를 잡은 자는 아우구스티누스의 부하로서 20살 난 루이스라는 청년이었다. 루이스는 말을 타고 오는 꼬라이인을 발견하고서 항복을 하지 않을 테면 목숨을 내놓으라고 명령했는데 항복할 것 같지는 않았다. 아무튼, 말로써는 표현을 못했지만, 꼬라이인은 손짓으로 목을 내보이면서 포로가 되기보다는 차라리 목숨을 걸겠다는 뜻을 보였다. 그리하여 결국 그의 목을 베고 말았다.

이러한 소식이 꼬라이 수도에 알려지자 불과 20레구아 거리에 적이 있었으므로 국왕은 희망을 잃고서 음력 5월 1일에 그의 친척들과 함께 은신하기로 결정하고 두 채의 궁궐과 물품과 양식들이 저장된 창고와 집들을 불 지르도록 명령했다. 그의 신하들도 마찬가지로 행하였다. 그리고서 중국의 국경 부근으로 갔는데 떠나는 길에 7레구아 거리마다 필수품들을 불 질렀다. 수도에는 백성들만이 거의 무방비 상태로 남아 있었다.

10) 서울 입성

이러한 승리를 접하자 아우구스티누스의 가장 큰 적수인 도라노스께(加藤清正)는 그와 그의 병사들에 대한 감탄을 금하지 못하였다. 왜냐하면, 그는 뒤에 처진 채 그동안 일어난 모든 일을 보고서는 여러 차례나 아우구스티누스에게 계속 운이 좋았다고 말하였는데 무사로서 그가 거둔 공적에 대해 시기심이 치솟았다. 그런데 그는 아우구스티누스에게 자신의 병력을 아우구스티누스의 제1대의 후미에라도 함께 데려가 줄 것을 청했다. 그는 자신의 부하들 중에 일부만이라도 아우구스티누스를 따라갈 수 있도록 청했는데 이는 나중에 자신의 부대도 수도 입성에 참여하여 아우구스티누스와 똑같은 명예를 얻어 감바꾸도노에게 칭찬을 받기 위함이었던 것 같았다. 그러나 아우구스티누스는 감바꾸도노가 언제나 자신의 군대가 최선봉에 서라는 분부를 내렸다는 이유를 들어 그의 요청을 거부했다. 그러자 도라노수께는 수도를 향하여 다른 길로 떠나가기 위하여 최소한 안내자라도 제공해 줄 것을 요청했다. 그 제의는 받아들여져서 동이 틀 때에 모두가 함께 출발하기로 합의를 했는데 도라노수께는 어떻게 하던지 아우구스티누스의 명예와 이름을 실추시키고자 아무에게도 말하지 않은 채, 수도에 제일 먼저 입성할 목적으로 그날 저녁에 출발했다. 아우구스티누스는 이를 알고서는 즉시 다른 길로 택하여 출발했는데 길이 매우 험준하였으나 쉬지 않고 강행군을 하여서 마침내 도라노수께보다 앞서서 수도로부터 5레구아 떨어진 지점에 도달했다. 그러나 병사들 중에 많은 수가 험난한 길로 인해 뒤로 처져있던 그의 부하들을 만나게 되었다. 왕이 머물었던 옛 궁전들을 점령했는데 그곳에는 높게 세운 깃발들이 있었다. 모든 병사들이 수도를 공격했을 때, 대문들은 모두 꼭꼭 잠겨 있었고, 쇠문으로 되어 있었으나 담을 기어올라서 별다른 저항 없이 들어갔으며 곧이어 그의 부대의 후속 병사들도 도착했다.

즉시 아우구스티누스는 모든 마을에 깃발을 걸도록 명령했고 병사들 중에 어느 누구도 도성 내의 사람들에게 나쁜 짓을 하지 못하도록 공표하였다. 그러자 남녀가 모두 대문 밖으로 먹을 음식과 마실 것 등을 가지고 나와서 병사들에게 주었다. 여인들, 노인들, 어린 아이들이 수많은 병사들 틈에서 안전하고 활기 있게 지내는 것을 보자 감탄을 금할 수가 없었다.

한편, 도라노수께는 약 반 시간 후에 당도하여 그의 계획이 좌절된 것을 알고는 아우구스티누스의 기민함에 감탄할 뿐이었다. 그는 아우구스티누스에게 두 명의 부하를 시켜 매우 정중한 전갈을 보내왔는데 그것은 도성 내에서 머물러 숙박할 수 있도록 허가해 줄 것을 요청하는 내용이었다. 도라노수께는 그 후에도 아홉 번이나 보낸 전갈을 통하여 도성에 들어온 사람들의 명부에 그의 이름을 기록해 줄 것을 요청했는데 이 명부는 감바꾸도노에게 보내질 것이었다. 그러나 아우구스티누스는 그가 원하는 것을 별도로 쓰겠다는 회답으로 요청을 거절했다. 왜냐하면, 만일에 그가 먼저 도성에 입성했더라면 아우구스티누스가 다 이루어 놓은 일임에도 불구하고 그에게 명예를 주려 하지도 않았을 것이고, 그들이 도성에 들어오는 것조차 내버려두지 않았을 것이기 때문이다. 그리하여 도라노수께는 감바꾸도노에게 그 혼자만이 유일하게 도성에 입성하였다고 편지를 썼다.

아우구스티누스는 감바꾸도노에게 사신을 한 사람 보냈는데 이 자는 하낭가바라는 이름을 가진 쓰시마의 귀족 자제로서 꼬라이 말을 잘했으며 이 왕국의 실정에도 훤히 밝아서 꼬라이 원정에서 안내자 노릇을 하였다. 본인(후안 · 루이스 수사)에게 그는 꼬라이 왕국에 대하여 이야기하였고, 특히 여기 본인이 기술하는 모든 사실에 대하여서도 그로부터 들은 것이다. 감바꾸도노는 이 사신을 매우 반갑게 맞아 들였으며, 그에게 훌륭한 의복과 값비싼 단검을 하사하였다. 그로부터 기쁜 소식을 접한 감바꾸도노는 매우 흡족해 하였다. 그러나 도라노수께의 거짓말을 알고서는 자신에게 거짓으로 글을 써 보낸 것을 꾸짖는 내용의 편지를 썼으며 또한, 아우구스티누스에게 불리한 거짓 정보들을 보낸 것을 크게 꾸짖었다. 이 자는(사신) 나에게 꼬라이에 있는 많은 병사들에 비해 식량이 크게 부족하다고 말했다. 왜냐하면, 일본의 여러 지방으로부터 건너간 병사들의 숫자가 약 200,000명에 이르렀기 때문이었다.

꼬라이의 농부들은 겁을 먹고 들에 나가지 못하였기 때문에 파종을 하지 못했으며, 또 한편으로는 적기에 곡식을 거두어들일 사람이 없어서 지난해의 농작물들이 밭에서 썩어버렸던 것이다. 또한, 꼬라이인들은 가지고 있던 모든 식량들조차 불태워버렸는데 이는 아마도 일본인들을 철군시키기 위하여 취한 조치로 생각된다. 이 사신이 올 때까지 정복한 꼬라이의 왕국들(왕국이라 함은 선교사들이 보통 지방들을 가르치는 말이다)은 모두 36개에 달하며 앞으로 정복할 왕국이 5개 남아 있었다. 일본 병사들이 겪고 있는 궁핍을 안 상당수의 꼬라이 사람들은 일본인들을 마음 놓고 약탈할 수 있도록 일본인의 의복으로 변장하고, 수염을 깎았고, 머리도 일본인과 같이 삭발하였다.

한편, 승승장구 소식에 들떠서 모든 사람들의 기쁨은 이루 말할 수 없었고 꼬라이에 있는 자들이나 일본 궁에 있던 자들이나 오랫동안 다른 얘기는 하지 않았고 감바꾸도노는 단지 꼬라이와 중국 땅을 누구에게 분할할까 하는 문제에만 몰두하였다. 그러나 꼬라이에서 고통을 받고 있는 병사들의 심각한 굶주림과 질병으로 인하여 사태는 정반대로 돌아가고 있었다. 하늘에 계신 우리의 주님께서 중국인들의 완강함을 벌주어, 선봉대에 서서 가장 큰 위험 속에 처해있는 천주교 병사들의 기운을 북돋아 주면서 마침내 복음을 전파하도록 그 왕국에 들어가기 위한 문을 우리에게 열어주시려 함인지를 우리 선교사들은 알 수가 없었다.

감바꾸도노에 대해 알 수 있는 것은 그의 평소 대화나 행동에서 나타나듯이 그의 주목적과 의도는 일본 땅에서 그가 두려워하는 영주와 토호 군주들을 내쫓아 버리고서, 일본의 전 국토를 자신의 뜻대로 총애하는 신하들과 친구들에게 나누어 주는 것으로 보인다.

한편, 꼬라이에서 지금까지 이룩한 것이 별로 신통하지 않았음을 알고서 도라노수께는 자신이 중국 땅으로 앞장서서 들어가도록 허락해 주길 아우구스티누스에게 요구했다. 아우구스티누스는 회담에서 말하길 만일에 중국으로 진격할 경우라도 아무도 자기보다 앞질러서 갈 수가 없다고 말했다. 그러나 양식들도 준비하지 않은 채 그러한 원정을 행하는 것은 오만과 무모함일 뿐이었다. 해야 할 일은 바다를 통해 식량을 운반하는 것인데, 꼬라이의 서쪽으로 수도를 둘러싸고 있는 바다를 통하여 수도 가까이에 있는 강까지 운반하는 것이다. 왜냐하면, 서쪽에 위치한 수도는 바다로부터 1레구아 거리에 있기 때문이다. 이러한 사실은 감바꾸도노가 아우구스티누스에게 보낸 편지에서 보듯이 감바꾸도노가 명령했던 것과 일치하는 것이다.

11) 히데요시의 꼬라이 방문 계획

감바꾸도노(豊臣秀吉이 호칭)는 꼬라이로부터 아우구스티누스가 이룩한 요새들의 함락과 수도 입성에 관한 편지를 받고서 기쁨이 이만저만이 아니었다. 그리하여 그는 일본의 수도 메아꼬(京都)에 거주하고 있는 자신의 조카인 감바꾸도노에게 편지를 썼는데 그곳의 전통에 따라 간단한 내용으로 꼬라이의 일들에 관한 상황을 얘기하고 있다.

《5월 18일 이전에 감바꾸도노(關白殿下)로 불리어 왔던 "다이꼬사마"(太閤樣)가 자신의 조카인 일본의 통치자에게 그의 모든 의도들을 밝히는 편지》

중국과의 전쟁을 위하여 준비하는데 소홀함이 없도록 하라. 그리고서 메아꼬를 떠난 다음 해 (1593) 2월에 시모(九州의 북쪽 지방을 말함) 지방으로 오기 바란다. 꼬라이의 수도는 5월 2일에 함락되었으며 그런고로 본인이 꼬라이로 급히 건너갈 것이다. 이번에는 전 중국 영토를 수중에 넣을 생각이니 그대도 그곳으로 건너가는 것이 좋을 듯한데 3,000명의 병사를 데리고 오기를 바라며 붕고(豊後)에서 좀 더 많은 사람을 데려오기 바란다. 일본, 중국, 인도로 나누어지는 세 나라 내에서는 나의 명예와 명성에 저항하는 인물은 없다. 무사들을 잘 훈련하여 채비를 갖추도록 하고, 가능한 한 보다 나은 생활을 하도록 애쓰길 바란다. 메아꼬에 남겨둔 쌀들에는 손을 대지 말기 바라며 단지 60,000가마의 쌀을 그대에게 은급으로 하사하는 바이다. 1,000자루의 칼을 칼집과 함께 준비할 것이며 단검들도 준비를 하기 바라는데 너무 크게 만들지 않도록 해야 한다. 왜냐하면, 그것을 사용하는 자들이 중도에 힘이 들어 지쳐버리기 때문이다. 꼬라이로 본인 소유의 말들의 반을 보내기 바라며 나머지 반은 이곳 나고야(名護屋)에 남겨 두고서 돌보게 할 것이다. 창은 길고 뾰족해야 되며, 충분한 양을 만들어야 하고, 그대의 병사들이 필요로 한다면 그 창을 사용할 수 있다.

현재 그대가 보유하고 있는 금을 모두 다 소비하여서 금이 더 필요하다면 메아꼬의 후라추(Jurachu) 지역과 오사카 성에 있는 2,000개의 은봉과 1,000개의 금봉을 사용해도 좋다.

군 복무를 위하여 병사들에게 충분한 것을 제공해야 하며, 그대의 형제인 "삼바노꾸낭고"는 본인이 호출할 때 이곳으로 올 수 있도록 준비시키기 바란다. 왜냐하면, 음력 8월에 그가 본인 대신에 꼬라이나 또는 나고야에 있기를 바라기 때문이다. 또한, 본인은 미안베로(Mianbero)를 꼬라이 요새에 머물러 있도록 보낼 것이며, 내가 통보를 할 때까지 있기를 명령한다. 본인은 일본 왕국을 중국의 수도인 페낑(北京)으로 옮길 생각이다.

그러므로 다음번 원정을 위한 준비를 하기 바라며, 중국의 수도에 인접한 왕국을 분배하여 각 개인의 공적에 따라 이익을 나눌 것이며 현재보다 두 배 이상의 은급을 하사할 것이다.

일본의 왕이 중국으로 가는 길은 그대가 그대의 거처인 노분히오에서 나올 때처럼 호사스러운 것이며, 내가 지금 가려 하는, 그대가 머물 궁전에서는 많은 축제가 벌어질 것이다.

언급한 바대로 그대를 중국의 감바꾸(關白)로 임명할 것이며 수도 주위의 100개의 왕국을 제공할 것이다. 일본의 감바꾸 자리에는 "하까또노춘낭곤"으로 임명할 것이며 일본의 왕으로는 "바까미아"나 "파치쇼도노"를 앉히고, 꼬라이 왕으로는 "기푸노사이로"나 "비센노수이소"를 앉히고 시모 지방의 왕으로는 "담방춘낭곤"을 앉히려 하며 메아꼬(京都)의 수비와 왕궁 및 "후락쿠" 요새의 수비를 맡을 자는 누가 될지 추후에 알릴 것이다. 어려움 없이 꼬라이와 중국을 손에 넣고 있으며 걱정이 될 만한 아무런 일도 없을 것이다. 걱정은 도시들에는 현재 하류계급 사람들과 노복들만이 남아 있기 때문이다.

끝으로 모든 왕국의 수비대로 보내기 위하여 붕고(豊後) 지역 사람들을 다시 소집하여 이번 원정을 위해 준비시키기 바란다.

음력 5월 10일.

《감바꾸도노가 아우구스티누스 수노가미도노에게 보낸 매우 각별한 또 다른 편지의 사본》

"이미 본인은 조선의 여러 지역으로 그대를 보냈고 그 목적은 그 왕국의 사람들과 조우하도록 하기 위한 것이었다. 장군의 병사들이 선두에 서서 특히 그대가 그중 첫 번째로 앞장서면서 아주 빠른 시일에 그대에게 부여된 정복 임무를 훌륭히 행하였으며, 적들을 무찌르고, 부산까이성을 파괴하였으며, 거의 모든 것을 완전히 휩쓸어 버리는 전과를 올렸고, 그로 인하여 본인이 모든 지역을 평화로이 소유하도록 하였다. 본인은 이를 아주 높이 평가하며, 이러한 놀라운 업적에 대하여 본인은 매우 만족스럽다. 그리고 그에 대한 답례로써 그대에게 유명한 장인인 "산타토시"가 만든 대검과 밤색 말 한 필을 보낸다. 그대의 놀라운 업적에 대하여 본인은 또한, 많은 은급을 하사할 것이다. 하지만 지금 당장은 그대에게 내릴 왕국이나 영지에 대해서 언급하지 않겠다. 본인은 서신을 통해서 쓰려는 것 이외에, 이 서신의 전달자가 구두로 직접 본인의 생각을 전하도록 할 것이며, 또한, 본인의 명령으로 신하 세 명이 작성한 편지를 전할 것이다."

본서는 감바꾸도노가 그의 친척들에게 베푼 것과 같은 엄청난 명예와 호의를 아우구스티누스에게 부여할 정도로 그를 높이 평가하고 있다.

감바꾸도노가 메아꼬(京都)에서 나고야(名護屋)로 떠난 이후, 그의 우려와 목적은 여러 왕국의 사람들이 지체 없이 조선으로 떠나도록 설득하는 것이었으며, 그 자신이 그들 뒤를 반드시 따라갈 것이라 했다. 그 때문에 자신이 소유한 대부분의 말들을 보내고 도중에 그가 거처할 성과 꼬라이 수도에 있는 성들을 단장하도록 아우구스티누스에게 많은 편지를 보냈다는 것을 밝혔다. 그리고 꼬라이에서 더 좋은 소식들이 오면 올수록 곧, 꼬라이로 떠나고 싶다는 의욕을 더 많이 드러내 보였다. 감바꾸도노는 아우구스티누스

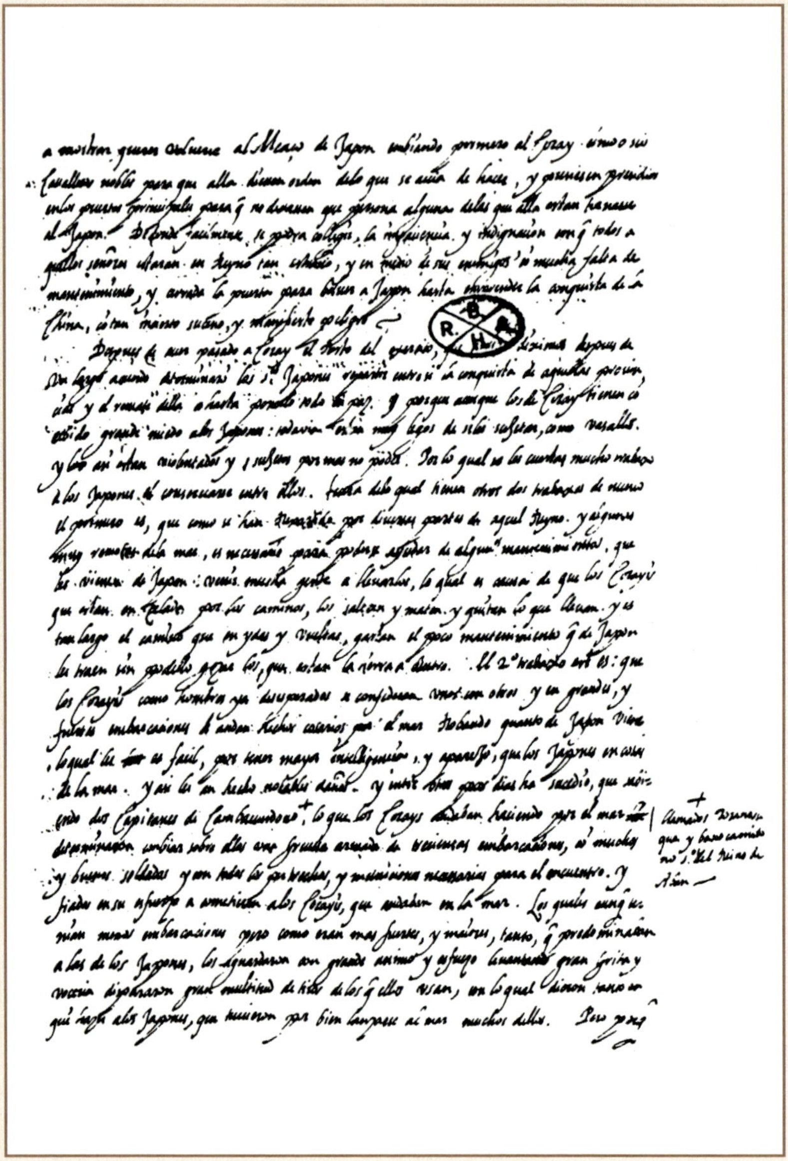

바다에서 꼬라이 수군이 일본군에게 거둔 연전 연승의 기록과 거북선에대한 찬양기술
(스페인 왕립 역사학 한림원 도서관 소장)

에게 편지를 써서 자기 휘하에 있는 4만~5만 명의 병사들을 실어 보낼 수 있도록 그곳에 있는 모든 배를 일본으로 보내도록 명령하였다. 그래서 감바꾸를 위해 아주 훌륭하게 꾸며진 배와 함께 그곳에 있는 1,000척에 이르는 배들이 한국으로부터 보내져 왔다.

이것은 아주 기묘한 책략이었다. 그동안 일본의 젊고 고귀한 약 이십만의 군사들이 꼬라이로 건너갔으며, 자신도 또한, 그들과 함께 갈 것이라고 말했으나 가지 않았다. 그러나 이러한 계책으로 모든 배들을 꼬라이에서 철수시켰으며, 그 목적은 그들이 일본으로 돌아오고 싶어도 올 수 없도록 하기 위한 것이었다. 이 배들이 도착하자 그의 모든 진영에 이것을 알렸으며, 꼬라이에 머물고 있는 사람들에게 비록 그 자신이 떨어져 있다 할지라도 꼬라이 정복에서 그들이 보여준 성과에 답례하고 또한, 그들을 돕기 위하여 떠날 준비가 되어 있다고 편지를 썼다. 영지와 은급은 모든 사람들에게 분배하였다. 한편, 나고야에 있던 영주들은 그의 항해를 늦추어 바다가 잠잠해질 때인 약 8개월 후, 즉 다음 해 3월에 꼬라이로 떠나도록 간청하였다. 왜냐하면, 바다의 폭풍우가 심하여 그처럼 위험한 시기에 떠나지 않게 하기 위함이었다. 그는 마지못한 채 그들의 간청에 동의하였고, 비록 올해는 꼬라이로 가지 않지만 내년에는 자신도 꼭 갈 것이라고 약속하였다.

후에 감바꾸도노는 메아꼬(京都)로 돌아가기로 결정하면서 꼬라이에 5~6명의 신하를 파견하였다. 그 목적은 그들로 하여금 자신의 의도를 전달하고 꼬라이에 머물고 있는 어떤 사람도 일본으로 돌아오지 못하도록 주요 항구에서 경계를 하기 위한 것이었다. 이국땅인데다가 부족한 양식과 적들 속에서 중국 정복사업이 시작될 때까지는 일본으로 돌아올 수 없는 상황이었으므로 분노와 초조한 마음이 쉽게 일 수 있었기 때문이다.

12) 바다에서 꼬라이 수군의 승리

오랜 협의 끝에 나머지 군대가 꼬라이로 건너간 뒤에 일본의 영주들은 평정을 위하여 꼬라이의 각 지역을 분할하고, 완전히 평화가 정착될 때까지 정복 사업을 수행하기로 결정하였다. 왜냐하면, 꼬라이인들이 일본인에 대하여 많은 두려움을 갖고 있긴 하지만 꼬라이인들은 결코 신하로서 굴복하려고 하지 않았으며, 힘으로만은 결코 꼬라이인들을 억누를 수가 없었기 때문이다. 그래서 일본인들은 그들 자신을 지키는데 무척 애를 썼다. 이외에는 그들은 두 가지의 또 다른 어려운 일이 있었다. 첫째는 그들이 꼬라이의 여러 지역에 나뉘어 주둔하고 있었는데, 어떤 지역은 바다에서 매우 멀었기 때문에 일본으로부터 오는 식량을 얻기 위하여 많은 사람들을 보내야만 했다. 왜냐하면, 도중에서 꼬라이인들이 그들을 습격하거나 살해하며, 그들이 운반하는 것을 빼앗았기 때문이다. (註: 의병들의 활동을 보여줌) 또한, 왕복거리가 무척 길기 때문에 내륙에 있는 일본인에게 도착하기도 전에 일본으로부터 가져오는 상당량의 식량이 없어졌다. 두 번째는 절망에 빠진 꼬라이인들은 서로를 위로하며 강력하고 거대한 배를 타고 바다를 떠다니며 일본으로부터 오는 모든 배들을 섬멸하였는데, 꼬라이인들은 바다에 관한 한 일본인보다 더 훌륭한 장비와 재능을 가졌다. 그래서 꼬라이인은 일본인에게 많은 손해를 입혔고, 이러한 일이 며칠 동안 계속 일어났다. 감바꾸도노 휘하의 2명의 장수인 아반(Aban) 왕국의 영주 도라노스께와 아바노까미도노는 꼬라이인들의 해상 활동 소식을 듣고서, 수많은 군사와 모든 필요한 장비와 탄약을 실은 약 300척의 주력 해군부대를 파견하여 해상에 있던 꼬라이인들을 공격하였다. 꼬라이인들은 비록 배의 수는 적었지만 더욱 강력하였고 크기도 컸다. 그들은 사기충천하여 큰 피해를 입혔고 일본 병사들의 상당수가 바다로 뛰어들었다. 꼬라이인들은 그들이 항상 사용하던 쇠갈고리와 쇠사

슬을 가지고 일본인들의 배들을 붙들어서 도망가지 못하게 하면서 얼마 동안은 공방전이 진행되면서 일본인들을 최악의 상태로 몰아넣고 끝내는 일본인을 완전히 굴복시켰다. 이 해전에서 감비꾸도노의 총신인 도라노스께 함대의 한 장수가 죽었다. 그는 시꼬꾸 · 잠비엔이라 불리는 일본의 4개 왕국을 그의 노력과 지략으로 굴복시켰던 사람이다. 아바노까미도노의 또 다른 장수는 패배한 뒤 꼬라이인의 손아귀에서 벗어날 수가 없어 그의 배와 함께 운명을 같이했다. 이 해전에서 꼬라이인은 70척의 일본 함대를 수중에 넣었고 대부분의 일본인을 죽였으며 나머지 일본인은 도망을 가서 괴멸되었다. 그 밖에도 비슷하게 불행한 일이 바다에서 일본인에게 많이 일어났다. 일본인은 바다에 관한 한 꼬라이인보다 기술이나 장비가 뒤떨어졌다. 다시 말하여, 그런 모든 점에서 꼬라이인은 일본인보다 앞서 있었다.

이후에 아우구스티누스 수노가미도노는 꼬라이의 수도에서 꼬라이 왕이 숨어있던 중국국경을 향하여 그의 군대와 함께 떠났다. 그가 며칠 동안 계속 전진 하였지만, 어떤 소식이 메아꼬에 도달했는지는 모르겠다.

꼬라이 정복 사업은 나날이 악화되어 갔고 일본인의 피해는 극심하였다. 매일 많은 사람들이 질병과 허탈 속에 죽어갔다. 또한, 많은 사람들이 도중에 꼬라이인들의 습격을 당하였고 기아로 죽는 사람도 적지 않았다. 이리하여 매일같이 꼬라이로부터 오는 소식들은 일본인들의 눈물과 불운의 얘기로 가득 찼으며, 이는 정복을 시행하는 방법과 행정이 매우 시달되어 이루어지고 있기 때문이었다. 꼬라이에서 일어나고 있는 상황에 따르면 일본군은 중국의 입성을 시도하고 싶어도 할 수 없었다. 왜냐하면, 그들은 이미 지쳐 있었으므로 쟁취했던 것을 다시 잃어버리게 될까 그것을 지키는 데에만 급급하였기 때문이다. 꼬라이 땅에 머물고 있던 일본인들은 그들 자신의 의지에 따라 행동한다면 일본으로 당장에라도 돌아오고 싶었을 것이다. 하지만 감비꾸도노에 대해서 가지고 있던 두려움이나 그에 대한 복종심이 그렇게 하지 못하게 하였다.

13) 명나라군의 참전과 평양전투

다이꼬사마가 나고야(名護屋) 항에서 보낸 병력은 꼬라이로 건너가서 도시에 있던 병사들과 합류했다. 그리고 다이꼬사마의 명령대로 앞으로 진격할 지방들을 각각 분담하게 되었는데, 물론 각 영주들은 자기의 구미에 맞는 지방을 택하려고 하였다. 돈 아우구스티누스는 자기 자신과 그리고 천주교를 믿는 부하 병사들을 위해 중국으로 통하는 지방을 택했다. 그런데 그는 전쟁에서 이골이 날 정도로 경험이 풍부한 장군인지라 자신과 부하들의 안전을 위해서 다음과 같은 조치를 취하는 것을 잊지 않았다. 즉 그는 일본으로부터 와서 상륙했던 꼬라이의 요새로부터 수도에 이르기까지 무려 14개의 요새를 만들 것을 명령했다. 왜냐하면, 어떤 형태의 접전을 치르든 간에 퇴로와 배후를 튼튼히 하기 위해서였다. 물론 각 요새마다 충분한 병력과 탄약 등을 배치하는 것을 잊지 않았다. 내륙 지방으로 쳐들어가는 다른 대장들도 이를 본받아 그대로 행하였다.

도라노스께(加藤淸正) 장군은 그의 군사들을 이끌고 탈탈족이 살고 있는 곳으로 진격해서 오랑캐 지방에 도달했다. 그는 이쪽 지방으로 진격하면서 접전을 벌일 때마다 승리하였다. 한편, 돈 · 아우구스티누스와 천주교를 믿는 그의 부하들은 페앙이라고 불리는 도시에 도착했는데, 이 도시로 말하자면 꼬라이 왕국의 한 중요한 지방의 수도였다. 이곳에서 중국과 인접한 국경선까지는 불과 이틀 밖에 걸리지 않았으며 도시의 규모도 매우 컸고, 돌로 단단하게 만든 성벽으로 둘러싸여 있었다. 성벽의 높이는 2브라사 밖에 되지 않았으나 성벽의 폭은 말 탄 사람이 능히 다닐만 했다. 여러 가지 편리한 점으로 해서 돈 · 아우구스티누스는 식량과 기타 필수품을 장만하면서 그의 부하들과 이 도시에서 겨울을 보내기로 결정했다. 그러나 꼬라이인들이 그를 편히 쉬도록 내버려두지 않았다. 즉 꼬라이인들은 그들을 도우러 온 많은 수의 중국인들과 합세하여 공격의 고삐를 늦추지 않았는데 실로 그 세력이 대단하였다. 그러나 돈 · 아우구스티누스와 그의 부하들은 조금도 겁내지 않고 용감히 응전함으로써 적병들을 많이 사살하여 이들을 퇴각시키는 데 성공했다. 더욱이 중국인들과 같이 온 총대장을 포로로 잡아 다이꼬사마에게 압송하기까지 했다.

그런데 중국인들은 이번 전투를 계기로 해서 그리고 돈 아우구스티누스가 그때까지 얻은 연전연승을 보고 그만 일본인들에 대해 두려워하는 마음이 생겼다. 꼬라이 내에 많은 일본인들이 있다는 것은, 그리고 꼬라이의 대부분을 장악하고 있다는 사실은 중국인들의 두려운 마음을 더욱 부채질했다. 더욱이 일본인들은 중국영토에 너무 가까이 와 있는 것이다. 이런 연유로 해서 중국에서 온 예께끼(沈推敬)라고 하는 장수 하나가 자기 자신을 중요인물이라고 소개하면서 돈 · 아우구스티누스에게 화평교섭을 제의했던 것이다. 자신이 중국 황제에게 상신해서 다이꼬사마(豊臣秀吉)에게 사절을 보내 그들 왕국 사이에 평화가 정착되게 하겠다고 약속하였다. 그리고 이를 위해 황제에게 가서 회답을 받아올 수 있도록 두 달의 기한을 달라고 하였다. 또한, 그러는 동안에 전쟁도 중단될 것이 아니냐는 것이었다.

돈 · 아우구스티누스는 이 중국 장수의 자신에 넘친 얘기를 듣고서 대단히 기뻐했다. 왜냐하면, 그의 부하들이나 다른 영주들의 부하들이 모두 보급품이 부족해서 극도의 배고픔으로 고통 받고 있는 중이었기 때문이다. 꼬라이인들은 그들의 나라가 많은 숫자의 일본군에 의해 점령당하고 더구나 그들의 국왕이 중국으로 피신한 것을 보자 마을마다 남아 있던 식량을 모두 산악지대로 운반했으며 미처 가져갈 수 없는 것들은 불질러버림으로써 적군이 이용할 수 없도록 했다. 물론 일본군은 다이꼬사마에게 군량이 달린다는 사실을 보고했었다. 그때마다 이 폭군은 크게 걱정하는 듯이 수선을 떨면서 곧 보내 줄 테니 염려 말라고 좋은 말로 달래곤 했지만, 쌀 한 톨도 보내주지 않았다.

어느 날 한 장수가 아주 급한 어조로 사정하는 편지를 보내면 마지못해 식량을 보냈는데 그 양이 필요한 것의 반에도 미치지 못했다. 그나마도 일본군의 수중에 닿기 전에 꼬라이인들에 의해 빼앗기기 다반사였다. 왜냐하면, 꼬라이인들은 지형에 밝은데다가 염탐꾼들을 사방에 거미줄처럼 풀어놓았기 때문에 식량을 싣고 가는 낌새만 보이면 많은 수의 꼬라이인들이 나타나서 빼앗아 달아나는 것이었다. 그리하여 도처에는 병들어 죽어가는 일본인들이 수없이 많았다. 어떤 자들은 너무 절망한 나머지 일본 땅으로 돌아가려고 발길을 돌리는 자들도 없지 않았다. 그러나 그들 대부분은 패잔병들처럼 대오도 짓지 않고 무질서하게 돌아갔기 때문에 도중에서 매복해 있던 꼬라이 군대를 만나 살해당하곤 했다. 그러므로 꼬라이에 상륙한 일본군 병력 중에서 이미 5만 명 이상이 소모되어 있었다.

이런 어려움을 모든 대장들이 겪고 있었지만 그중에서 돈 · 아우구스티누스가 당하는 고통은 이루 말할 수 없을 정도였다. 그는 매일같이 죽어가는 부하들을 뻔히 보면서도 속수무책으로 있었으며 이제는 더 이상 일본으로부터 아무 것도 바랄 수가 없었다. 이 전쟁을 일으킨 장본인인 다이꼬사마가 그에게 해주는 것을 생각해 보면 가슴이 터지도록 아팠다. 이제 그 자신도 이 전쟁의 결과가 어떻게 될지 도대체 갈피를 잡을 수 없었다. 이런 상황 속에 처해 있을 때 중국 장수가 평화협상을 제의하니 돈 · 아우구스티누스로선 당연히 반갑고 기쁜 일이 아닐 수 없었다. 물론 그는 신중하고도 노련한 장수여서 중국인이고 꼬라이인이고 그들의 말을 일체 신용하지 않았다. 그리하여 언제나 방어에 대한 만반의 대비를 했는바, 이것은 참으로 잘한 일이었다. 왜냐하면, 중국인들과 꼬라이인들은 일본군이 겪고 있는 식량난을 눈치 채자 총공세를 취하기로 결정했기 때문이다. 그 목표 대상은 주로 돈 · 아우구스티누스이 진영이었다. 돈 · 아우구스티누스가 총대장이니까 이를 무찌르면 나머지는 저절로 괴멸될 것이라고 그들은 판단한 모양이었다. 돈 · 아우구스티누스는 화평의 소식만 목이 빠지게 기다리고 있는 중이었는데, 정작 그가 받은 보고는 20만 명의 중국군이 수많은 꼬라이군과 더불어 쳐들어오고 있다는 놀라운 사실이었다.

처음부터 돈 · 아우구스티누스는 화평의 임무를 띠고 중국으로 간다는 그 장수의 호언장담에 대해 사뭇 의심했었다. 왜냐하면, 중국 장수는 돈 · 아우구스티누스를 안심시키고 방심케하기 위해서 이미 중국 황제의 서신이 도착했으며 곧 돈 · 아우구스티누스를 만나러 가겠다는 전갈을 보내왔었다. 이 전갈을 보내오면서 그는 돈 · 아우구스티누스에게 부하를 한 명 보내주면 그간의 자초지종을 모두 들려주겠다고 했다. 왜냐하면, 현재 그는 건강이 좋지 않아서 거동하기가 불편하다는 것이었다. 그래서 돈 · 아우구스티누스는 천주교도이며 세례명이 암부로시오라고 하는 신하를 보내기로 결심했다. 동시에 병사 20명을 선발해서 함께 보냈다. 이들이 중국 장수에 있는 곳에 도착했더니 며칠 동안은 대접이 사뭇 융숭했다. 많은 선물도 주었다. 그러나 며칠 후에 암브로시오를 중국 황제에게 보내기 위해서 잡아가두는 것이었다. 왜냐하면, 중국 황제가 도대체 일본인은 어떻게 생긴 자들이기에 그 짧은 시간에 꼬라이를 정복했는지 직접 눈으로 보고 싶다고 말했기 때문이었다.

암브로시오를 호위해 갔던 병사들 중 몇 명이 구사일생으로 도망쳐서 페앙(평양)시로 돌아왔다. 돈 · 아우구스티누스는 그간의 사정을 보고받자 중국 장수에게 감쪽같이 속아 넘어간 사실에 대해 몹시 실망하지 않을 수 없었다. 그러나 이렇게 된 이상 중국군과의 일전은 각오해야 했다. 그때가 1953년 2월이었는데 전투는 2~3일 내에 벌어질 것이 예상되었다. 아니나 다를까, 중국인과 꼬라이인들로 구성된 대군이 몰려오는데 그 수가 어찌나 많은지 마치 온 땅을 뒤덮는 것 같았다. 그들은 페앙시의 요새가 뻔히 보이는 곳에 진지를 구축했는데, 그 기세가 사나왔다. 그런데 돈 · 아우구스티누스에게는 병력이 별로 없었다. 그럴 수밖에 없는 것이 꼬라이 수도로부터 페앙까지 4~5개의 요새를 만들어 놓았는데, 매 요새마다 경비병들을 배치했기 때문이다. 그렇다고 해서 돈 · 아우구스티누스는 절대로 낙심하지 않았다.

전투는 꼬라이인들의 단독으로 시작되었다. 중국군은 싸움이 어떻게 벌어지는지 앉아서 구경만 하고 있었다. 꼬라이인들은 연속 이틀간 맹공격을 퍼부으면서 어떻게 하든지 성안으로 돌입하려고 무척 애를 썼다. 그러나 돈 · 아우구스티누스는 부하들과 같이 응전하면서 꼬라이인들이 성벽으로 다가서는 것을 강력히 막았다. 아무튼, 여러 번 그들의 끈질긴 공격을 저지하면서 그들의 많은 수를 죽였다.

3일째 되던 날 중국군이 힘을 시험해보기 위해서 나섰다. 제일 앞에는 말을 탄 군사들이 쭉 늘어서 있었는데 그 수가 굉장히 많았다. 각자 쇠로 만든 무기를 들고 있었으며 그리고 온몸을 갑옷으로 감싸고 있었다. 그런데 이 갑옷이 어찌나 단단하지 그 날이 잘 드는 일본 칼로도 아무런 해를 가할 수 없었다. 그저 갑옷이 미처 뒤덮지 못한 부분을 찾아 상처를 입힐 뿐이었다. 중국군은 활, 창, 칼을 가지고 싸웠는데 어찌나 분담이 잘되었는지 절대로 남의 무기에 손대지 않았다. 즉 궁수는 활만 쏘았고 창잡이는 창만 휘둘렀다. 그리고 성벽에다 사다리만 걸어놓는 자들이 있는가 하면, 탄약이나 포탄 또는 화살 등을 사수에게 갖다 주는 병사들은 계속해서 그일만 했다. 이렇듯이 중국군의 공격이 체계적으로 이루어지니 그들에 비해 월등히 적은 병력을 가진 일본군으로선 항거하는데 한계가 있었다. 더욱이 일본군은 수일간 계속해서 싸웠기에 지쳐 있었고, 중국군은 충분히 휴식을 취한 상태였기 때문에, 그들의 입성을 저지할 수 없었다.

이것을 본 돈 · 아우구스티누스는 병력의 일부를 방어를 위해 성내에 미리 만들어 놓았던 몇 개의 진지에 배치했다. 그리고 나머지 병력을 이끌고 공격군과 싸웠다. 이것은 중국군이 방어진지로 다가오는 것을 미리 저지하기 위해서였다. 여하튼 일본군은 아주 용감히 싸웠다. 그들은 좁은 장소를 이용해서 중국군의 진격을 보다 용이하게 막을 수 있었다. 한편, 중국군은 일본군의 완강한 저항과 그리고 날이 어두워지는 것을 보자, 어서 빨리 입성하고 싶다는 초조한 마음을 억지로 참고 많은 사상자들을 그대로 남겨둔 채 퇴각하지 않을 수 없었다. 이것을 보자 일본군은 몹시 지치고 상처투성이였지만 악착같이 쫓아가서 완전히 성 밖으로 몰아냈다. 이윽고 밤이 되자 양군은 각각 군사를 거두었다.

이 싸움이 끝나자 돈 · 아우구스티누스의 참모들은 그에게 후방에 만들어 놓은 요새들로 철수하자고 설득했다. 그곳에는 많은 수의 병력이 배치되어 있었기 때문이었다. 반면에 폐앙성에는 군사들의 수도 얼마 안 되고 그나마 3일 동안 계속해서 싸웠으며 모두가 지치고 상처 입은 것은 말할 것도 없고 또 성내에서는 먹을 양식도 달리 구할 길이 없었다. 그러므로 그 다음날 적군이 다시 공략하면 전부 몰살당할 것은 뻔한 일이었다. 부하장수들의 철수론을 듣자 돈 · 아우구스티누스는 기분이 몹시 언짢았다. 그는 그토록 용감하고 기운이 넘쳐흘렀다. 따라서 후퇴한다는 것은 비겁자의 짓이며 그의 명예에 흠이 가는 것이라고 굳게 믿고 있었다. 그러나 그는 덕망과 천주교 정신이 몸에 밴 장수였다. 때문에 참모들의 이치에 맞는 말이 체면만을 위하여 만용을 부리려는 행위를 막을 수 있었다. 그날 밤 그는 부하병사들을 이끌고 은밀하게 폐앙성에서 철수했다. 그러나 성 위에는 보통 때 밤과 마찬가지로 깃발을 꽂고 불을 밝혀 놓음으로써 적군의 눈을 속였다.

일본군은 첫 번째 요새를 향해 부지런히 걸음을 옮겼다. 그런데 이 요새를 지키고 있던 붕고(豊後) 왕은 중국군과 꼬라이군에 의해 돈 · 아우구스티누스군이 패했다는 소식을 듣고 제1요새와 제2요새를 버리고 제3요새까지 철수해버렸다. 이렇게 되니 제1요새에 기진맥진한 상태로 도착한 돈 · 아우구스티누스군으로서는 여간 낭패가 아니었다. 왜냐하면, 3일 동안의 전투에서 극히 지쳐 있는 상태로 도착했으며, 자신과 또한, 부상자들을 위해 휴식이 필요했으니 이 두 요새에서 어떤 도움도 찾을 수 없었기 때문이다. 할 수 없이 병들고 부상당한 병사들을 이끌고 제3요새를 향해 다시 길을 떠나는 수밖에 없었다. 그곳까지 가려면 조금도 쉬지 않고 3일이 걸릴 정도로 먼 거리였다. 그런데 양식은 하루 치 밖에 없는데다가 때는 겨울철이어서 도처에 많은 눈이 쌓여 있었다. 만약에 중국군과 꼬라이군이 추격해온다면 영락없이 전멸당할 판이었다. 그러나 적군은 일본군의 대부분이 부상을 입었으므로 이제 일본 땅으로 돌아갈 것이 틀림없다고 판단했는지 또는 그동안 여러 전투를 거치는 동안에 일본군이 보여준 용맹에 겁이 났는지 전혀 추격해오는 낌새를 보이지 않았다. 이리하여 제3요새에 도착한 돈 · 아우구스티누스는 붕고 왕에 대한 말할 수 없는 분노를 감추고 우선적으로 그가 데려온 병사와 중상자들에 대한 치료부터 착수했다. 그는 일본군이 출발하였던 꼬라이의 수도로 돌아가서 방어하면서 그의 임무를 수행하는 것이 좋다고 생각했다. 부상자들을 대강 치료하고 난 뒤 서둘러 수도로 향했다. 다른 방면으로 진군했던 장수들도 모두 수도로 모였다.

14) 평화를 위한 노력과 협상

돈 · 아우구스티누스가 페앙성(평양)에 입성할 때 벌어졌던 첫 번째 전투에서 포로로 잡은 대장을 다이꼬사마에게 보냈을 때 아우구스티누스는 중국인들과 화평할 뜻이 있다는 것을 다이꼬사마에게 알린 바 있었다. 다이꼬사마는 매우 기뻐하면서 돈 · 아우구스티누스가 중국사신과 같이 올 날을 손꼽아 기다렸다. 그 무렵 그는 돈 · 아우구스티누스에게 꼬라이 국토의 반을 떼어 줄 생각이라고 항상 입버릇처럼 말했다. 물론 그곳에 다가는 일본군들을 이주시켜 정착케 할 계획이었다. 또한, 그곳에 시모(九州)의 모든 영주들과 야마구치(山口)의 영주를 남겨두려고 생각하고 있었다.

다이꼬사마가 이와 같은 구상을 하며 즐거워하고 있을 때에 돈 · 아우구스티누스의 편지가 도착했다. 편지 내용에서 그동안의 전황과 그가 기대했던 것과는 크게 차이가 났지만 그는 돈 · 아우구스티누스의 용맹에 대해서는 찬사를 아끼지 않았다. 적은 병력을 가지고 적의 대군과 용감하게 3일간 저항하여 맞싸운 사실과 또한, 부하장병을 무사히 철수시킨 것이 여간 대견하지 않았던 것이다. 그러나 붕고(豊後) 왕이 요새를 버리고 도망갔다는 대목에 이르러서는 하늘이 무너지도록 화를 냈다. 나중에 그는 붕고 왕이 다스리는 왕국을 빼앗았는데 그의 목숨만은 여러 사람들의 간청에 의해 살려주었다. 하지만 붕고 왕에게 5명 이상의 종자를 거느리지 못하게 했으며 야마구치(山口) 왕과 함께 다니지 못하게 하였다. 그는 일본에 남아 있던 야마구치 왕의 아들을 도라노스께(加藤淸正) 장군에게 추천하여 500명을 거느릴 수 있도록 해주었다. 왜냐하면, 그는 꼬라이에서 자신의 아버지와 함께 있지 않았기 때문이었다. 한편, 다이꼬사마는 꼬라이에 나가 있는 장수들에게 편지를 보내어 다음과 같은 말로 위안을 시켰다. 즉 4월이나 5월까지는 많은 군사를 이끌고 꼬라이로 가서 구해줄 테니 그때까지 참고 기다리라고 하였으며 또한, 될 수 있으면 해안에 위치한 요새들로 집결할 것을 명령했다. 그 이유는 어떻게 하든지 꼬라이를 재정복해서 중국군에게 복수를 하고 싶어서였다. 그리하여 그는 전쟁을 계속하기 위해 다시 선박을 건조하고 병력과 탄약 등을 준비할 것을 신하들에게 지시했다.

한편, 중국인들은 일본군이 철수해서 수도로 모여드는 것을 보자 자기들에 대한 두려움 때문에 그러는 것으로 생각하고서 제2의 모험을 시도하고자 했다. 그리하여 중국군과 꼬라이군이 수도를 포위했다. 돈 · 아우구스티누스는 이것을 알자 적에게 두려움을 보여주어서는 안 되겠다고 생각하고 부하장병을 이끌고 전투에 임했다. 비록 일본군의 병력은 적군에 비해 비교할 수 없을 정도로 적었지만 전투는 치열하게 벌어져 어느 쪽이 승리를 거두었는지 모를 정도였다. 쌍방이 각각 많은 사상자를 남기고 퇴각했다.

이 싸움을 통해서 중국인들과 꼬라이인들은 다시금 자기들이 뜻한 바대로 일이 잘 풀리지 않을 것이라는 것을 깨달았다. 그리하여 화평교섭을 제의했다. 수차례의 요청과 답변 뒤에 일본 측도 이에 응했다. 그럴 수밖에 없는 것이 일본군도 전쟁에 지칠 대로 지쳐 있는데다가 본국에서 오는 원조는 보잘 것 없는 것이어서 한시바삐 고향 땅을 밟고 싶은 심정뿐이었다. 그러므로 화평교섭이 재개되었다는 소식을 듣자 모두들 기뻐했다. 더욱이 교섭내용이 다이꼬사마의 뜻에 맞게 진행되는 것을 알자 큰 기대감에 부풀었다. 그 내용인 즉 조만간에 꼬라이왕이 다이꼬사마에게 사신 두 명을 보낼 것이고, 그리고 곧이어 중국 황제도 그렇게 할 수 있으리라는 것이었다.

중국인들과 꼬라이인들은 일본군이 수도를 포기하고 요새들이 있는 곳으로 철수해서 전쟁을 종식시킨다는 조건으로 협상안을 수락했다. 이리하여 일본군은 바닷가에 위치한 12개의 요새들을 향해 모여들었다. 그곳에는 다이꼬사마가 보낸 약간의 군량과 탄약 등이 비치되어 있었다. 중국 장수 예께끼(沈推敬)도 역시 부산까이(부산성)까지 사절 두 명을 대동하고 갔다. 여기서 이 강화사절단은 돈 · 아우구스티누스의 안내로 다이꼬사마가 있는 나고야(名護屋)를 향해 바다를 건너갔다. 중국인들이나 꼬라이인들이나 화평교섭을 돈 · 아우구스티누스 자신이 직접 나서서 해주길 요청했다. 그들은 그가 이 요청을 거절하지 않을 것이라고 믿고 있었다. 할 수 없이 돈 · 아우구스티누스는 그의 부하들을 그의 휘하에 있던 천주교도 영주들과 장수들에게 맡긴 후 사절과 그리고 세 명의 다른 장수들과 더불어 부산까이로부터 나고야를 향해 떠났던 것이다. 다행히 순풍을 만나 항해에 별 어려움은 없었다. 다이꼬사마는 돈 · 아우구스티누스를 맞이하자 그의 용맹과 신중함을 한껏 추켜올리면서 은급도 많이 올려주고 개인적인 지출에 쓰라고 상당한 양의 은도 하사하였다. 사절들과 그 종자들에게조차 그 신분에 따라 각각 은전을 베풀었다. 또한, 그들이 머무는 동안 선물도 하고 연회도 베풀고 여러 가지 재미있는 놀이도 벌였는데, 그 모든 것을 그는 기분 내키는 대로 하였다. 한편, 그가 중국인들과 꼬라이인들에게 준 강화조역 내용을 보면 다음과 같다.

"제1조: 꼬라이인들이 소유하고 있는 8도(道) 중에서 5도를 일본 측에 양보할 것. 제2조: 중국황제는 화평의 표시로 공주 한 명을 아내로 보낼 것. 제3조: 옛날에 행했던 것처럼 중국은 일본과 교역을 재개할 것. 제4조: 중국이 일본에 예속되어 있다는 것을 인정하는 표시로 어떤 형태로든지 다이꼬사마에게 조공을 바칠 것. 이에 대한 회답을 받을 때까지 전쟁을 일시 중단한다."

다이꼬사마는 중국사절이 돌아갈 때 돈 · 아우구스티누스의 부하 장수 한 명을 동행하여 중국 황제에게 보냈다. 이 자의 이름은 후안 · 나이또도노로서 독실하고 오랜 천주교 신자였다. 그런데 다이꼬사마는 상대방이 그 강화조약을 수락할지 또는 거부할지 몰라서 꼬라이인들에게 그의 힘이 막강함을 보여줄 필요를 느꼈다. 그리하여 해안가에 위치한 12개의 요새를 만들도록 명령했고, 각 요새마다 각종 탄약, 무기, 군량 등을 넉넉히 비치하도록 했다. 이 요새들을 지키는 수비 병력은 4만 7천 명 내지 5만 명으로 정했고 그 나머지는 중국에서 회답이 올 때까지 모두 일본 땅으로 돌아 올 것을 명령했다. 왜냐하면, 그때 가서 전쟁을 계속할 것인지 또는 종식시킬 것인지 결정

될 것이기 때문이었다. 그런데 꼬라이 왕의 측근 인척이 되는 자가 요새 인근 지역에 머물고 있었는데, 이 자가 여러 차례에 걸쳐 일본군에게 막대한 피해를 끼쳤었다. 이를 분하게 여긴 다이꼬사마는 각 장수들에게 부하들을 이끌고 일본으로 돌아오기 전에 그자가 거주하고 있는 본거지를 공략해서 쑥대밭으로 만들라고 엄령을 내렸다. 그리하여 일본군은 그 성을 함락시킴과 동시에 그 안에 있던 병사들과 주민들을 모두 죽였다. 그리고 성주와 부하장수들의 목을 베어 다이꼬사마에게 보냈다. (진주성 싸움을 말함)

일본군들이 말하는 바에 의하면 꼬라이와의 전쟁에서 원정군의 삼분의 일이 죽었는데 그 대부분이 기아와 병으로 아까운 목숨을 잃었다고 한다. 다이꼬사마는 돈 · 아우구스티누스를 다시 꼬라이로 보내 5만 명의 병력을 통솔하는 총 대장직을 맡도록 했다. 또한, 그는 시모(九州)의 천주교도 영주들과 장수들은 돈 · 아우구스티누스의 곁에 남아 있도록 함으로써 자신들의 영지로 돌아가는 것을 허락지 않았다. 이것으로 보아 폭군의 마음속에 품고 있는 간계가 분명해진다. 즉 그는 꼬라이와 화평이 이루어지면 그들을 일본 땅으로부터 완전히 추방할 작정이었다. 그럴듯한 관직을 주어서 꼬라이에 정착하게 하면 일본 내의 모든 토지를 그가 차지할 속셈이었다.

16세기 서구인이 본

꼬라이
coray

초 판 발 행 1987년 9월 20일
재 판 발 행 1993년 5월 20일
수정판 발 행 2011년 12월 30일
지은이 박 철
발행인 朴 哲
기 획 권원순 Director, University Press
편 집 탁경구 Executive Knowledge Contents Creator
편집진행 신선호 Chief e-Contents Creator
발행처 한국외국어대학교 출판부
130-791 서울시 동대문구 이문동 270
전화 (02)2173-2495~7
FAX (02)2173-3363
홈페이지 http://press.hufs.ac.kr
전자우편 press@hufs.ac.kr
출판등록 제6-6호(1969. 4. 30)
편집·디자인 디자인퍼브 (02)2254-4301
인쇄·제본 SM C&P (02)468-6100

ISBN 978-89-7464-704-9 93910 정가 16,000원

※잘못된 책은 교환하여 드립니다.
